精编精选　　精彩解读

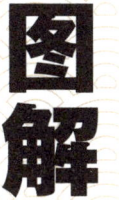

图解 汉字

全新编写　　全彩图解

任犀然　编著

中国华侨出版社

北京

图书在版编目（CIP）数据

图解汉字 / 任犀然编著. — 北京：中国华侨出版社，2017.3（2020.2重印）
ISBN 978-7-5113-6709-9

Ⅰ.①图… Ⅱ.①任… Ⅲ.①汉字—通俗读物 Ⅳ.①H12-49

中国版本图书馆CIP数据核字（2017）第051787号

图解汉字

编　　著：任犀然
责任编辑：待　宵
封面设计：韩立强
文字编辑：李翠香
美术编辑：潘　松
图片提供：www.quanjing.com
经　　销：新华书店
开　　本：720mm×1020mm　　1/16　　印张：29　　字数：450千字
印　　刷：鑫海达（天津）印务有限公司
版　　次：2017年5月第1版　　2020年2月第2次印刷
书　　号：ISBN 978-7-5113-6709-9
定　　价：68.00元

中国华侨出版社　　北京市朝阳区西坝河东里77号楼底商5号　　邮编：100028
法律顾问：陈鹰律师事务所
发 行 部：(010) 58815874　　传　　真：(010) 58815857
网　　址：www.oveaschin.com　　E-mail：oveaschin@sina.com

如果发现印装质量问题，影响阅读，请与印刷厂联系调换。

中国语言学家陈寅恪说："依照今日训诂学之标准，凡解释一字，即是作一部文化史。"汉字是一种生生不息、历久弥新的文字，是中华民族文化的瑰宝，是前人智慧的结晶。考古科学发现，6000年前的半坡遗址就有可以称为汉字的刻画符号。汉字反映了中国人自古以来的生存环境、社会环境、物质生活、精神生活和情感生活。汉字展现了中国的山川、植物、动物、房屋、车辆、道路和船舶等，还表现了中国人的劳动、风俗、习惯、思想、情感等。它传载着中国历史文化的本源的信息。汉字有着深厚的文化意蕴、独特的文化魅力，潜藏着丰富的审美价值。汉字有字义之美，如"仁"字，是人与人（二人），讲的是人与人要和谐相处；汉字有字容之美，如"喜"字，立见喜悦，"美"字，显得美妙；汉字有字音之美，如"伐木丁丁""流水潺潺"；汉字有艺术之美，书写汉字产生了世界一流的艺术家。汉字书写了中华民族的历史，承载着光辉灿烂的中华文化，对加强中华民族凝聚力，维系中华文明数千年延绵不断向前发展方面起了巨大的作用。作为一个中国人，理应了解、掌握汉字的演变过程及与汉字相关的文化知识。

本书选取了700多个汉字，讲述其深刻的文化内涵，剖析每个字起源和演变的详细过程，用《说文解字》的相关内容加以说明，并且引用相关文章或名句来说明所选字的本义、引申义，将汉字置于博大精深的中国古代文化背景之中，结合中国古代哲学思想及古代社会生活

方方面面，涉及天文、历史、地理、气象、礼仪、文化等各个方面，以新鲜的见解和丰富的资料深刻论述汉字的文化意义和字里的"天地乾坤"。同时配有具有解字作用的多幅精美插图，形象地展示每个汉字的字形与字义的内在关系及其发展历程，使人看图能知字义，将汉字世界与真实世界紧密结合起来。每一个汉字都来源于一幅美丽的图画，每一个汉字也都蕴藏着一个动人的故事，有助于读者从根本上加强对汉字字形和字义的理解与记忆。

本书既立足于汉字本身的含义与演变，又拓展性地全面介绍了汉字的文化底蕴，力求对每个汉字的介绍具有知识性、趣味性和可读性，为读者举一反三、事半功倍地学习、掌握其他更多的汉字提供方法和思路，是一本了解中国汉字文化的不可多得的案头必备书。一字一图，解说生动，一看就懂，一学就会。一卷在手，随时翻检，读者可以通过本书了解汉字常用字的起源和演变、本义和引申义，并且对中国文化形成一个全面的、系统的、深入的了解，从而从根本上认识汉字，从根本上理解中国文化。

目录
CONTENTS

下篇　画说汉字

目录

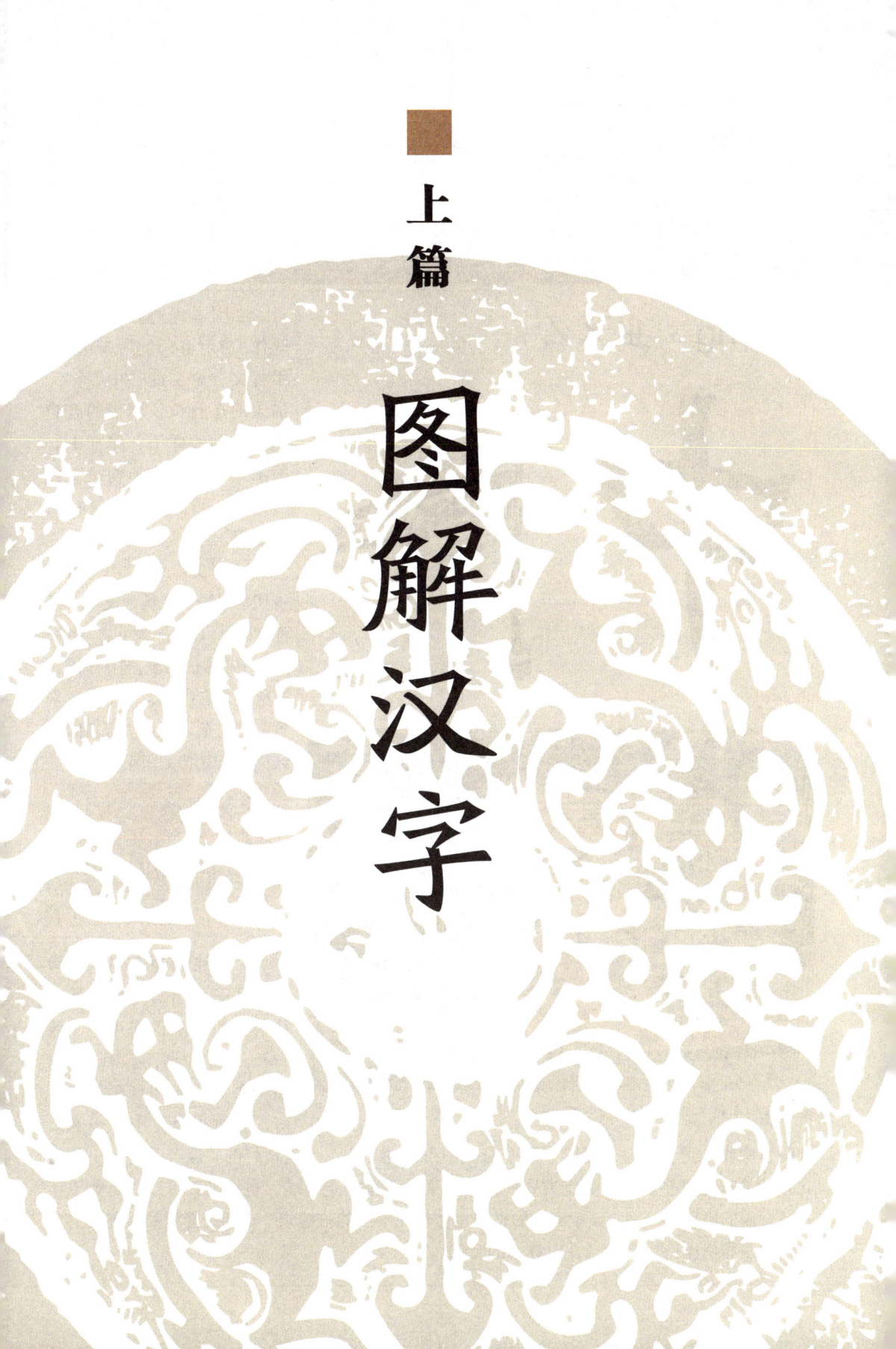

上篇

图解汉字

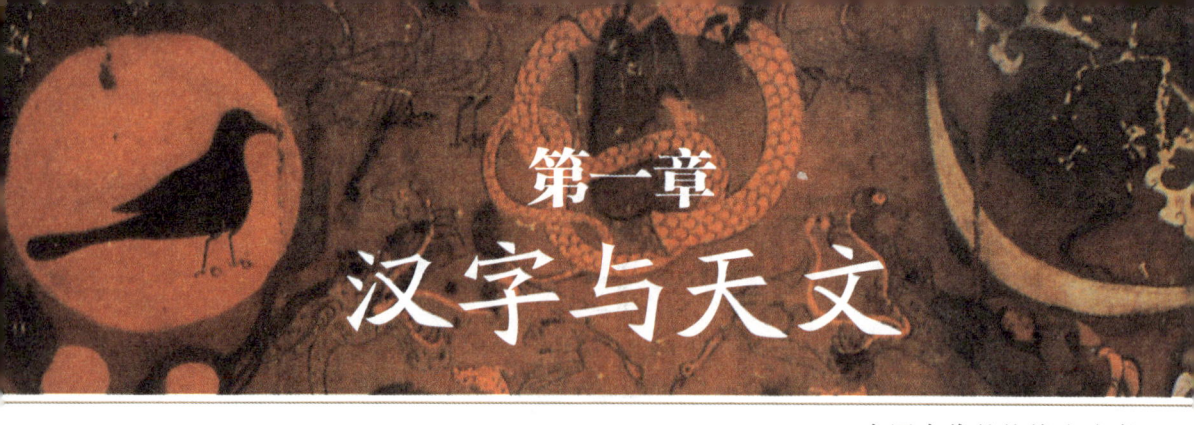

zhōng　ㄓㄨㄥ

中国古代的旌旗由多条叫作"斿"（liú）的飘带组成。甲骨文、金文的"中"字，描绘的是有长长飘带的旌旗随风飘动的样子，旗杆中心的那个圆形或方形物是竖扎的木块，可以增加旗杆抗折的强度，这个木块叫作"中"。

"中"的本义为当中、中间。古代华夏民族在黄河流域一带建立国家，以为居天下之"中"，是位于中心的国家，故称中国，又称中华、中原、中土。后来各朝疆土渐广，凡所统辖的地区都称作中华或中国。

▲ 体现"中和"思想的故宫建筑群

中国伟大的思想家、教育家孔子指出对待大自然和社会要用中和的态度："致中和，天地位焉，万物育焉。"他主张对待人和事要不偏不倚，无过不及，中正平和，这叫作中庸之道。它是从排除了两个极端中得出的"中"，是最好的"度"，这是一种富含智慧的辩证思想。这种思维方式使得中国文化不至于走极端，也许是其得以绵延数千年不断发展的原因之一吧。"中和"的思想也体现在中国的古建筑、古器物造型的对称美上。中国书法和格律诗也是追求在对称中的变化。

古代华夏族多建都在黄河南北，因为是处在四方之中，故称为中华。

huá ㄏㄨㄚˊ

华

黄帝陵

黄帝陵，是中华民族始祖黄帝轩辕氏的陵墓，位于陕西黄陵县城北桥山。1961年，国务院公布为全国第一批全国重点文物保护单位，号称"天下第一陵"。自唐大历五年（770）建庙祀典以来，历代政府都在这里举行国家大祭。

▲ 石榴开花又结果，可以称为华而实

华表

华表是因为桓木的"桓"与华音相近，故读成"华表"。

"华"最早的意思是花。甲骨文的"华"字，正是一棵开满花的树。金文、篆文的"华"字，像一朵正在盛开的花儿。"华"字引申指美丽有光彩的事物，还引申指中华民族或中国，又称华夏。

"华"本是指树木上开的花，后被用来泛指草木所开的花。鲜花盛开，美丽好看，但草木如果只开花却不长果实，就是"华而不实"了。人们喜欢春华秋实，并以此来比喻有美好过程而又有丰实结果的圆满生活。

tiān 古|马

很多时候，古人把"天"看作世间万物的最高主宰，相信人世的命运是按"天"的旨意安排的。进而又发展出"天人感应"的观点，古代的君主宣称自己是"天"的儿子，是受上天的任命来管理国家的，君主的行为是与"天象"相关联的，如果君主违背了天意，"天"就会出现灾异进行警告；如果政通人和，就是天降祥瑞来鼓励了。

古代帝王在每年冬至日这天，会率领百官去郊外举行祭天仪式。北京的天坛就是明清两朝皇帝祭天的地方，祈求上天风调雨顺，天下丰足安乐，所以天坛的标志性建筑称为"祈年殿"。

盘古开天辟地

中国的"创世纪"神话是说在很久很久以前，天地混沌一体，人的始祖盘古用巨斧劈开了天地，他自己化成了日月山川万物。（左图就是中国当代画家创作的《盘古开天辟地图》）

"天"字是象形字，甲骨文、金文中的整体形象都很写实：一个正面站立的人，长着大大的脑袋。到了小篆和楷书，人的脑袋用一横来表示了。

"天"字原本是表示头的。头是人身体中至高无上部位，后来，人们就用"天"来表示天空了。古代神话人物"刑天"，就是与天帝争神而被砍去头颅的人。他很勇敢，没有头就以乳为目、以脐为口，继续执干戚（大斧）而舞。

中国古代的哲人一直没有停止对天的探索。伟大的孔子曾对弟子子贡说，天讲了什么呢？但是春夏秋冬照常运行，万物自然生长，天讲了什么呢！伟大诗人屈原著有《天问》，他问天，天地尚未成形之前，是从哪里产生的呢？他们都把"天"看作客观存在的自然界，认为"天"有着它恒定的运行规律。更有思想家如荀子提出了掌握"天"的运行规律而加以利用，人的智慧就可以战胜自然的思想。

"日"是个象形字，最早的"日"字就描绘了太阳的样子，圆圈中间的小黑点，可能就是先民观察到的太阳黑子。后来为了便于书写，"日"圆圆的轮廓变为方形，中间的一点改作一横。

rì 日

在中国古代神话里，太阳神羲和驾着六条龙拉的车子，载着太阳由东向西地周天行走。太阳的升起和落下是古人最常观察到的天象，人们就把昼夜交替的周期称为一日。

古代中国人是观测日影来纪年和确定时间的，一天中日影最短的时候是正午时刻，一年中日影最短的时刻出现在夏至，一年中日影最长的时刻出现在冬至。而两次日影最短时刻之间的时间间隔，就是一天或者一年。

新石器时代彩陶片

这是中国河南大河村遗址出土的新石器时代彩陶片，上面绘着先民们想要表现的太阳的形象。

相传上古时候天上曾经突然同时出现了十个太阳要齐显神通，结果大地成为焦土，各种生灵濒于灭亡。神射手后羿射掉了其中的九个太阳，只剩下一个太阳每天值日。

"后羿射日"的故事反映出远古人民渴望战胜自然灾害的愿望。如今我们在谈到征服自然时更加强调与大自然相生相养、和谐相处，这样人类才能生生不息。

这是江苏连云港将军岩上发现的一轮光芒四射的石刻太阳，这是中国人最早的关于太阳形象的表现之一了。

yuè ㄩㄝˋ

月

"月"字是个象形字，甲骨文、金文里的"月"字，描绘了一弯月牙儿的样子，之所以用月牙表示月亮，是因为月亮在多数时候就是这样的缘故吧。

"月"字的本义就是指月亮。月亮的圆与缺是周期变化的，两次呈现相同的月相之间的时间间隔就是中国历法中的一个月，也叫"朔望月"。与公历中根据回归年（地球绕日公转一周的时间）派生出的12历月不同，12个朔望月相加比一个回归年要少将近11天，所以古人每三年要置一个闰月，以此来定四时而成岁。

"日"和"月"组成一个"明"字。

中国人对月亮是有着很多的情感的，因为月亮缺多圆少，所以盼望月圆，心中寄托着对亲人的思念，还有与爱人相聚相守的美好愿望。唐代大诗人李白的《静夜思》是每一个中国人都熟悉的诗："床前明月光，疑是地上霜。举头望明月，低头思故乡。"

"望"字的上面是"臣"，象眼睛，下面是"壬"。象一个人站在土地上远望月亮，"望"字的本义是远望。

wàng

望望望

床前看月光，疑是地上霜。举头望明月，低头思故乡。

李白《静夜思》用篆全法写出

中国清代大画家石涛根据唐代大诗人李白《静夜思》诗意创作的画。

xīng ㄒㄧㄥ

星

"星",是天上繁星点点的样子,其中的"生"表示读音。

天空中布满一闪一闪的繁星,让人们充满向往和想象。古人通过观察星空,把天上的恒星分为二十八个星宿,天上星空区域与地上的国州互相对应,古人认为通过观测天象变化,可以预测人间的祸福吉凶。

浑天仪

浑天仪包括浑仪和浑象,浑仪是测量天体球面坐标的仪器,浑象是中国古代用来演示天象的仪表。

中国元初科学家郭守敬建立的观星台,是现存世界上最早的天文建筑之一。

天枢 · 天璇

北极星

天玑

天权

玉衡

开阳

摇光

一个人文才出众,人们就会认为他是天上的"文曲星"来到人间。两颗星星隔着银河相望,人们叫它们牵牛星、织女星,传说牵牛星原是人间的放牛郎,织女是天上玉帝的女儿,美丽的云彩是她那双巧手织出来的。织女一次偷偷来到人间,喜欢上牛郎,并住下来了。玉帝大怒,派人把织女抓回天上,牛郎在后面追。王母娘娘用仙法划了一条银河,牛郎没法渡过了。他和织女就隔着银河两两相望,后来他们就变成了两颗星星。

相传,每逢七月初七,人间的喜鹊就要飞上天去,在银河为牛郎织女搭鹊桥相会。

qì ㄑㄧˋ

气

"气"本义为云气，甲骨文的"气"，为三条长短不一的横线，是云气层叠、横飘流动的样子。金文和篆文的"气"字，横线弯曲萦绕，更像云气流动上升的形状。

正气歌

中国宋代的一位丞相文天祥，在兵败被俘后，于狱中写下了著名的《正气歌》，数百年来鼓舞了坚持崇高理想的人们。

时穷节乃现 一一垂丹青
皇路当清夷 含和吐明庭
放人日浩然 沛乎塞苍冥
下则为河嶽 上则为日星
天地有正气 雜然赋流形

马王堆导引图

导就是导气，引就是引体，这是一种将调理呼吸和身体运动完好结合的传承千年的中国养生术。

"气"后来引申表示一切气体。气是万物的本原和基础，因为气似有形而无体，所以抽象化后，也指人的各种精神状态，如勇气、志气、意气、怒气等。有"亚圣"之称的中国思想家孟子，有一句充实和提高人的精神修养的名言："我知言，我善养吾浩然之气。"

yún ㄩㄣˊ

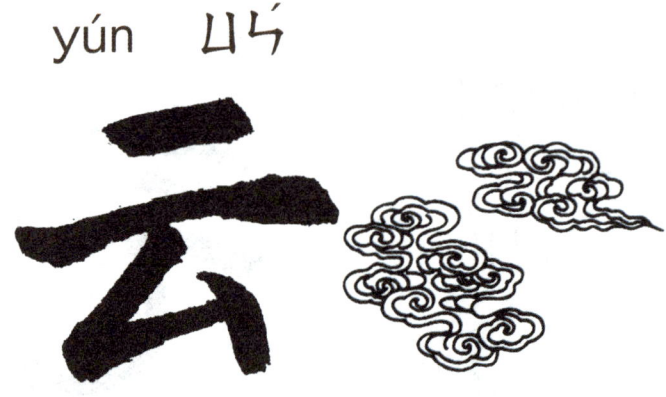

"云"是象形字，甲骨文、金文的"云"就是描绘天空中舒卷的云彩的样子。小篆以后又在"云"的上面加了一个"雨"字，云里带着雨。

"云"的本义指云气、云雾，就是天空中由细微的水珠、冰晶聚集形成的飘浮物，俗称"云彩"。

云图

中国古代画谱中的云图。

云彩轻柔舒卷，层层堆叠，人们用它来形容女子盛美的鬓发，叫作"云鬓"。唐代大诗人白居易形容当时最美丽的女人杨贵妃"云鬓花颜"，是说她有云一样盛美的头发，有花儿一般姣好的容貌。

云彩变幻无常，来去无定，古人用它来形容了解不深却欢会一时的男女之情，说两个人之间的"云情雨意"，常常带有"只求现时好合，不问前路如何"的感情色彩。而难料的世事、时局的多变也常用"云"来形容。事态的发生发展出乎意料常让人感叹"天有不测风云"。动荡的时局中也常常包含着巨大的机遇，有能力抓住机遇并成为影响一个时代的人，人们称他"风云人物"。

"雨"的本义就是表示雨水。中国文明是以农耕为基础的文明，中国古人靠天吃饭，雨水对于人们的生产和生活有着十分重要的意义。当雨水缺少的时候，人们便要举行隆重的祈雨仪式，祈求天降甘霖，泽润苍生。据传人们斋戒沐浴，备好供品，到掌管雨水的龙王庙前敬香祈祷。女人们用柳条甩洒清水，家家门前都插柳条、放水缸，敲锣打鼓迎接雨水的到来。庄稼急需雨水滋润的时候，雨水就恰好降落下来了，人们把这样的雨水叫作"及时雨"。"及时雨"后来又被用来形容恰当其时的帮助。

yǔ ǚ

lín

雨 + 林 = 霖

yǔ + lín = lín

▲ 祈雨图

中国唐代大诗人杜甫的名作《春夜喜雨》中有这样的诗句："好雨知时节，当春乃发生。随风潜入夜，润物细无声。"

宋·李迪《风雨牧归图》

此图描绘风雨将作时，二牧童赶牛回家的情景。

xuě ㄒㄩㄝˇ

最早的"雪"字由两部分组成，上面是"雨"，下面是"羽"，雪下得很大，雪花一片片像羽毛一样。在篆文中，雪变成由"雨"和"彗"组成了，"彗"是扫帚，雪下完，人们就该扫雪了。

雪是空气中的水汽凝结的冰晶，这些冰晶多呈六角形，看上去就像有六个花瓣的花儿，所以我们常常把它叫作雪花。雪花纷纷扬扬，霎时间覆盖了大地，一切看起来都是那样的干净洁白，"雪"就被用来表示白色，"雪色"就指白色。唐代大诗人李白感叹人生的短暂易逝时以头发为说："朝如青丝暮成雪"。人们也用雪来形容人品的高洁。

下雪了，天气真是寒冷，这时候要是有人送来炭火该多好啊！中国人用"雪中送炭"形容在别人有急需时给予及时的帮助。

冬天到了！厚厚的大雪覆盖了田野，应时的好雪能够使土壤保暖，冻死害虫，滋润大地，这是来年庄稼获得丰收的预兆，中国有一句广为流传的农谚说："瑞雪兆丰年。"

"雷"字描绘了天空中电闪雷鸣时候的情景。在甲骨文中，曲线表示划过天空的闪电，圆圈表示滚滚而至、回转不绝的雷声。在金文中，字的上部又加了"雨"，下部圆圈变成了四个，圆圈中间有表示爆响的"十"字，整个字是一幅既有倾盆大雨，又有雷电交加的图画。

"雷"字的本义是指雷声，闪电的极度高热使周围空气剧烈膨胀，从而形成气波并发出声音。近处听到的是尖锐的爆裂声，距离远听到的是隆隆声，这些就是我们听到的雷声。古代中国人将雷电解释为阴、阳二气发生撞击运动而产生的。

雷声轰鸣，电光交加，暴厉可怖。人们常用"雷"来形容人的暴怒，说一个人"暴跳如雷"，我们眼前就会浮现出他大跳猛吼的样子，让人心悸。

léi ㄌㄟˊ

雷

武松

中国古典名著《水浒传》中的英雄武松听到不公平的事便暴跳如雷。

雷公电母

雷公是中国神话传说中的司雷之神，电母是司掌闪电之神。

在中国古代神话传说中有一位掌管雷的神，叫作"雷公"，他长得一副力士的样子，袒胸露腹，背插双翅，额生三目，猴脸鹰足，左手执楔，右手持槌，呈欲击状。他旁悬挂数鼓，足边也围着连鼓。古代民间相信雷神能辨人间善恶，代天执法，击杀有罪之人。文人笔记中，常记有大雷雨时雷神用雷电轰击不孝子和作恶多端之人的情节，反映出人们对雷神既存敬畏心理，又希望他主持正义的愿望。

diàn ㄉㄧㄢˋ

电

闪电的速度很快，人们常用它来形容行动迅速。据传秦始皇有七匹名马，其中一匹叫作"追电"，是说这匹骏马跑得很快，快到能追上闪电了。西汉的汉文帝也有骏马九匹，其中一匹是赤红色的，跑起来像一道赤色的闪电，名叫"赤电"。

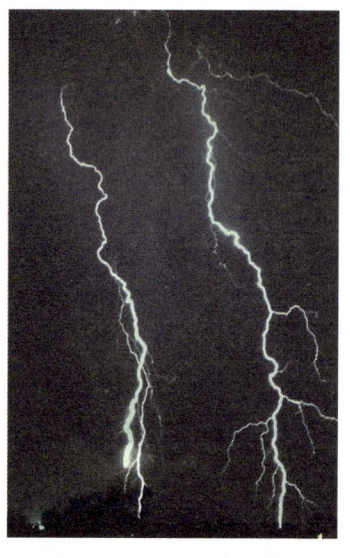

◀ 宋代李公麟（1049—1106）画的《放牧图》（局部）

"电""申""神"在字源上都源于闪电的"电"字。

"电"是个象形字，它是闪电划过天空发光的样子，中间夹杂着雨点。金文加了一个"雨"字，闪电总是在下雨时出现。

我们知道，电是能的一种，包括负电和正电。中国的古人已经对此有了一种朴素的认识，《说文解字》中这样解释"电"说："电，阴阳激耀。"

▲ 金代杨微（生卒年不详）创作于1184年的《二骏图》（局部）

"莫"字最古老的意思就是太阳落山的时间，傍晚。眼看着太阳一点点落入草丛中，天色暗了。后来这个字被假借去表示否定，它原来的意思就用另外加一个"日"字的"暮"字来表示了。

"莫"字后来被假借为否定词，当"不"讲了。

mù ㄇㄨ

暮

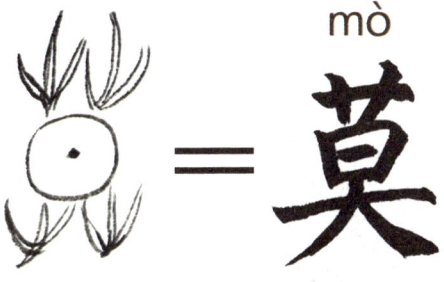

mò 莫

中国东汉末年政治家、军事家和诗人曹操在他的《龟虽寿》一诗当中曾经抒发了自己的雄心壮志："老骥伏枥，志在千里。烈士暮年，壮心不已。"

日在木（树）下是"杳"字，就是太阳（日）已经落在树后边去了，"杳"字本义为天色已暗。

日在木（树）上是"杲"字，就是太阳（日）已经升到比树还高了，"杲"字本义为明亮。

"东"字是"日"和"木"组合而成，表示"日"升到树木的半中腰，指东方。

yǎo 杳　　gǎo 杲　　dōng 東

15

chūn ㄔㄨㄣ

春

甲骨文的"春"字，左边是表现了太阳从草地上升起来的景象，右边描绘草木破土而出的样子，整个字就是一小幅阳光煦暖、绿草萌发的春光图。

春是一年四季中的第一季，中国农历中一年的第一天是春节。这是中国人每年要过的最隆重的节日，人们敲锣打鼓，燃放爆竹，载歌载舞，喜气洋洋地欢度新春。一年之计在于春，春天代表希望，春天又开始新的劳作。

春是生命勃发、万物生长的季节，人们常用"春"来比喻生机。也用它形容男女的情爱，《诗经》里面说："有女怀春。"那是在讲一位少女情窦初开！

唐代大诗人李白《春思》的诗句："燕草如碧丝，秦桑低绿枝。"描写了在春天萌动了爱情。

在中国，当北斗星的斗柄指向东方的时候，东风来了，春天的脚步近了。

"夏"在甲骨文中，是一个手持斧钺的威武高大的人。小篆"夏"，也是一个人形，手中没拿东西。

夏有"大"的意思，从暮春进入到夏天时，我们注意观察树木就会发现，新绿的幼芽很快长成了大大的叶子，夏天的万物都显得盛大起来。因而古时候称大国也用"夏"。指称包括所有地方的疆域之大也用"夏"，这就滋生了"诸夏""华夏"等词。

xià ㄒㄧㄚˋ

夏

▲ 浙江武义宣莲

夏代铜爵（饮酒器），这是中国历史上出现最早的青铜容器。

华夏是中国的古称，泛指中华民族。此外，夏是一年春夏秋冬四季中的第二季，是季节名。

夏还是中国4000多年以前的朝代名，是中国历史上第一个王朝，有学说认为中国历史从夏朝开始迈入"青铜时代"。相传夏朝的开国者大禹也是上古禅让制部族的统治者。他治理好了当时严重危害国计民生的水患，三过家门而不入。"大禹治水"的故事成为领导者勤奋忘我、与人民共同努力除灾谋福祉的典型而流传了数千年。

两千年前汉代人创作的画像砖《大禹像》。

八百年前宋代马麟画的《夏禹王像》。

第二章
汉字与地理

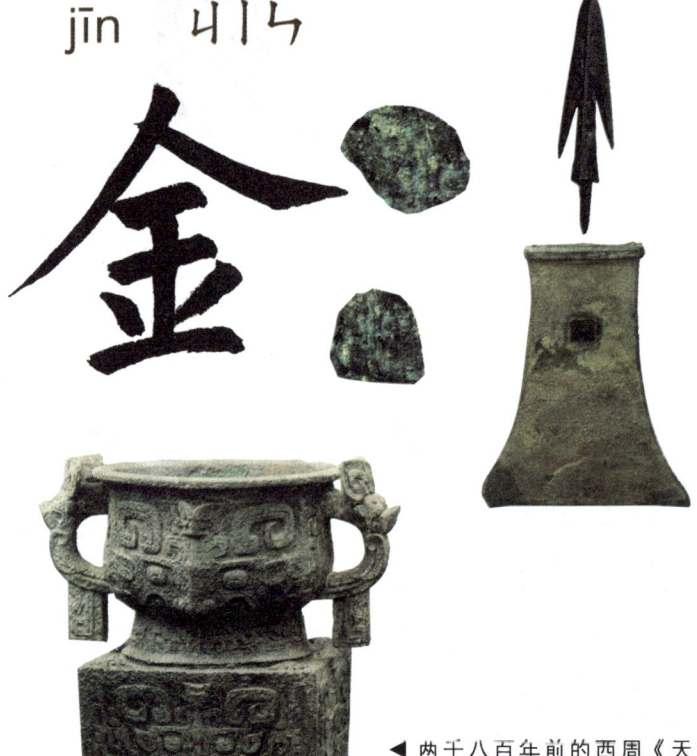

jīn ᄽ

“金”字的金文从土，表示土中的矿物，左边的两个黑点是冶炼的金属块，最上部的是“今”，是声符（读“今”的音）。《说文解字》说：“金，五色金也”。就是五种金属：白金是银，青金是铅，赤金是铜，黑金指铁，黄金才是真正的金子。汉字“金”的本义和现代“五金”的金近似。

中国青铜文明极其辉煌，商周时期的金乃指青铜。刻在青铜器上的铭文，称作金文。

▲ 两千八百年前的西周《天亡簋》（食器）

中国古代的乐器称为“八音”：金、石、丝、竹、匏、土、革、木，其中金指“钟”。中国的“五行”：金、木、水、火、土，是以金为首。

金属的质地坚硬，被用来形容坚固、牢靠的事物，朋友之间有着非常好的、牢不可破的交情，被称为“金石之交”；坚固的城墙可以称作“固若金汤”。

到了汉代以后，金就专指黄金了。

由于黄金贵重而有辉煌的光泽，所以常被用来比喻尊贵或贵重。

“金”字作为部首组成的字一般都与金属有关，如“铜”“铁”“锡”“铸”字。

▲ 西周《天亡簋铭文》

▲ 固若金汤

唐·法门寺鎏金捧真身银菩萨　　　　唐·法门寺金塔　　　　战国·金虎

mù ㄇㄨˋ

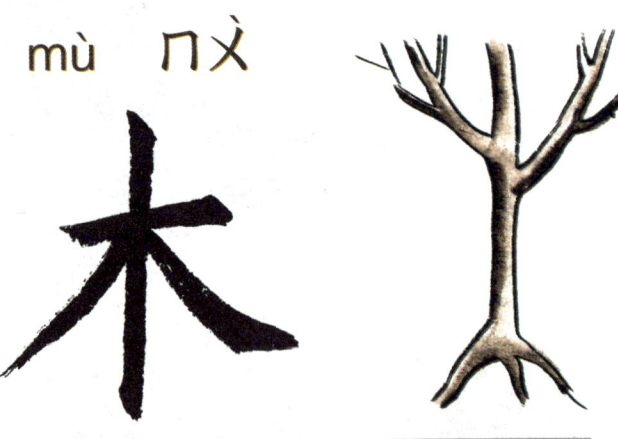

"木"字像一棵有枝干、有根系的活生生的树。

"木"的本义为树，是个象形字。树木可以加工做成家具、建造房屋等，如木材不规则，木工则要用墨斗拉线在木头上打上一条黑线做标记，便于加工，"故木受绳则直"。

▲ 明代木制家具

用"木"组合而成的字很多，都跟木本植物或用木头制作的物品有关。常言道："独木不成林"，两棵树木在一起就可以会意表示一小片树林，而三棵树木在一起就构成大片的"森"林了。人走累了，"大树底下好乘凉"，就靠在一棵大树下"休"（"亻"加"木"为"休"）息一会儿。

shuǐ ㄕㄨㄟˇ

水

　　"水"是个象形字。在甲骨文、金文和小篆中，"水"字的形体都表现了弯弯曲曲流水的样子，其中的几点，表示激流中溅起的水花。

　　"水"的本义是指河流。中国有很多古老的河流被称为"水"，比如"汉水""渭水""淮水""泗水"，等等。

　　唐代诗人白居易《长相思》词："汴水流，泗水流，流到瓜洲古渡头，吴山点点愁。思悠悠，恨悠悠，恨到归时方始休，月明人倚楼。"

　　中国人对于水有着特殊的情感，水或藏于地下含而不露，或喷涌而上汩汩为清泉，细流集为河湖，河湖汇成江海。泉水叮咚作响，唤起智者灵动的思虑，春雨滋润大地，德泽万物而默默无声。中国古代伟大的思想家孔子说："智者乐水"。（有智慧的人是喜欢水的）另一位大思想家老子说："上善若水，水善利万物而不争，处众人之所恶，故几于道。"（最善的人好像水一样。水善于滋润万物而不与万物相争，停留在众人都不喜欢的地方。所以说，水性接近大道。）人们用水来形容温柔的女子，说她"柔情似水"，又赞颂水的力量说："天下莫柔弱于水，而攻坚强莫之能先。"

　　人生如饮水，冷暖自知。要活出健康的人生，就要使自己的身心像流水一样通畅不腐。

huǒ ㄏㄨㄛˇ

火

"火"是个象形字，甲骨文描摹的是一团燃烧冲腾的火焰形象。篆文的形体线条化，不过还是能看出火苗冲腾的样子。

在没有火的年代，原始人类住在深深的洞穴中，靠采集野果、捕捉小动物为生，东西都是生吃的，还常常挨饿，因为要躲避野兽的伤害，他们不敢随便出去寻找食物。自然的山火常是雷电将树木击燃了，蔓延的大火烧毁了人们生活的森林，害得他们四处奔逃。据说人们在火熄之后返回，找到许多烧死的野兽，他们发现，烤熟的肉比生肉好吃

得多！慢慢地，人们学会了把火种带回到洞穴中，让它昼夜长燃不熄，阴冷的洞穴从此变得又暖又亮。更使原始人惊喜的是，有了火，和人类抢洞穴的野兽也不敢闯进来了。人们后来又学会了靠钻木、打击燧石等人工方式来取火，相传燧人氏发明了人工取火方法，他被后人奉为中华上古杰出首领的代表"三皇"之一。

火药是中国的四大发明之一，它是道士在用一些矿物质进行炼制丹药时无意中配制出来的。它能够迅速燃烧和爆炸，是能够着火的药，被称为"火药"。

远古时代，火种得来不易，需要小心保存，在前一根柴烧完之前，要赶紧把火传给后一根柴烧着，这样火种才会永远不熄灭，叫作"薪火相传"。后来人们用来形容师生传授，学问和技艺一代代继承相传下去，也用来比喻形骸虽然有尽，但精神不灭。

▲ 文化传承，薪火相传

tǔ ㄊㄨˇ

土

　　从甲骨文、金文的形体来看，像地上有土堆形。篆文的形体，二横表示地上、地中，一竖表示植物从土中长出，也就是能生长万物的就是大地之"土"。

　　土地生长着草木五谷，养育着万物，人们对大地充满敬畏和感恩，认为它是具有无穷力量的神灵。为报答大地的恩赐，人们每年都举行祭祀土地之神的活动，一年两次，春季耕种时举行的叫"春社"，祈求土地神赐福，保佑风调雨顺、五谷丰登。在秋季收获时举行的，称为"秋社"，向土地神报告丰收的喜讯，答谢它。

社稷坛

　　这是明清两代祭祀社、稷神祇的祭坛。

　　古代社会以农业为本，祭土地是上至天子王公，下至小民百姓一年中的大事。官方修建有专门祭祀土地神的地方，明清两代的是社稷坛（现在位于北京中山公园内），坛上有青、红、白、黑、黄五种颜色的土，象征着全国的土地；民间则自发修建了小型的土地庙，它是分布最广的用于祭祀的建筑，乡村各地均有分布，庙中供奉的土地神一般是白须白眉、慈祥可亲的老爷爷的样子，又被称为"土地公公"。

▲ 土地公公

yù 玉

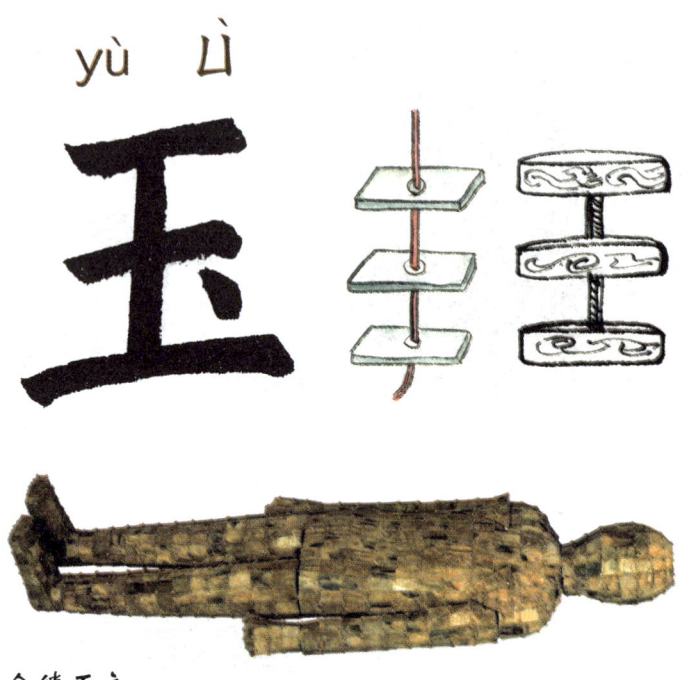

金缕玉衣

　　"金缕玉衣"是中国汉代皇帝和高级贵族的殓服。按照逝者的身形，用金丝将玉片编缀成衣。每块玉片的大小和形状都经过严密设计和精细加工，据说缝制一件玉衣需要一百个工匠耗费两年时间才能完成，费用大体相当于一百户中等人家家产的总和，价值连城。

　　"玉"字是个象形字。甲骨文好似用一根绳子串吊着三块玉石。金文和小篆都很像"国王"的"王"字，其实不一样，"王"字三横间的距离不相等，上空小，下空大，而"玉"字的三横则是等距离。后来为了避免与"王"字相混，所以才加上一点写为"玉"。这一点可以理解为玉也有不完美的瑕疵。

　　"玉"的本义是温润而有光泽的美石。玉石温润、坚硬、纯洁、有光泽、声音清扬，古人崇敬玉，把玉的温润而坚硬的品质之美引申为仁、义、智、勇、洁五种品德的象征。君子随身佩玉，没有什么特别的缘故，玉不离身。佩玉不仅是为装饰美身，而且是为了言行符合玉德，符合社会的伦理道德观念。人们称人坚守美德是"宁为玉碎，不为瓦全"。"玉"还是语言中的敬词，称人的容貌为"玉容"，称人的声音为"玉音"。

　　玉是一种高贵的礼器，古代以苍璧祭祀天神，用黄琮祭祀地神。玉又是身份和地位的象征，汉代人认为玉是"山岳精英"，将玉置于人的九窍，可以保持尸骨不朽，所以用于丧葬的玉器在汉玉中占有重要的地位。皇帝和贵族死后用玉衣作为殓服，最贵重的为金缕玉衣，它是用金丝将四千多玉片编缀而成，形状如人体，每块玉片的大小和形状都经过严密设计和精细加工，具有高超的手工艺水平。

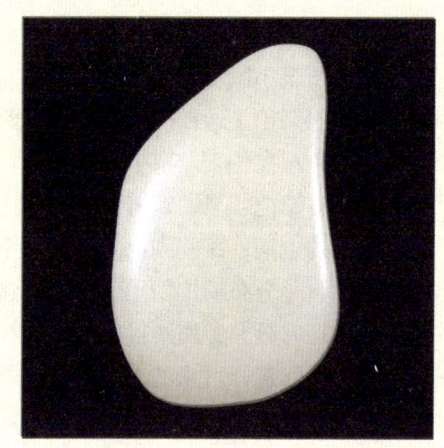

中国人喜欢石，玉就是美好的石头，人们用来做配饰、做礼器，形成了玉文化。还有各种奇石，人们用来做盆景、假山，在一方长盈尺的盆景中展现江山万里或千岩争秀的奇观。石，在意向上代表了大自然的山水之美。中国画家大多喜欢名字中含"石"字，如明代大画家石涛，现代大画家齐白石、傅抱石。

shí ㄕˊ

石

山水盆景是按照真山真水的天然气质选取适宜造型的石料，通过人工雕琢，并配种植物与配置小景，配置成假山。将自然的景色，浓缩到浅盆中，盛在几案上，使人如临名山大川之间。

"石"是个象形字，上面像山崖，下面有一块大石头。

石头是人类最早的劳动工具，在石器时代，人们用石头做成石刀、镰刀、石棒等。石，在人们生活中的作用太大了！中国古代有女娲用石补天的神话传说：水神共工与火神祝融交战，共工战败，气得用头去撞天地之间的支柱不周山，导致天塌地陷。"创世女神"女娲炼制了五色石，用来补好天空，并灭除了恶兽猛禽，人类始得以安居。

▲ 女娲补天

25

shān ㄕㄢ

山

甲骨文、金文的"山"字，描摹了三个山峰连绵组成的一座山的形状。在篆文中，"山"字线条化了。

中国是一个多山的国家，名山众多。其中最著名的是"三山五岳"，其中的三山传说是神仙居住的神山，名叫蓬莱、方丈、瀛洲，因这三座神山在人世间缥缈难寻，人们就把安徽的黄山、江西的庐山、浙江的雁荡山列为三山。古代的人们把位于中原地区的东、南、西、北方和中央的五座高山定为"五岳"，分别是东岳泰山、西岳华山、北岳恒山、中岳嵩山、南岳衡山。它们是封建帝王仰天功之巍巍而封禅祭祀的地方，更是封建帝王受命于天，定鼎中原的象征。

泰山十八盘

这是泰山登山盘路中最险要的一段，共有石阶1600余级，为泰山的主要标志之一。此处两山崖壁如削，陡峭的盘路镶嵌其中，远远望去，恰似天门云梯。泰山之雄伟，尽在十八盘。

▼ 这是宋代画家米芾的画作，表现了烟雨中的云山。

泰山高大雄伟，挺拔入云天，被誉为"天下第一山"。孔子说"登泰山而小天下"，泰山被视为崇高、伟大、神圣的象征，有"五岳独尊"之说。泰山封禅是历代帝王的追求，封禅是一种规模盛大的祭祀天地的典礼活动，其隆重的程度超过帝王登基的仪式。因为帝王自称受命于天，泰山高耸入云，接近天神，帝王在这里向天神报告天下太平，答谢上天的保佑，更要报告自己的政绩如何显赫。只有在国家鼎盛、天下太平时，帝王才有资格去泰山封禅。

"穴"从金文、篆文的形体来看，象有窗口可以通风的岩洞、居所或土室之形，是古人用来居住的土穴，里面的圆弧像是窗口、挖痕，是个象形字。"穴"的本义为古人居住的半地下的土窖、洞穴。

xué ㄒㄩㄝˊ

穴

人体穴位

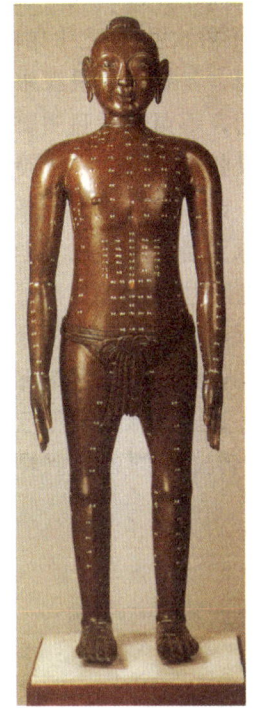

早在两千年以前，我们的祖先已经发现人体表面有许多特殊的感觉点——穴位，可以用来治病。穴位的研究与临床应用是中医基础之一。

▲ 新石器时代陕西西安半坡村遗址复原图

在远古时代，先民利用天然的洞穴栖止，后来才懂得建造更适合于人类栖止的住所。起初的建筑情况相当简陋。在中原黄土地带，古人多在平地掘出类似地窖般的窟穴，上面以树枝架构起顶盖，并苫之以茅草或兽皮，这种带有顶盖的半地下式的建筑也叫"穴"，是对以前自然洞穴名称的沿袭。

▲ 半坡村圆形房的复原图

yǒng ㄩㄥˇ

"永"字八法示意图
（1）侧（点）
（2）勒（横）
（3）努（竖）
（4）趯（钩）
（5）策（挑）
（6）掠（长撇）
（7）啄（短撇）
（8）磔（捺）

"永"的古文字形，描摹了一个人在水中游泳的形象。

"永"字最早的意义是表示游泳，后来"永"多用来指水流源远流长，人们于是加"氵"旁作"泳"来表示它游泳的原意。在古老的诗歌集——《诗经》中，有一篇叫作《汉广》，其中说"汉之广矣，不可泳思。江之永矣，不可方思。"意思是说汉水宽广无边，不可以游过去。汉水长又长，不可以乘木筏渡过去。诗中前一个"泳"表示游泳，后一个"永"则表示水流长的样子。

水流长远，又引申出长久、长远的意思。以前，人们在给长辈写信时，末尾常有"躬祝永年"的话，也就是"祝您长寿"的意思。人们纪念英雄，会说"永垂不朽"，表示他们的精神美德会永远流传，不会磨灭。

中国古人认为，想写好汉字有一个窍门——写好"永"字是一个集中练笔画的好办法。人们练书法，一般从楷书入手，需要掌握"永字八法"。它是以"永"字的八笔为例，阐述正楷字用笔的法则。八笔是点、横、直、钩、仰横、长撇、短撇、捺，对如何写好这八笔，"永字八法"作了详细的介绍。

永结同心剪纸，表达了新婚夫妇永远相亲相爱的美好愿望。

第三章

汉字与人及人文

rén

　　"人"是个象形字，它的甲骨文和金文都像一个脸向左边看、侧面站立着的人，他微躬着腰，双手举到前面，颈背微微前倾，像是正在接受或者奉献东西，显得毕恭毕敬。小篆与甲骨文、金文相似，但看上去像一个弯着腰的人，垂着长长的袖子。楷书由小篆演变而来，却是已经迈开步的样子了。

　　"人"的本义就是指人类，是由类人猿进化而来的，是能制造工具改造自然并使用语言的高等动物。在中国传统文化中，绝大部分的圣贤把是否具有伦理观念和道德意志作为区别人和其他动物的根本标志。人是天下万物中最可贵的，这样的观念深深扎根于古人心中，人虽是天地所生万物之一，但是可与天地并列为三。中国古人讲人"与天地参"，就是这个意思。

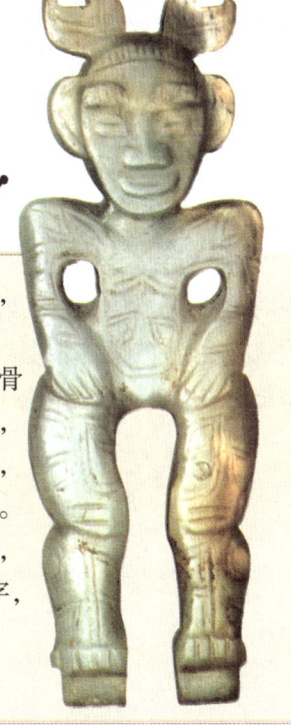

　　"从"是个会意字，有两个人面朝左边站着，一个人跟着另一个，表示跟随。

　　"北"最初可不是表示朝北的方向，它的甲骨文和金文是两个人背靠着背站着，面朝相反的方向，表示相背、背离。后来，"北"用来表示方向了，就又在"北"字下面加个"肉（月）"字，表示背。

　　"比"和"从"很相似，也是两个人在一起，不过他们面朝着右方，肩并着肩站在一起，是会意字，表示并列、并排。

fū ㄈㄨ

夫

"夫"的古文字形是一个正面站立，张开四肢的人，人的头上横插着一根簪子，表示成年男子。古代男子长到二十岁的时候，把头发扎成一束，并用簪子绾住，表示已经成年。

古代的成年男子一般身高八尺，一尺相当于现在的23.1cm，在周朝的制度中十尺为一丈，故成年男子被称作"丈夫"。男子成年后，可以与女子结为夫妻，所以丈夫又用作女子的配偶的称呼。

▲ 南京夫子庙

人们把有学问的人称为"夫子"。孔子是儒家思想的创始人，他多才多艺，知识渊博，被人们尊称为"孔夫子"，供奉和祭祀他的庙宇被称为"夫子庙"，南京的夫子庙很有名。

▲ 孔夫子像

我们的祖先在造字时，起初是按实物外形来造字。"目"字就是根据人的眼睛外形造出来。甲骨文、金文的"目"字，是一只眼睛的形状，中间是眼珠，周围是眼眶，两旁是眼角，有的甲骨文形体的眼珠中还有一个黑点，表示瞳孔，非常逼真。篆文形体把眼睛竖立起来了，眼眶被拉成四方角，不大像眼睛了。

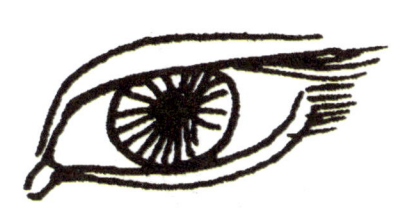

眼睛的主要功能是看东西，观察世界。一个人眼睛里什么都没有，是"目空一切"，表示这个人十分骄傲自大，把什么都不放在眼里。

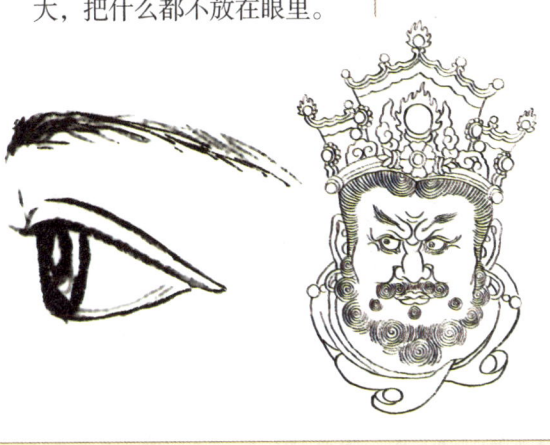

目是人面部最主要的器官，对人的形象来说很重要。《诗经·卫风·硕人》中描写一个美人是"巧笑倩兮，美目盼兮"，笑起来很漂亮，美丽的眼睛顾盼有神。如果一个人容貌清秀俊美时，人们常常会说他"眉清目秀"；而一个人看上去就很善良的样子，人们就会说他是"慈眉善目"；而一个人生气的时候，眼睛会变大，眉毛竖起来，是"横眉怒目"了。

一个人，特别注意睁大眼睛，就是见到了什么，这就形成了一个会意字：見（见）。

shǒu ㄕㄡˇ

手

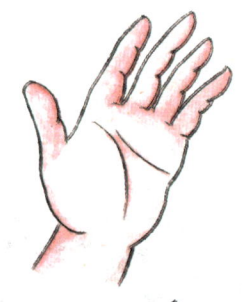
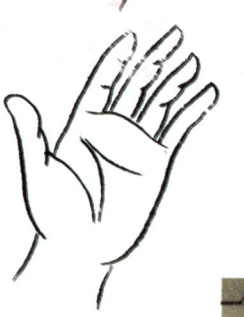

用"手"构组的新字，词义与"手""手的动作""用手做的事"有关，如"指"可以表示手指头，也可表示用手指方向。如唐代诗人杜牧有一首描写清明节的诗："清明时节雨纷纷，路上行人欲断魂。借问酒家何处有，牧童遥指杏花村。"手可以用来扑、打、拍、抢、找、扣、掰、拔、抬等。

清·禹之鼎《女乐图》中的女子提罐移物图。

金文、篆文的"手"字，象一只手掌五指张开的正面形状，下面还画出了向左弯曲的手臂，是一只左手的样子。我们现在把手指张开的叫作"手"，而手指握在手掌中则叫作"拳"。

手是人体的上肢，进行劳作的最主要器官。人们说开始去做某项工作，是"入手"；事情做成功了，是"得手"了。人们用自己的双手去劳动，各行各业都会产生许多能干的人，我们把这些擅长某种技能的人称为"能手"。

"执子之手，与子偕老"，这句古诗说出了相爱的人牵手度过一生的美好愿望。

zú ㄗㄨˊ

足

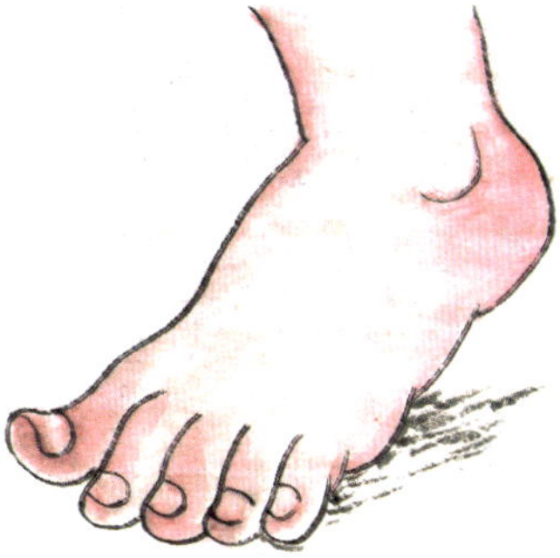

"足"引申指动物用以行走或奔跑的腿或脚。有一个寓言故事讲一群人分一壶酒，约定在地上比赛画蛇，谁先画好，酒就归谁喝。其中一个人最先把蛇画好了，他看大家都还没画完，就拿过酒壶，说再给蛇添上几只脚。可还没等他把脚画完，另一个人已经把蛇画完了。那个人从他手中抢过酒壶，说蛇本来没有脚，你怎么能给它添上脚呢。后来人们就用"画蛇添足"来表示做了多余的事，非但没有好处，反而弄得不合适；蛇本来没有足，却给它添上足，也用来形容人无中生有，虚构事实。

用"足"构组成的字，词义与"脚""脚的动作"有关。如："跑"是用脚快速地奔走；"跌"是失足摔倒；"跫"是脚踏地的声音；"踅"是用脚来回走。

▲ 画蛇添足

"足"就是人的脚，甲骨文的"足"字，描绘了一脚趾、脚掌、脚踝俱全的人脚的形状。金文的字形有所简化，保留了脚趾、脚掌的形状，用了一个圆圈来表示膝盖。

脚是用来行走的，人们常说"千里之行，始于足下"，表示走一千里路，是从脚下第一步开始的，用来比喻事情是从头做起，逐步进行的。一个人脚步快捷，就能比别人先到达目的地，最先登上高峰，叫作"捷足先登"，形容人做事快捷，能比人抢先一步获得所求。

33

zǒu ㄗㄡˇ

走

金文的"走"字，上面是一个人甩开手臂向前大步奔跑的样子，下面的"止"代表脚，表示用脚奔跑、急行。因此，"走"的最早的意思是跑。

在古代，人们把跑叫作"走"，把走路叫作"行"。人们说"飞禽走兽"，是指飞翔的禽鸟和奔跑的野兽。唐代诗人孟郊考中科举后，写过一首《登科后》的诗，诗中描写他得意的心情，在一天内骑在奔跑的马上观看完了长安城里的春花。后来人们就用"走马观花"表示大略地看了一下。

古代官员奔赴任职，往往骑着马去，叫作走马上任，后来也用来指接任某项工作。到了后来，"走"字的意义渐渐由跑步转变为步行。

春风得意马蹄疾，一日看尽长安花。

——唐代孟郊诗句

牙齿是可以用来咬磨食物的器官，一个人出生后不久就会长出牙齿，一直到老，牙齿才会脱落，因此人们说"没齿不忘"，是到老了，牙齿都掉没了，还是不会忘记，常用来表示对别人的恩德会终身不忘。

牛和马可以通过数牙齿来知道它们的年龄，故引申指年龄，岁数。人们用"马齿徒增"来谦称自己年岁白白增加了，虚度了年华，没有作出什么成就。

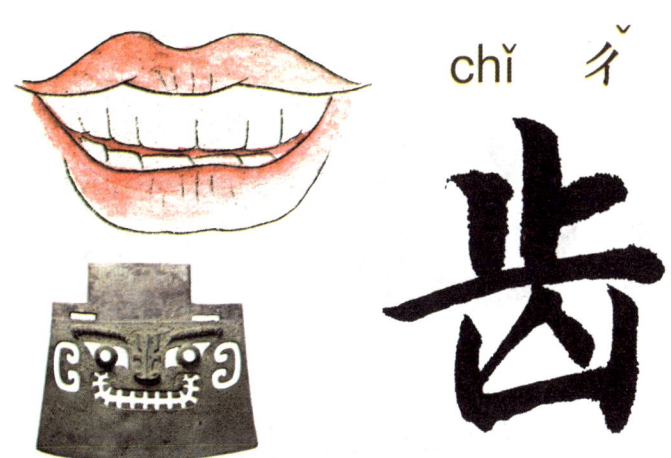

chǐ 彳

齿

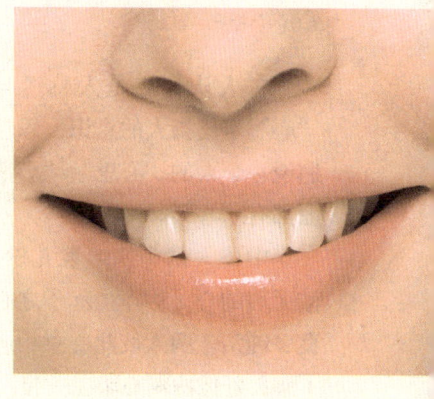

从口往里看，就可以看到牙齿。"齿"的甲骨文，象张开的大嘴巴里露出上下两排牙齿。在金文、篆文的形体中，上面多了一个"止"字来表示读音，就变成了形声字。

xīn ㄒㄧㄣ

心

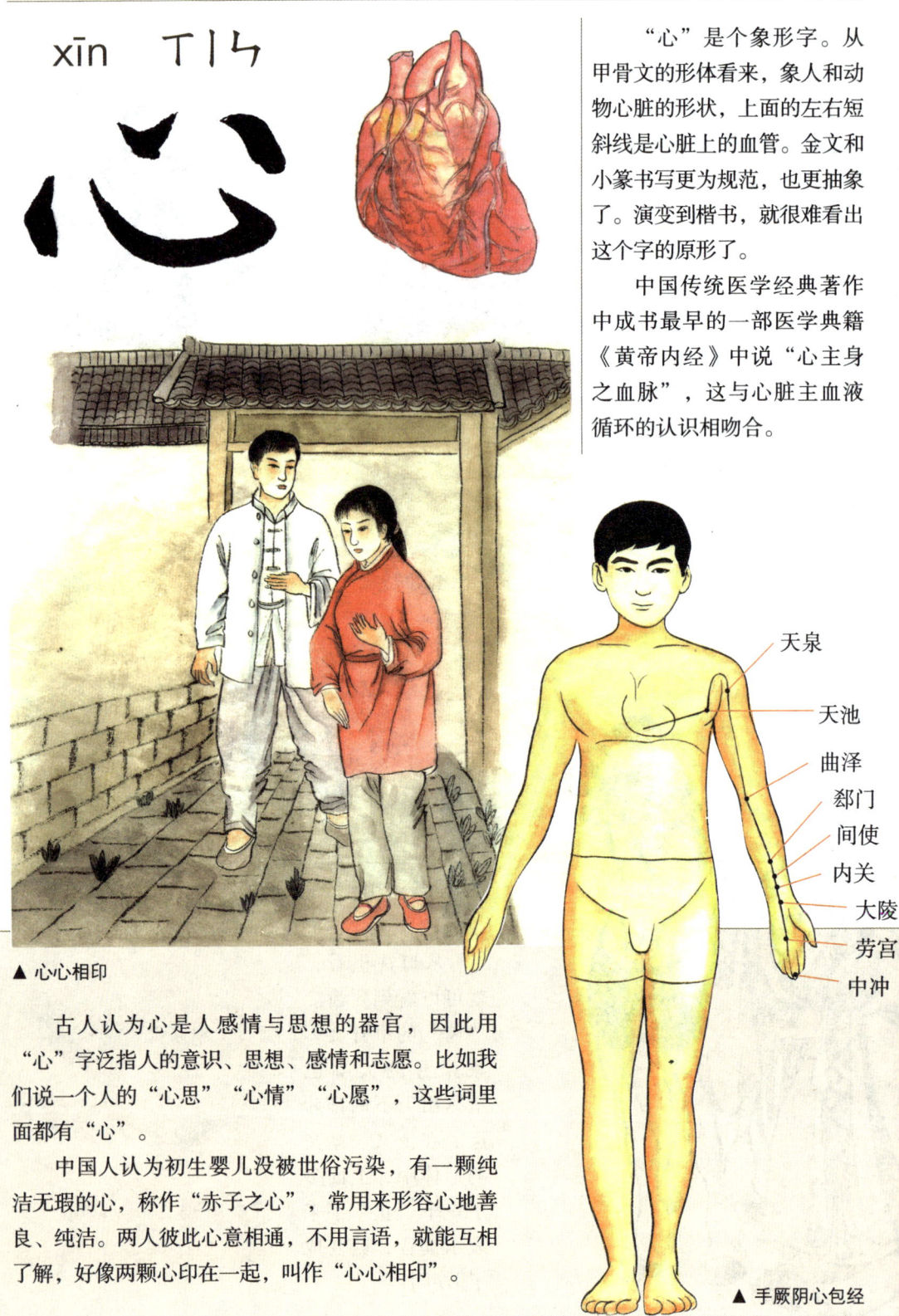

"心"是个象形字。从甲骨文的形体看来，象人和动物心脏的形状，上面的左右短斜线是心脏上的血管。金文和小篆书写更为规范，也更抽象了。演变到楷书，就很难看出这个字的原形了。

中国传统医学经典著作中成书最早的一部医学典籍《黄帝内经》中说"心主身之血脉"，这与心脏主血液循环的认识相吻合。

▲ 心心相印

天泉
天池
曲泽
郄门
间使
内关
大陵
劳宫
中冲

古人认为心是人感情与思想的器官，因此用"心"字泛指人的意识、思想、感情和志愿。比如我们说一个人的"心思""心情""心愿"，这些词里面都有"心"。

中国人认为初生婴儿没被世俗污染，有一颗纯洁无瑕的心，称作"赤子之心"，常用来形容心地善良、纯洁。两人彼此心意相通，不用言语，就能互相了解，好像两颗心印在一起，叫作"心心相印"。

▲ 手厥阴心包经

nán 弓兮

男

在古代的农业社会，男耕女织。古人在造"男"字时，表现的就是男子用耒在田里耕作的形象，"力"表示一种叫耒的农耕工具，形状是一根下部弯曲的木棍，木棍的下部装有一横木，用来踏脚，木头顶端分叉为齿形，是踏犁。使用时，人用脚踏住横木，犁头向前移动，可以用来起土和松土。

▼清代《红楼梦》插图，表现了男主人公外出求学，女主人公守候家中的情景。

中国古代讲究男女有别，在商周时期，孩子生下来后，男孩玩耍玉器，女孩玩耍纺线的纺锤。长到七岁，男女就不能在同一块座席上坐，不在一起吃饭。十岁时，男孩外出求学读书，学习诗书、射箭、驾车，二十岁的时候学习礼仪。女孩在家学习织布做衣服，准备祭祀所需要的东西。

nǔ ㄋㄩˇ

女

王昭君　西施　杨贵妃　貂蝉

"女"字是个象形字。甲骨文、金文的"女"字，都表现了一个两手交叉身前、跪坐着的女子的形象，显现出温柔顺从的姿态。

"女"最初的意义是指未出嫁的女孩子。在很长的一段时间里，人们把未出嫁的女孩子叫作"女"，已出嫁的女孩子叫作"妇"。在西方，有上帝造人之说；在中国，古人认为女娲造人，她是人类的母亲。

中国锦绣河山不但英才辈出，也孕育出无数佳人，古代佳人中最著名的就要数四大美女了：西施、王昭君、貂蝉、杨贵妃。她们容貌出众，而且都对当时重大的政治事件产生了传奇式的重大影响。

民间分别以"沉鱼""落雁""闭月""羞花"来代称四大美女。相传西施在江边浣纱时，水中的鱼儿看到她的容貌，都惊艳得沉入江底。昭君出塞时在马上弹起思念故乡的《出塞曲》，天上大雁听到也肝肠寸断，纷纷掉落在地。貂蝉在花园中拜月时，月亮比不过她漂亮，就赶紧躲在云彩后面去了。杨贵妃在御花园观赏牡丹时，百花失色，羞愧不及玉环美貌，遂闭上花瓣。

▲ 女娲造人传说图

"母"字是个象形字。甲骨文是面部朝左曲身跪坐的女子，双手交叉身前，温柔顺从。女子有奶水，是做母亲的重要特征，甲骨文用两个黑点儿表示这个女人已袒胸露乳（准备哺乳）、乳峰高耸的样子。金文的形体与甲骨文基本上一样。小篆由金文演变而来。楷书的写法，大轮廓就似一个"女"字，两个乳房的象征依然存在。

mǔ ㄇㄨˇ

母

中国宋代抗金英雄岳飞在青年时代，他的母亲为他在后背上刺字"精忠报国"。岳飞牢记母训，赤胆忠心。

"母"字的本义就是指哺育抚养我们长大的母亲。母爱是无私而伟大的，唐代诗人孟郊的《游子吟》是中国古代诗歌中最著名的对母爱的颂歌，诗中以最朴素而又最真诚的语言吟诵了这伟大的人性之美："慈母手中线，游子身上衣。临行密密缝，意恐迟迟归。谁言寸草心，报得三春晖？"

hǎo ㄏㄠˇ

好

中国古人崇尚多子多福的观念，提倡孝道，认为没有子嗣是最大的不孝。因此，当时衡量一个女子重要的标准为能否生育，"好"字由"女"和"子"两部分组成，表示妇女生育有子，就是好。

女子貌美也称为好。汉乐府诗《陌上桑》："秦氏有好女，自名为罗敷。"意思是秦家有位美丽的女子，她的名字叫罗敷。

▲ 花好月圆

▲ 百年好合

由女子貌美引申泛指美善。花儿开得正好，月儿正圆，寓意美好圆满，所以在日常生活中，人们常常用"花好月圆"来祝福新婚的人以后生活能美满如意。"百年好合"也常用来祝福夫妻永远和美，和睦融洽。

美好的东西自然讨人喜欢，所以"好"又可以引申表示爱好、喜欢。春秋时，楚国有个姓叶的贵族很爱好龙，他衣服的带钩上刻着龙，酒壶、酒杯上装饰着龙纹，房檐屋栋上都雕着龙的花纹图案。天上的真龙听说后，降落到他的家里。叶公一见到真龙，却吓得转头就跑。可见叶公不是真喜欢龙，而只是喜欢那些似龙非龙的东西罢了！后来人们就用"叶公好龙"来形容人表面上喜欢某种事物，而实际上并不是真正的喜欢。

中国传统文化认为，亲情是一切社会感情的基础，一个人对亲人有真挚深厚的亲情，才可能对其他人有真挚的情感，对家庭、社会有责任心。

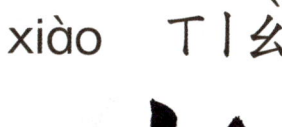

"孝"字在甲骨文和金文里，都表现了一个孩子搀扶着一位老人走路的样子，孩子非常虔敬，老人行走得很安稳。

中国人认为，孝顺是天经地义的事情，那么，什么是中国人所认为的孝顺呢？《论语》里说，父母在世时，用恭敬的心爱护父母，态度和悦，行为规矩而且礼貌，爱护自己的健康，努力做好一切事情，不让父母为自己担忧。父母过世了，尽心地主持葬礼，以后的日子，时常缅怀他们，遵循效法他们那些作为我们榜样的正义、道德、礼貌的言行，能做到这些，就是中国的孝了。

yǒu | 又

▲ 民国时期绘画中的两位朋友

甲骨文和金文中的"友"字，都是方向相同的两只右手靠在一起，表示志同道合地做一件事情。到了楷书，上部的一只右手变成了一只左手，看起来就像两只手握在一起，这样便于书写，字形也很好看。

▼ 现代·张大千《岁寒三友图》

"友"的本义就是指朋友。中国古人说："同志为友。"朋友就是与自己志同道合的人。我们想要了解一个人，最简单的方法是看看他结交的都是什么样的朋友。选择交什么样的朋友对一个人来说非常重要，伟大的孔子曾经对结交朋友发表过这样的观点，他说："益者三友，损者三友：友直、友谅、友多闻，益矣；友便辟，友善柔，友便佞，损矣。"

松、竹、梅被称为"岁寒三友"，严冬季节，万木凋零，唯有松竹的颜色依旧；数九寒天，百花失色，唯有梅花凌风傲雪。人们赞颂松、竹、梅不畏严寒的高洁品格，说它们是可伴冬寒的三位益友。"岁寒三友"，后来用来比喻忠贞的友谊。

使人类生生不息的是这个"爱"！

使一个人有生命力、幸福感的也必须有这个"爱"！

一个身心健康的人，有生以来就会有两种愿望：爱和被爱，人生的圆满，就是两者兼得。

《诗经》第一篇就是写爱情："关关雎鸠，在河之洲。窈窕淑女，君子好逑……求之不得，寤寐思服。悠哉悠哉，辗转反侧。"一个男青年爱上一个美好的采荇菜的女子，时时刻刻忘不了，翻来覆去睡不着。这种情感，几千年了，人们还是十分熟悉。

ài 万

爱

爱是一种发自内心的真挚的情感。解说汉字的经典《说文解字》解释"爱"说，爱是付出行动。篆书的"爱"是由三部分组成：上部是一个深呼吸的人的形象；中间是一个"心"字；下部是脚，表示行动，也表示心有所系，难以离开，就是舍不得。男女之间的爱恋，是至真至纯的美好情感体验，是一种强烈的互相吸引。人们爱亲人、爱祖国也是一种深深的眷恋。中国古代诗人屈原在离开故国时，一步一回头，他说，飞鸟飞得再远也要返回它的老巢，狐狸死时头要朝向出生的土岗。

爱是情感的付出，爱到深处，会付出全部的心血和生命。

rén 回'ㄣ

仁

战国时期，各个诸侯国之间纷争不断。孟子在孔子"仁"说的基础上，提出了"仁政"说。他主张统治者改善民生，使百姓安居乐业，人民有恒产才有恒心，在此基础上，修德行教，使仁爱之心推而广之，国家才能稳固，天下才能得到治理。

　　"仁"的本义为亲近。"仁"字的左边是一个侧立的人形，右边是数字"二"，表明仁是指人与人之间和谐相处的关系。

　　仁是中国古代儒家思想中最重要的一种道德观念，影响深远。孔子是春秋时代儒家思想的创始人，他的学生樊迟曾经向他请教什么是仁，孔子的回答很简单，说爱人就是仁，意思是人与人之间相亲相爱就是仁。后来学生子张也向孔子求教怎么样才能达到仁，孔子告诉他，如果天下能实行"恭、宽、信、敏、惠"，就能达到仁了。人只要做到谦恭、宽厚、守信、勤敏、慈惠，就能做到仁了。实际上，在孔子那里，仁就是人与人之间一种良好互动的总关系，具体可表现为对父母要孝顺，敬爱兄长，与朋友相处要守信，对国家要忠，对人要有爱心，自己不想要的就不要施加给人。总之，仁是人要约束自己，力求使自己的行为符合礼的规范，从而使人与人之间的关系达到一种理想的境界。

如果拿"义"字和"仁"字作对比,"仁"字是强调人与人的关系要好,仁者爱人,属于公德的范畴;而"义"字是强调自己做事要正义、适宜,属于私德的范畴。中国历史中的汉代,是十分重视私德的时代,孕育出了汉末关云长这位以"义"感动了无数中国人的楷模,直到今天,世界上有华人的地方都有被供奉的关公(关羽,字云长)像。

yì ㄧˋ

义

孙中山先生像。孙中山先生倡导天下为公,公平正义。

"义"字上面是个"羊"字,美好的意思,下面是个"我"。这个字的意思是:一个人做事,符合正义的原则,才是适宜的。

中国古典文学名著《水浒传》中英雄好汉们聚义梁山。

礼

礼的内容非常广泛，大到国家的政治制度、重大活动，小到个人婚姻、丧事、成人礼仪等日常行为都有详细规定。礼仪渗透社会生活的各个方面，大致分为吉礼、凶礼、军礼、宾礼、嘉礼，合称"五礼"。中国号称礼仪之邦。西方有"教堂"，中国有"礼堂"（演礼的场所），不懂礼，就不能懂中国文化。但礼要以真实感情为基础，过于烦琐的礼会束缚思想创新。

▲ 笄礼

甲骨文、金文的"礼"字，描摹了一个高足的古代称为"豆"的器皿中盛放着两串玉石的样子。在商朝时，人们把美玉放在器皿中来祭祀神灵，所以"礼"最早的意思是祭祀时用的礼器。小篆的"礼"字由"示"和"豊"两部分组成，增加了一个"示"字，"示"是在石台上摆上祭品祭祀，表示与祭祀有关的事情。隶变楷书后写作"禮"，汉字简化后写作"礼"。

原始的礼起源于先民对神灵祖先的敬畏而举行的祭祀活动，周王朝建立之后，周公在夏礼和商礼的基础上，制定了一整套礼制，史称"周公制礼"。到了春秋时期，礼的内涵扩大，成为社会政治的典章制度、行为准则及道德规范。

"书"在金文、篆文中，上下均分两部分，上半部是一只手握着笔在书写，下面是书写的文字。"书"的本义就是用笔书写。用笔书写汉字，发展出了中国独有的艺术——书法。

中国人一直认为一个人的字迹就是他心迹的流露。人们习惯于从一个人的字迹来进一步了解他、认识他，认为字迹总是流露了书写者的性格、心情、习惯。俗话说"见字如面"，中国历来都重视写字，很多读书人都写得一手好字。汉字本身起源于象形，天生就有艺术美的元素。汉字的书写又可以与万物万象作比拟，用笔墨来抒情，这就是书法——它含有深厚的文化底蕴，能够表达丰富的思想感情，展现多姿多彩的艺术风格。书法是一个无穷无尽的艺术世界。

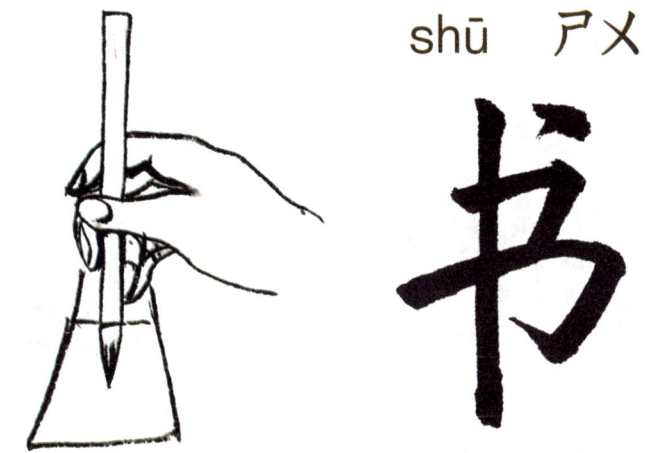

shū ㄕㄨ

书

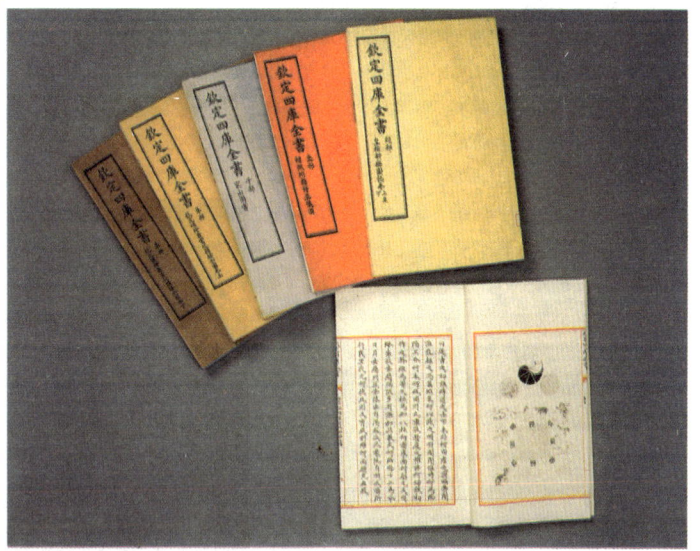

▲《钦定四库全书》

"书"还指图书，中国历代对图书都极为重视，每到太平时代，国家都会把整理图书作为大事，称为"盛世修典"。著名的《永乐大典》《四库全书》就是这样产生的。

东晋·王羲之《兰亭集序》（部分）。王羲之被中国人奉为"书圣"，《兰亭集序》被誉为"天下第一行书"。

huà ㄏㄨㄚˋ

画

◄ 顾恺之《洛神赋图卷》

中国画和西方画最大的区别就在于，后者努力的目标，是精心细致地再现事物的原貌（其现代派的"变形"只是变形而已），前者则力图传达出事物的内在神韵。比如画人物，西洋画讲究在三维空间（上下、左右、前后）中描绘出人物的真实影像，其创作往往凭借科学的人体解剖，以具体深入的形象刻画为胜，有时甚至毛发毕现。中国画呢，它不是忽视人物的外形描绘，但相比起外貌写真来，它更强调表现人物内在的精神风貌，就是所谓"传神"，这是中国画的画家们一直坚守的艺术表现原则。

◄ 尼德兰画家凡·代克的画作《德比伯爵夫妇与儿女》中的伯爵夫人

"画"在甲骨文中，一只手拿着一支树枝在地上画着交叉的线条，在作图画。金文中，上面是一只手执笔的样子，下面是一块田，表明在划分田界。

传统西画植根于雕塑和建筑，中国画则植根于文学和书法。在汉字的造字之初，人们写字就是画画，书画同源，中国画用线条来表现，富有笔墨意趣。西画重立体感、空间感、科学性和工艺性，而中国画重意境、情感和书法笔致。

元·倪瓒《幽涧寒松图》，是倪瓒精微笔墨的巅峰之作。

人是有感情的动物，当情感强烈到连语言和歌唱都不能表达的时候，就跳起舞来。我们的历史里，有很多文字已经不能知道它的原意了，声音早已随时光远去，但是当我们看到遗留在石壁上、陶器上、画片上和丝织物上的一幅幅舞蹈的画面，我们就能身临其境地感受到画中人的兴奋、哀伤和虔诚。看看这六千年前的中国马家窑文化中著名的"舞蹈彩盆"。盆内画有手拉手跳舞的人们，每组五个人，一共画了三组。在那远古的黄河边上，在一个喜庆的夜晚，人们围着篝火载歌载舞。透过篝火，一排舞动的身影生动活泼、纯朴天真。他们跳的是简单而热烈的图腾歌舞，有节奏的歌舞声随着黄河水一波一波传来。千万年过去了，直到现在，有些少数民族部落还保留着这种类型的原始歌舞。

wǔ ㄨˇ

舞

▲ 马家窑文化的舞蹈纹彩陶盆

◀ 唐代著名的舞蹈家公孙大娘舞剑器

"舞"字所表现的是，一个人情不自禁，舒展四肢，拿了两条牛尾就跳了起来。

jì 祭

祭亲就是祭祖，是由人们对祖先的崇拜发展而来的。殷商时期人们对祖先神的崇拜尤为突出，在河南安阳殷墟出土的甲骨卜辞表明，殷人对祖先进行频繁复杂的祭祀活动，祭祖活动在周代就已形成定制。最初人们祭祖，是源自对祖先的敬畏和祈求祖先保护，往往厚葬并用人和牛马等殉葬，并定期地供奉酒食玉帛，后来发展为对祖先的思念，人们烧纸钱供祖先使用。

中国古代的祭祖汇成了一种传统，祖先祭祀成了各种祭祀中最重要的一种。曾经在各个家庭中，祭祖是一年中最重要的事。

劳动人民文化宫

劳动人民文化宫位于北京天安门东侧，曾是明、清两代皇室家庙，旧称太庙。是封建王朝皇室供奉祖宗牌位、年节大典祭祀先人的地方，是保存最完整的明代建筑群之一。

"祭"是一个会意字，像一只手拿着肉放在祭台上，表示用肉来祭祀和供奉神灵、祖先。

祭祀是人们按着一定的仪式，向神灵或祖先致敬和献礼，求其降福免灾，使自己得到庇护。中国的祭祀文化具有多重性，人们祭祀的对象有很多，大致可分为天、地、君、亲、师。祭天地源于自然崇拜，中国古代认为天是至高无上的神，主宰世间一切，以地配天，化育万物，祭祀天地表示顺服天意，感谢上天造化。古代君王宣扬君权是上天授予的，是统领国家人民的，因此君主是国家的象征，祭祀君主有祈求国泰民安的意思。祭师就是祭祀圣人，孔子开创了儒学传统，是万世师表，人们有祭祀孔子的传统。

酒是一种用谷物或果类发酵制成的液体饮料。"酒"的古文字形，右边是一个酒坛子，左边的水表示液体，表明酒水。

相传仪狄是中国最早的酿酒人，他是夏朝人。大禹的女儿见父亲治水辛苦，不思饮食，于是就令仪狄造酒。仪狄通过多次尝试，酿出了美酒，大禹品尝后，觉得十分醇美。他担心从此沉醉在美酒中而懈怠政务，就疏远了仪狄，拒绝再喝酒。他说："后世必有以酒亡其国者。"的确，其后的商纣王筑酒池肉林，荒淫无道，最后被周武王所灭，这是因沉醉酒肉享乐治国无道而丧国的例子。

jiǔ ㄐㄧㄡˇ

酒

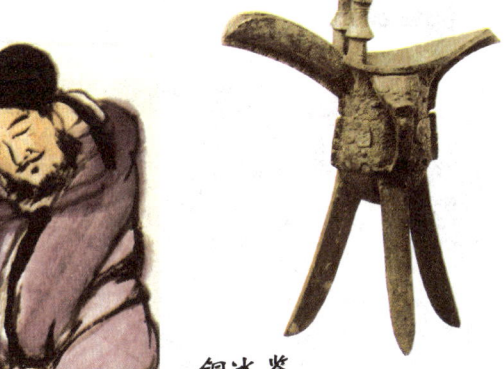

铜冰鉴

1978 年，湖北省随县曾侯乙楚墓就出土了一件铜冰鉴。它是一件双层器，方鉴内套有一方壶。夏季，鉴、壶壁之间可以装冰，壶内装酒，冰可使酒凉。可以说，铜冰鉴是迄今为止世界上发现最早的冰箱了。

后来周代推行过禁酒令，但美酒的吸引力很大。在历史上，上至国家祭祀、敬老、宴请宾客等场合，下至民间各种聚会，饮酒成风，已经成为一种文化。饮酒、盛酒的器具也比较多样化。爵，是主人向宾客敬酒用的礼器，它的形状为深腹，前面有倾酒的流槽，后有尖形尾，上有两柱，下有三足，旁有把手，盛行于商代。

xǐ Tǐ

喜

"喜"字在甲骨文中，上面部分像一个安放在支架上的大鼓，鼓两侧的点表示击鼓所传出的声音，下面是一张笑得合不拢的大嘴，表现了人们有喜庆的事击鼓庆贺，表达喜悦。"喜"的本义是喜庆，引申表示快乐、高兴。

▲ 坤宁宫大婚洞房中的一对喜灯

坤宁宫是北京故宫内廷后三宫之一，是皇帝大婚时的洞房，曾是皇后的寝宫。

在传统的民俗文化中，人们的生活中有很多喜庆的事儿。结婚是一件快乐高兴的事儿，举行婚礼叫作办喜事，亲戚朋友来参加婚宴酒席是"喝喜酒"，结婚时散发给宾客亲友的糖果叫作喜糖，陪伴照顾新娘的伴娘叫"喜娘"；而且在新房里会贴上红红的双"喜"字，以表达对新人的美好祝愿。中国人认为多子多福，生育孩子是一件可喜可贺的事儿，所以，妇女怀孕叫"有喜"，妇女怀孕后的脉象叫"喜脉"，孩子满月后将染红的蛋分送给亲友，这种鸡蛋叫"喜蛋"。

"吉"字有两种说法：一是说"吉"字形上面为兵器，下面是容器，把兵器存放在容器中，表示没有战争了，人们生活太平美好就是大"吉"。另一种说法是，供桌上盛满物品，祈求吉祥。

jí ㄐㄧˊ

吉

"吉"的本义为吉祥、吉利。由吉利、吉祥，可以引申为善、美好。古代文献《尚书》中说："吉人为善。"意思是说好人做善事。"吉日"多指好日子、吉祥的日子。

"吉祥如意"是中国人的祝愿语，祝颂他人美满称心。

中国民间流传最广、影响最大的门神：唐代武将秦叔宝和尉迟恭，他们是唐朝的开国元勋。

中国人万事图个吉利，有着十分讲究的吉祥文化。在过年时，人们在大门上贴上保卫家宅平安的门神，贴上年年有余的年画，穿红衣，剪红窗花，表示红红火火，寓意吉祥如意。人们相互道贺"恭喜发财""大吉大利""吉祥如意"。

新年伊始，孩子们正在祝颂吉祥。

zhù 业乂

祝

　　"祝"指在向神灵祷告时，口中都念念有词，期望神灵能降福保佑。后来意义扩大，"祝"由向神灵祷告求福，引申为一个人通过言语向别人表达美好愿望。老人做寿时，要摆祝寿宴，亲朋好友前来祝贺，送上寿桃、寿面、布匹等礼物，祝老人"福如东海，寿比南山"。传统节日时，亲朋好友之间会互相问候和祝福。

　　"祝"的古文字，描绘了一个人恭敬地跪坐在祭台前，张口祷告的样子，表示祈祷、求神灵保佑赐福。

　　在古代，向神灵祭祀是一件大事。在家族的祭祀仪式中，向神灵或祖先祈祷的人通常由家族中辈分较高、年龄较长的男子担任。而在国家祭祀时，有专门主持祭祀祝告的人来向神灵祷告，这样的人即男巫，叫作祝。

仙是古代神话和宗教中长生不死的人。在古文字中，"仙"字是由"人"和"山"两部分组成，人在山上。在古代，人们认为仙人是迁居在山上的、长生不老的人。

仙人喜欢居住在山上，因为山里云雾缭绕、风景优美，又与天相接，很容易让人充满奇异的想象。在中国神话中，昆仑山在常人难至的西方内陆，是中国神仙思想的发祥地之一。传说昆仑山上住着西王母，她拥有长生不老的药，是仙界的主宰者。

xiān ㄒㄧㄢ

仙

现代著名画家徐燕孙（1899—1961）所作《八仙过海》。

在中国众多的神仙传说中，"八仙过海，各显神通"的故事广为流传。其中八仙是指吕洞宾、何仙姑、张果老、蓝采和、汉钟离、曹国舅、韩湘子、铁拐李，他们原本是普通人，后来修炼得道成仙，他们分别代表中国人的男、女、老、少、富、贵、贫、贱等八个方面。他们各有不同的宝物，吕洞宾有长剑，何仙姑有莲花，张果老有纸叠驴，蓝采和有花篮，汉钟离有芭蕉扇，曹国舅有玉板，韩湘子有横笛，铁拐李有铁拐和葫芦。传说他们在横渡东海时，不用舟船，各自将宝物抛入水中，施展法术大显神通而过。后来，人们就用"八仙过海，各显神通"来比喻做事各有各的一套办法，也比喻各自施展本领互相竞赛。

rú ㄖㄨˊ

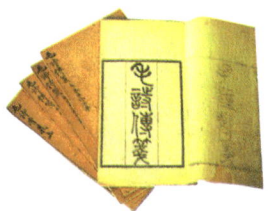

儒学是在总结、概括和继承夏、商、周三代文化传统基础上形成的一个完整思想体系，提倡仁义，就是做人要真诚、有同情心、能够推己及人。主张礼治，就是要维护社会秩序，建设社会规范。中国历史上，凡是要强调社会秩序的时候，都会推崇儒家学说。

　　儒是以教书和在政务活动中掌握礼仪事务为职业的人。孔子是第一个通过办学将学术民众化的人，他创始了影响了中国历史的儒家学说。

　　儒家的主要经典为《诗经》《尚书》《仪礼》《乐经》《周易》《春秋》六经，秦始皇"焚书坑儒"后《乐经》失传，成为五经；后又加上"四书"，即《大学》（《礼记》中的一篇）、《中庸》（《礼记》中的一篇）、《论语》《孟子》，合称四书五经。从汉朝以后，儒家思想成为中华民族最基本的主流价值观。

佛，又读fó，是梵语buddha（佛陀）音译的略称，意思是"觉""觉者"，也译作"浮图""浮屠"等。觉有三种义：自觉（自己觉悟）、觉他（使众生觉悟）、觉行圆满。

释迦牟尼是世奉的佛祖，民间俗称为如来佛，意思是：从如实之道而来，开启真理的人。

他是古印度一个国王的儿子，成年后，他深感人生有生老病死和欲望纠缠的苦难，便毅然抛弃王子荣华富贵的生活，出家修行，寻求解脱人间苦难的方法。最后，终于豁然开朗，他觉得悟出了宇宙、人生的真谛，创立了佛教。释迦牟尼于八十高龄时涅槃。

中国从汉代至清代近2000年间都有中外佛教文化的交流活动。唐代的玄奘经过千辛万苦到达印度取经，把17年间的见闻写成《大唐西域记》。扬州鉴真和尚舍生忘死到日本传播佛法。

佛教传入中国以后，已经融合为中国文化的一部分。儒学化的佛学把佛从外在的偶像变成了人的内心信仰，特别是禅宗提出"佛向性中作，莫向身外求"。

fó ㄈㄛˊ

佛

▶ 常书鸿画 敦煌莫高窟
这里是中国规模宏大的佛教石窟群。

《说文解字·人部》："佛，看不审也。""佛"（音fú）的本义为看不清楚，用于联绵词"仿佛"，如晋代陶渊明《桃花源记》中讲桃花源："山有小口，仿佛若有光。"

▲ 塑于一千六百多年以前的敦煌《释迦牟尼涅槃卧像》

dào ㄉㄠˋ

道

▲ 武当山道观

中国古代思想家都特别重视道，有一个思想流派叫作道家，其代表人物老子认为，宇宙事物都在变化，要根据事物的自身发展变化规律去认识事物，要顺应自然。自然就是"道"，是万物之所以生的根本原理。老子之后的庄子，主张绝对自由，庄子的思想充满了想象力，他想象人可以超越一切束缚到宇宙中作逍遥游。

后来，在魏晋时期，有一个崇尚神仙的宗教吸收了不少道家的思想，把老子奉为教祖，尊称为太上老君，追求成仙通神，修炼方术以期长生不老，称为道教，道教徒叫作道士。

老子（约公元前600—前470），楚国苦县(今河南鹿邑县东，一说安徽涡阳)人。春秋时期著名思想家、教育家，著有《道德经》（即《老子》），是道家学派的始祖。他做过周朝"守藏室之史"（管理藏书的史官），孔子曾向他问礼。老子主张"无为"，以"道"解释宇宙万物的演变，其学说包含有大量朴素辩证法观点，对中国哲学的发展产生了深远影响。

"道"的本义为道路。金文"道"字，是一个"十"字道路中，有一个画出眼睛的人，下面是一只脚，表示供人行走的道路。

道是通向目的地的路，走上了正确的道，就有可能到达目的地。后来道就引申为事物的规律、万物的本原、道理等。

▲ 孔子

甲骨文的"圣"字，上部是人的一只大耳朵，左下部是一个口，右下方是一个面朝右侧立的人。一个人善于用耳听人说话，表示聪明睿智、万事通达。

在史前，人们传播知识、交流经验主要通过口耳相传，而一个善于聆听的人能得到很多的知识、经验，所以后来人们把一个博学多闻、很有知识学问的人称为"圣"。孔子是儒家思想的创始人，对中国文化有着极大的影响，人们称他为"至圣先师"。孟子也是儒家思想的代表人物，但他比不上孔子，人们称他为"亚圣"。

shèng ㄕㄥˋ

圣

▲ 亚圣孟子

▲ 医圣张仲景

▲ 书圣王羲之

后来"圣"也引申指精通一事，对某门学问、技艺有特高成就的人。汉代大医学家张仲景，医术高超，而且留下了中医经典巨著《伤寒论》，被尊为医圣。晋代大书法家王羲之创作了众美毕集的书法杰作，如《兰亭集序》，被尊为书圣。唐代诗人杜甫写诗写得特别好，达到了文学史上诗歌创作的巅峰，被尊为诗圣。唐代的陆羽喜欢饮茶，对茶道很有研究，写过《茶经》，被尊为茶圣。

▲ 茶圣陆羽

▲ 诗圣杜甫

yī 丨

甲骨文、金文里的"衣"字所表现的，就是中国古人常穿衣服的样子，上部的"人"字形部分是衣领，两侧的开口处是衣袖，然后是拐向一侧的衣襟。

"衣"字的本义是指"上衣"。在中国古代，人们上身穿"衣"，下身穿"裳"，"裳"类似裙子。中国古代不论男女都穿裳。

在周代以前，中国的服装主要采用上衣下裳制，到了春秋战国时期，又出现了一种新的服制，将上衣下裳合并起来，做成一件衣服，叫作"深衣"。后来进而发展出"袍"，袍两襟相交，垂直而下，衣袖宽大，袖口收敛。中国很早就把衣服看作文明了，唐诗称赞"万国衣冠"，是表明了欢迎多种文明的态度。

中国的服饰丰富多彩，衣裳新样层出不穷，有以直襟为主，袖子垂直，袖口宽敞的"衫"；有短衣"襦"；有襦衍变而来的短衣"袄"……丰衣足食是生活幸福的标准之一。

"初"字由"衣"和"刀"两部分组成，表明用刀裁剪衣服。在古文字形中，左边是衣服，右边是刀。

"初"最早的意思就是用刀裁制衣服，用刀裁衣是制衣服的开始，所以"初"字后来用于表示事情的开始、开端。

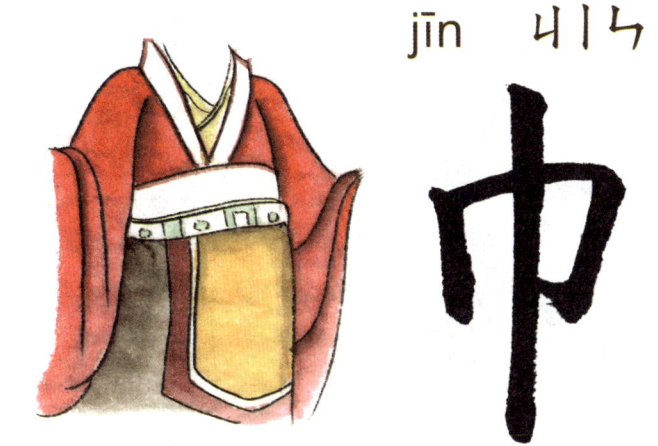

jīn 巾巾

甲骨文的"巾",描摹的是佩巾下垂的样子。古人的衣服没有口袋，随身携带的手巾一般都挂在腰间的带子上，称作佩巾。

"巾"也表示擦汗水拭污的手帕。如汉乐府《孔雀东南飞》诗中有这样一句，"阿女默无声，手巾掩口啼"，是说那个被休回娘家的女子在母亲问她时，她沉默不作声，只是用手帕掩住嘴啼哭。

后人把"巾"的意义扩大，不再限于手帕，泛指包裹、覆盖东西的纺织品，如头巾等。有一句话叫作"巾帼不让须眉"，表示女子很有作为，不比男子差。其中的巾、帼本是古代贵族妇女在祭祀大典时戴的头巾和发饰，后来用为妇女的代称。

诸葛亮是三国时候有名的谋略家，他在指挥军队作战时，手里拿着羽毛做成的扇子，头上戴着青丝带做成的头巾，显得潇洒从容。人们就用"羽扇纶巾"来形容大将指挥若定，从容不迫。

古代妇女佩戴头巾，巾帼由此借指妇女。中国古代女英雄花木兰女扮男装，代父从军击败北方入侵民族，闻名天下。可以说"巾帼不让须眉（古时男子以胡须眉毛稠秀为美，故以为男子的代称）"。

wén **ㄨㄣˊ**

文

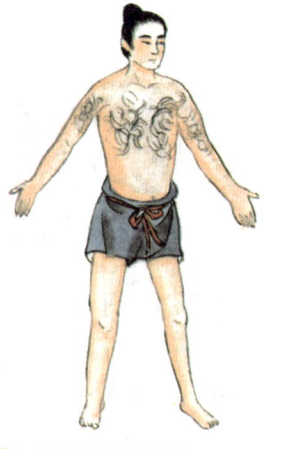

金文是指铸刻在殷周青铜器上的铭文，也叫钟鼎文。

文明是指人类所创造的财富的总和，特指精神财富，如文学、艺术、教育、科学等，也指社会发展到较高阶段表现出来的状态。

文化是一个群体（可以是国家，也可以是民族、企业、家庭）在一定时期内形成的思想、理念、行为、风俗、习惯、代表人物，以及由这个群体整体意识所辐射出来的一切活动。世俗意义上所说的一个人有或者没有文化，是指他所受到的教育程度。

甲骨文主要指殷墟甲骨文，是殷商时代刻在龟甲兽骨上的文字。

"文"字在甲骨文、金文的形体里，象一个人正面站立，张开四肢，展示胸口漂亮的文身之形。文身的图案多样，如甲骨文中人胸口的文身图案是交错的条纹，金文中的文身是个圆点，或许是太阳；到了篆文的形体中，人的胸前没有了文身的符号。所以，"文"是有文身的正面人形，是个象形字。

"文"最早的意思是文身。早在原始人类时期，那时的古人就会用白泥或染料在身上、脸上画出纹络。这样的文身一来可以美化自己，二来吓唬敌人、野兽或驱除不祥。文身是原始社会崇敬图腾和装饰艺术的反映。后来用"文"引申指文字，如甲骨文、金文、篆文。

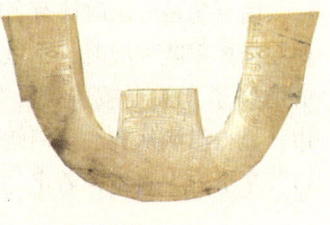

▲ 新石器时代良渚文化山形玉饰上面的纹饰

在纸没被发明前，人们主要在竹简上书写。人们把竹子加工修整成窄长的竹片，这样加工过的竹片叫竹简，一片竹简只能写一行字，而把所有写好的竹简用绳子连结起来，就成为册了。古文字的"册"字，形象描绘了用两道绳子把一些竹简编连在一起的样子。

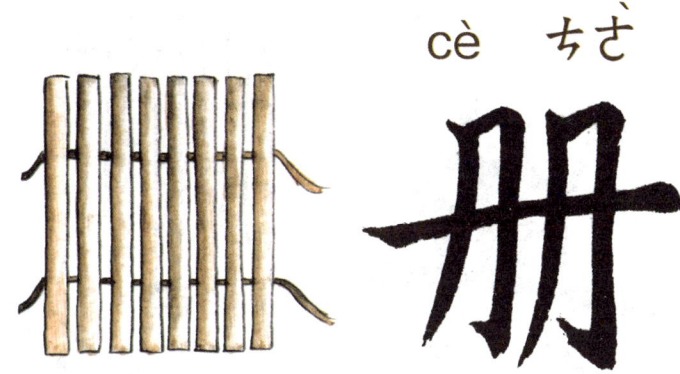

cè ㄘㄜˋ

册

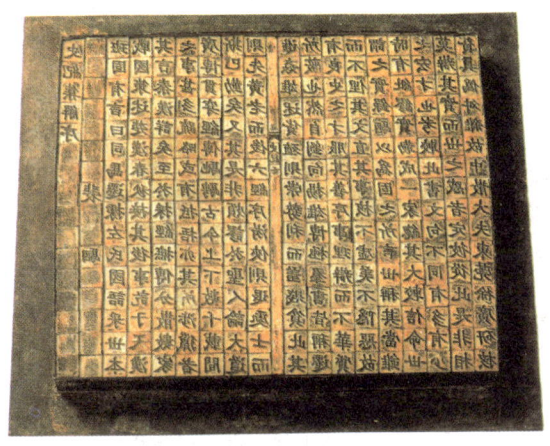

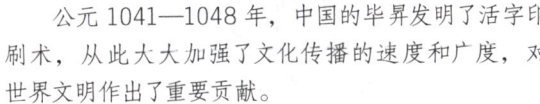

公元1041—1048年，中国的毕昇发明了活字印刷术，从此大大加强了文化传播的速度和广度，对世界文明作出了重要贡献。

人们使用竹简书写，并编连成册的时间很长，从商朝到公元3世纪的汉末，有大约1700年的历史。古代帝王藏书的地方称为"册府"，宋代有一部叫《册府元龟》的史学类书，其中的"元龟"是指大龟，古代用龟甲来占卜国家大事，说明这是为了给帝王治理国家提供借鉴的参考书。现在人们生活中还能经常见到册的应用，如一套书可以分为好几册、宣传册、相册、画册、纪念册等。

▲《册府元龟》

diǎn 匀|ㄢˇ

典

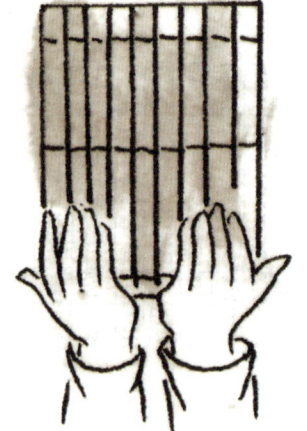

春秋战国时，晋国掌管典籍的官朝拜宗主周王，周王问他，晋国为什么没有献上贡物。这个官员回答说，晋国从来没有受过周王室的赏赐，所以也就没有东西可献贡。周王就列举王室赐晋器物的旧典，并说你作为晋国掌管典籍的官，却"数典而忘其祖"，不记得自己祖先的事迹。后来人们就用"数典忘祖"来形容人对自己本国的历史无知，忘本。

在纸发明之前，人们把竹子加工成窄长的竹片，用绳子把这些竹片联结成册，在上面书写。甲骨文"典"字，描绘了双手捧着册子的形象。在金文、小篆中，简册端正地陈列在几案上，表示这个书册尊贵重要。

"典"的本义为记载着法律、典章制度等的重要文献，或是可以用作典范的重要书籍。

"宀"下有"女"，是"安全"的"安"字，在"人民少而禽兽众"的古代，一位女子安静踏实地住在屋子里，这个地方对她自己和对家人是多么安全啊！"宀"下有"豕"（猪）就构成了"家"字，表明了先民们从采集和游牧生活发展到了蓄养家畜，有了家。古时候把房檐称为"宇"，把房屋的栋梁称为"宙"，早期的汉字里，"宇宙"曾经是指屋檐下、栋梁间那一方小天地，到了秦汉时期的字典里，就引申出"上下四方谓之宇，往来古今谓之宙"的意义了。

mián ㄇㄧㄢˊ

宀

▲ 灰陶仓（明器）

这是一个房屋的侧视图，是先民们建造的居所。由"宀"构成的汉字一直都与居所和家有关。

gōng ㄍㄨㄥ

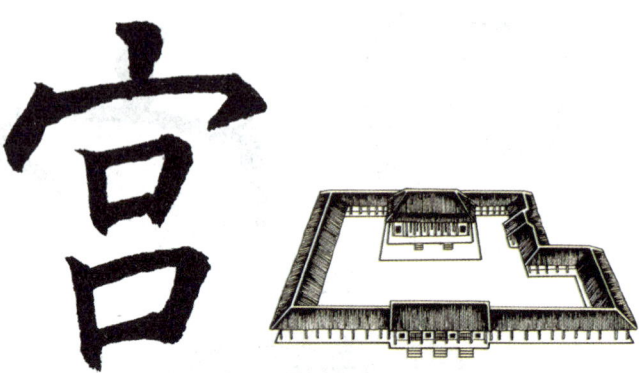

故宫，是封建王朝时期皇帝生活居住和工作的地方。故宫始建于明永乐四年（1406）。建筑面积达 15.5 万平方米。相传故宫原有房屋 9999.5 间。红色的宫墙，黄色的琉璃瓦，汉白玉与青石底座，金碧辉煌的飞檐斗拱，护城河环绕。其庄严浩大的气势有如中国古代星象学说所形容的紫微垣（即北极星），位于中天，乃天帝所居，天人对应，是以故宫又称紫禁城。

辛亥革命以后直到 1925 年 10 月 10 日，故宫博物院正式成立，对外开放。中华人民共和国成立后，1961 年，国务院宣布故宫为第一批"全国重点文物保护单位"。1987 年故宫被联合国教科文组织列为"世界文化遗产"。北京故宫为世界五大宫殿之首，其他四宫分别是法国凡尔赛宫、英国白金汉宫、俄国克里姆林宫和美国白宫。

宫原本是一个建筑的平面图，在一个方形的院子里，四周布置了四座房屋，后来演变成了篆书"宫"字的样子。

宫是古代对房屋、居室的通称。秦、汉以后，只有帝王所居住的房屋住宅才称为宫。唐代有大明宫，可惜毁于火灾。明清两代的皇宫保留下来，被称作"故宫"。

▲ 北京故宫鸟瞰图

"城"的本义为都邑四周用作防御的高墙。金文的"城"字，左边中间的圆圈表示城楼，上下是城墙的样子，右边是一把大斧头，表示城墙具有防御保护作用。篆文的"城"字，由"土"和"成"两部分组成，古代的城墙大多为夯土而成。

城墙的主要作用在于防御，一般又高又厚。如果大家团结起来，万众一心，就会像坚固的城墙一样不可摧毁，叫作"众志成城"。

chéng 彳

城

▲ 山海关护城河

▲ 明代西安城墙

▲ 苏州古城墙

长城是中国古代的伟大工程之一，始建于春秋、战国时代，各国为了互相防御，在形势险要的山川修筑长城。秦始皇统一中国后，以战国时各国修筑的北方长城为基础，加以修缮增筑，西起临洮，东至辽东，称为万里长城。此后历代又多次修缮增筑，至明朝末期，长城东起山海关，西达嘉峪关，全长约7350千米，由城堡、关隘、烽火台、城墙等构成。现存长城，大部分是明代长城遗址，其中山海关、八达岭和嘉峪关为全国重点文物保护单位。

jīng ㄐㄧㄥ

京

我们目前所能见到的最早的"京"，是周武王伐商之前的"丰京瓦当"，丰京的规模十分可观，建于3000年前的丰京故城遗址在今陕西省渭河支流的沣河西岸，今发现有夯筑的台基和地下水管道。周武王即位后，将首都由丰迁到镐京——今天的西安市长安区一带。历史上出现过不同的东、西、南、北"京"。如东汉以洛阳为首都，称洛阳为东京、长安为西京；北宋以开封为首都，称为东京；明代将六朝古都金陵定为南京。明清以后，"京"成为北京城的代称。

清代画院画家绘于公元1776年的《乾隆皇帝南巡图卷·前门街市图》。

《说文》上说，"京"是人工堆起的高丘。更准确地说，"京"是坐落在巍峨高台之上的雄伟建筑，这是"京"字的本义。这样高大的建筑可以观察远处的情况，要建在都邑的中心——君王居住的地方，为了显示崇高的地位和权威，君主们将宫室修筑在高大的台基之上，官员和人民就围绕在周围居住。于是，"京"就代指首都了。

▲ 景山俯瞰紫禁城

宗由"宀"和"示"两部分组成，在古文字形中，是房屋里有祭祀的台子，上面摆放着祭品。因此，宗是供奉祖先灵位或图像、进行祭祀的房屋。

zōng　ㄗㄨㄥ

宗

古代君主认为自己统治国家的权力是神灵授予的，是承袭祖先而来的，所以要用宗庙来供奉祭祀祖先。在宗庙制度中，天子七庙，诸侯五庙，大夫三庙，士一庙，一般的平民百姓不准设庙。天子的七庙又被称为宗庙，国家有大事时，天子就会到宗庙告祭，宗庙是国家的象征。宗庙覆灭了，表示国家也就灭亡了。

▲ 民间宗祠

▶ 北京故宫太庙

"宗"引申指祖宗、宗族，传说中国人是炎黄子孙，后来繁衍许多分支，不同的宗族有各自供奉祖先的宗庙，又引申指派别。宗庙在家族中有着极其尊崇的地位，故又引申为尊崇的意思。

▶ 山西代县杨家祠堂

miào ㄇㄧㄠˋ

"庙"最早的意思是供奉、祭祀祖先的屋舍。它由"广"和"朝"两部分组成，"广"表示房屋，"朝"表示读音，楷书写作"廟"，后来简写作"庙"。

中国古代供祭祖宗神位的屋舍统称庙，而且有严格的宗庙制度。按规定，天子设七庙供奉祖先，供奉始祖的太祖庙位居正中，其左右各为三昭三穆，左为昭、右为穆，父为昭、子为穆。皇帝死后，他的神位会被供奉在宗庙，并专门设立一个"庙号"作为他的代称。庙号常用"祖"字或"宗"字，开国皇帝一般被称为太祖或高祖，后面的皇帝一般称为宗，如历史上开创了"贞观之治"的李世民，他的庙号是唐太宗。北京天安门东侧的太庙是明清两代皇帝祭祖的宗庙，它是中国现存最完整的、规模最宏大的皇家祭祖建筑群，是古代最重要的宗庙建筑，堪称"天下第一庙"。

▲ 北京故宫太庙

宗庙制度规定，一般人死后是不能入庙的。但对圣贤或者杰出的历史人物，人们也会修庙祭祀，表达尊敬和思慕之情。如很多地方都有祭祀孔子的孔庙，其中以山东曲阜的孔庙最为有名，是祭祀孔子的本庙。后来，供奉神佛的处所也称为庙，如城隍庙是奉守城护池神的庙、山神庙是供奉山神的地方等。

陕西黄陵轩辕庙，这是祭祀中华民族始祖黄帝的庙宇。

中国古代将金属货币也称为"宝"。最常见的是"通宝","通宝"就是通行宝货的意思，历代沿用，并常在"通宝"二字前冠以年号、朝代或国名。

中国书画的工具和材料基本上是由笔、墨、纸、砚来构成的，人们通常把它们称为"文房四宝"，是说它们是文人书房中必备的四件宝贝。

bǎo ㄅㄠˇ

宝

▲ 宋代端砚

▲ 乾隆通宝

▲ 清代各色笺纸

"宝"在甲骨文中，是屋子里面放着一串玉石和一颗贝，玉石温润美好又罕见，被人们视为宝贝，海贝是用作交换的货币，是财富的象征。金文中又加了一个"缶"字来表读音。

缶原是古代盛酒的瓦罐子，是食具。秦时的人"鼓之以节歌"，所以缶又是一种打击乐器。2008年北京奥运会开幕仪式表演中就有击缶的节目。

古代把帝王的印章称为"宝"。

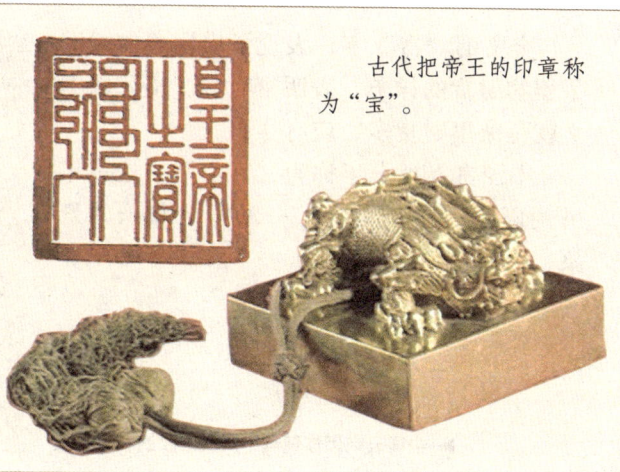

71

fù ㄈㄨˋ

富

故宫漱芳斋内的大多宝格，格内有118件价值连城而又无一重复的珍贵文玩古董。

富，就是财富丰厚，是人们所向往的。中国盛唐时期的唐明皇说，富可以敌贵，贵是指较高的社会地位，富贵历来是很多人的愿望。大家喜欢在屋子里挂上一幅牡丹图，牡丹因为花大、色艳、型美、香浓，居万花之首，被人们视为富贵吉祥、繁荣兴旺的象征，称为富贵花。

孔子表达过自己的财富观，他说，如果能通过正道变得富有，那么就算是去做赶车的人，我也愿意。如果富贵通过正道无法获取，那么我还是去做喜欢做的事情。孟子也讲大丈夫不会沉溺在富贵当中不思进取。

▶ 现代画家于非闇临摹宋代皇帝徽宗的作品《牡丹富贵图》

金文的"富"字，表现了房屋之内藏满了器物财货的样子，表明富有。"富"的本义就是家里财货多，应有尽有。

中国古人把丰年称为"富岁"，这一年风调雨顺，喜获丰收，一派富足和乐的景象，人们歌舞欢庆。

▶ 中国云南佤族壁画中庆祝丰收的农事舞蹈

"田"在古代还可以表示狩猎，形容人只顾眼前利益而不顾长远利益，可以说他是"焚林而田"——把森林烧了去猎捕野兽。"田"字的狩猎意义，后来写作"畋"来表示。

中国古代有很多读书人选择了退居乡间的生活，追求自由、自然的生活和返璞归真的人生境界，他们的作品被称为田园文学。

tián　ㄊㄧㄢ

田

▲ 汉代画像砖《畋猎图》

◀ 清·石涛《陶渊明诗意图》

中国的第一位田园诗人陶渊明在他的诗里说："我到南边的原野里去开荒，固守愚拙，回乡过田园生活。"

"田"是个象形字，甲骨文、金文一直到小篆、楷书的"田"，都是一块儿方形大田的样子，中间横线和竖线，象征着阡陌纵横的沟渠和通向田间的小路。土地不是田，耕种的土地才称为"田"。

"田"字由农田之义引申出耕种的意义，后来写作"佃"来表示。

▲ 东汉水田耕作俑

nóng　ㄋㄨㄥˊ

农

有了农业生产之后，从事耕种的人就叫作"农民""农夫"。孔子的一个学生向他请教如何种庄稼，孔子回答说他不如老农民。人们在长期的农业生产劳动中，观察适合耕耘、播种、收获的农时，总结出不少经验。如现在人们还在使用"农历"，它是农业上使用的历法，其中的"二十四节气"对农业生产有重要的指导意义。还有不少指导农业的书籍，如《农政全书》、《齐民要术》等。

农业是一个国家的基础，历代统治者都重视农业生产，有祭祀先农和亲耕的传统。在明清两代，成为国家重要的祭祀典礼。每年仲春亥日，皇帝率领百官到先农坛祭祀先农神，并举行亲耕礼，表示敬农、重农。

北京先农坛具服殿：皇帝在祭祀前更衣、备犁的地方。

甲骨文的"农"字，上面是树林的"林"字，下面是一个蜃壳，古时树林密布，若要耕作，先要伐木开荒，人们用蜃蛤的壳作为农具来薅苗，"农"是耕作的意思。金文中增加了"田"字，表示人们在田间耕作。

传说中，第一个发明种庄稼的人叫作神农氏，他根据天气、气候和土地情况，发明制作耒、耜等农业工具，并教人们种植五谷，使人们从采集渔猎向农业生产进步，获得了很多好处，所以被人们号为神农，又被奉为先农神。

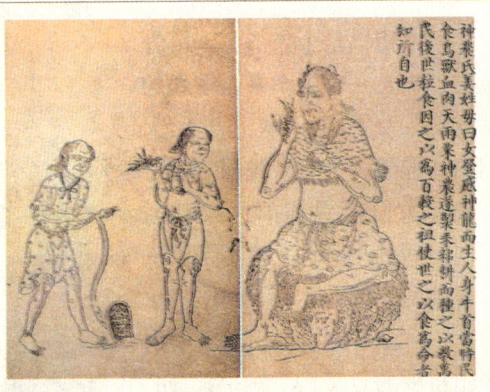

▲ 神农氏，又称炎帝，是传说中农业和医药的发明者

甲骨文、金文的"艺"字，描绘了一个人跪坐着，双手捧着一棵树苗，树下有土，表示把树种植在土里。"艺"的本义就表示种植树木。

种植树木在古代是一项重要的生活技能，要掌握一定的技巧才行。"艺"由此引申指掌握某种特殊的才能或技术。

yì ㄧˋ

艺

一千九百多年以前东汉画像砖《马上杂技图》，杂技和种植树木一样需要高度的技能、技巧，所以称为杂技。

▲ 两千年前的东汉《击鼓说唱俑》

在周代，贵族子弟要掌握"六艺"，分别是礼、乐、射、御、书、数，表示礼法、音乐、射箭、驾车、文字读写、算法六种技能。而其他技能，如种植蔬菜、花草、果木的技术叫作"园艺"；农作物的栽培技术叫作"农艺"；修练拳术器械的功夫叫作"武艺"。表演技艺的人称为"艺人"，看看右上图这件中国两千年前的击鼓说唱俑，他头系头巾，笑纹布满前额，上身赤裸，胳膊上佩戴串饰，含胸耸肩，大腹便便，左手环抱鼓于身侧，右手高扬鼓槌，右足也随之抬起，正说到精彩之处，得意忘形，神情激动，表情夸张，竟不自觉地手舞足蹈起来，口沫横飞，眉飞色舞，使人如闻其声，如临其境，甚至可以想象在这个说唱俑的面前，正有一群兴致勃勃的观众在看他出色的表演。虽然人们并不了解他说唱的具体内容，但一看到这位热情、乐观、充满生命活力和幽默感的艺人，都会深深被他感染。

"艺"字最后引申表示艺术，人们通过审美创造活动再现现实和表现情感理想。

hé ㄏㄜˊ

禾

"禾"作为粮食作为重要而宝贵，所以用"禾"组成的字也寓意好而重要，如"和"，表示和谐、和美；"香"，表示馨香悦人；"年"的古体字"秊"，表示一年的收获。

用"禾"作声符，"口"作意符，就组成了"和"字；同样用"禾"作声符，和表示乐器的"龠"字就组成了"龢"字。人们用语言相呼应，称为"和"，而音乐和谐则称为"龢"。我们常说的人与人之间的和谐相处，自然离不开语言交流（《说文》："和，口相应"）。"龢"也是一个好字眼，清代光绪皇帝的老师名字就叫翁同龢。

"禾"是中国从古至今种植最普遍的农作物。古人造的这个"禾"字，就是一株已经成熟、等待收成的谷类植物的形状——稻穗向左下垂，上有稻叶，中有茎，下有根的稻子，其中沉甸甸的穗子显得很突出，是个象形字。

"禾"是现在所说的稻谷，谷类作物的总称。《诗经·豳风·七月》中就记载古人收稻谷的情况，他们在农历九月里筑好打谷场，十月里把庄稼收入谷仓。

清代焦秉贞所绘的农人扬去谷物中的糠秕杂物的场面。

在中国传统的婚礼仪式上，人们喜欢张挂民间传说中的神仙——"和合二仙"的画像。和合二仙是象征和睦融洽的神仙，他们是两个活泼可爱的小童，一个手持荷花，另一个手捧圆盒，"荷"与"和"谐音，"盒"与"合"谐音，表示和谐合好，人们借此来祝贺新婚夫妇白头偕老，永结同心。

hé ㄏㄜˊ

和

故宫养心殿是皇帝日常居住和处理政务的处所，养心殿中的"中正仁和"匾是雍正皇帝所书，是说帝王要中庸正直，仁爱和谐。

▲ 中和殿和保和殿

"和"字由"禾"字与"口"字组成，"禾"字表声，"口"字表意，人们用语言相呼应，称为"和"。

北京故宫的中心建筑三大殿分别以"太和""中和""保和"命名。太和是天、地、人要和谐；中和是追求天下太平、人们生活和谐安定；保和是指人自身要保有人旺盛的精神和元气，保持平和的心态。

nián ㄋㄧㄢˊ

年

"年"最早的意思是指收获庄稼。甲骨文、金文中的"年"字，是由"人"和"禾"组成，像一个人背负着稻禾的样子，表示庄稼收成。

在古代稻禾一年只有一次收成，故"年"字引申指时间，一年就是一岁，代表着春、夏、秋、冬四季十二个月份。

北京的天坛祈年殿是明清两代皇帝在孟春时祈祷谷物丰收的场所，它遵照"敬天礼神"的思想设计而成，结构精巧，富有象征意义，殿为圆形，象征天圆；瓦为蓝色，象征蓝天。殿内有二十八根金丝楠木大柱，里圈的四根龙井柱象征一年春、夏、秋、冬四季，中间一圈十二根金柱象征一年有十二个月，最外一圈十二根檐柱象征一天十二个时辰，三圈总共二十八根象征天上二十八星宿。

▲ 北京天坛祈年殿

土地生养万物，土地神主管土地和粮食收成，是一个地方的保护神。古时人们敬畏土地神，向它祭祀，在开春时祭祀祈福，请求社神赐福一方，保佑风调雨顺，五谷丰登，这是春社。秋后农闲时节，通常会进行打醮的仪式，庆祝上半年的丰收和安康，祈求下半年的平安和丰稔。人们在春秋社祭活动这一天，杀猪宰羊，给社神献上祭品，诵读祝词，奏乐跳舞，共同祭拜后开怀畅饮吃肉，其乐融融。

用作"社稷"，指土地神和谷神。土地和粮食是立国的根本，故引申指国家。祭社时，人们会聚集在一起，故又引申指集体性组织、团体，如诗社、社团。

shè　ㄕㄜˋ

社

中国古典文学名著《红楼梦》插图"林黛玉重建桃花诗社"。

▲ 中山公园社稷坛五色土代表中国大地

"社"在甲骨文中，像地面上堆有一个土堆的样子，是原始的祭社形。金文的形体另加了"示"字和"木"字，示是一个祭台上摆着祭品，表示与祭神有关，有"木"是因为古人认为神灵依附树木而存在。原始祭社多在草木丛生的旷野举行，后代建社则集五色土为封，各栽上相宜的树木，北京的社稷坛即是其遗迹。

sī ㄙ

丝

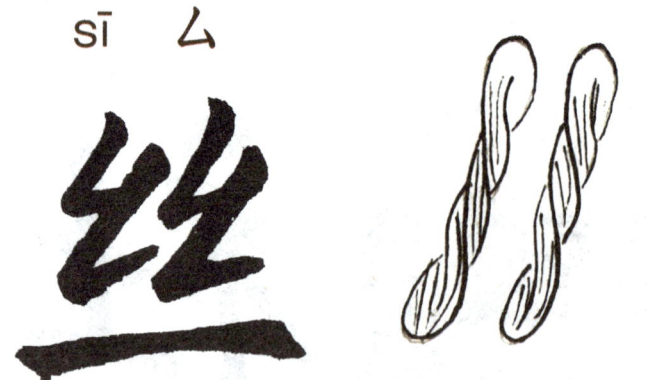

"丝"是个象形字。甲骨文和金文都描绘了两小把丝束的样子，上下两端是蚕丝分散开来的丝头。

"丝"的本义是指蚕吐的丝。中国是桑和蚕的原产国。蚕吃桑叶，一生忙碌而短暂，蚕从卵中孵出一个月以后吐丝作茧，在茧里待七至十天便破茧变成飞蛾。它要很快地交配繁殖，然后就死了。中国古人感叹"春蚕到死丝方尽"，用来比喻人的爱情至死不渝。

相传是中华民族的始祖黄帝的妻子嫘祖发明了养蚕制丝的方法。

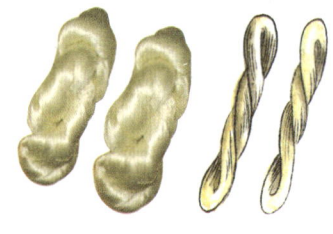

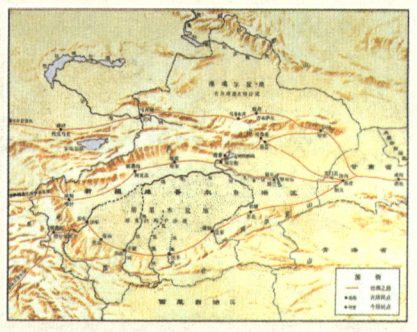

传说五千年前黄帝的妻子嫘祖发明了养蚕制丝。

西汉的时候，汉武帝派遣张骞出使西域，开辟了以长安（今西安）为起点，经甘肃、新疆，到中亚、西亚，并联结地中海各国的陆上通道。因为由这条路西运的货物以丝绸制品的影响最大，被称为"丝绸之路"，它是连结东西方文明的纽带。

四千年前，中国人就已经利用蚕丝制作简单的编织物。到了三千年前的商周时代，女工们用蚕丝织出品目繁多的丝织品，到了战国，就能编织各种复杂的花纹了。丝织品中，最轻最薄的叫"罗"；不染色而有暗花的叫"绮"；像冰一样晶莹的叫"绫"；光滑厚实的为"缎"。

▲ 丝绸之路

中国是茶的故乡，早在汉代时，汉武帝派使者出使今称为中南半岛的地区时，就带着茶叶。约于公元5世纪南北朝时，中国的茶就开始陆续输出至东南亚邻国及亚洲其他地区。到了明代，中国的茶叶已输出到阿拉伯半岛、非洲东岸及欧洲。

茶不仅仅是一种消烦解渴的饮料，饮茶时从茶具、水源到烹茶、品茶都很有讲究，饮茶实际上是一种生活的艺术。

chá イ丫

茶

图1　唐代风炉、茶鍑
图2　唐代茶瓶
图3　唐代茶臼
图4　唐代渣斗

"茶"是个形声字，在小篆中写作"茶"，"艹"为形旁，表示与草木有关，"余"为声旁表音。

"茶"的本义指茶树，它原写作"荼"。荼，一字多义，一字多音，读（tú）时指一种苦菜，读（chá）时就假借为我们中国人喜爱的茶了。（中国古人数千年前就已经发现并利用了茶，民间口头称它为"chá"，却一直没有这个字，文字上还以"荼"表"茶"。）到了唐代，"茶圣"陆羽将"荼"字略去一笔，定为现在的"茶"字。

▲ 采茶图

▲ 茶圣陆羽瓷像

hú ㄏㄨˊ

壶

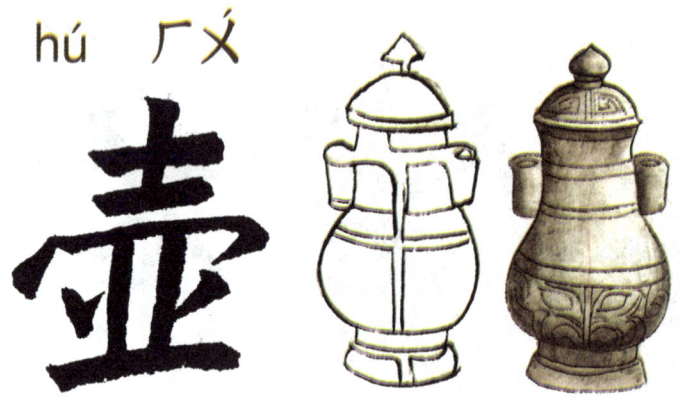

传说东汉有一个人叫费长房，他在街上看见一个卖药的老翁，旁边常悬挂着一个壶（葫芦）。等卖完药，老翁就跳进那个悬壶中不见了。费长房觉得奇怪，第二天就去拜访那个老翁，老翁知他来意，领他一同跳入壶中。费长房发现壶中有日月星辰、天空大地、亭台楼阁等奇景。后来人们就用"壶中天地"、"壶中日月"或"壶里乾坤"来形容道家的神仙生活。而那个悬壶卖药老翁被人们称为"壶公"，他的事迹流传甚广，人们吃了他卖的药，病都好了，人们称他是"悬壶济世"。后来历代医家行医开业，都以"悬壶之喜"等为贺，表示医者用医术救人，是普济众生。

◀ 悬壶济世

　　"壶"是一种由陶瓷或金属等做成的盛装液体的容器，如酒壶、茶壶等。甲骨文、金文中的"壶"字，反映了古代酒壶的形制：壶颈细窄，腹部滚圆，有尖尖的盖子，两侧有壶耳，下面是结实的底座。

　　在古代，士大夫宴饮时往往会做投壶的游戏。投壶就是用箭投酒壶，投入壶中的为胜，投不中者为输，对输者要进行罚酒，由旁边的司射裁判。在出土的南阳画像砖上有这样一幅"投壶饮酒图"：画面正中放着一壶一酒樽，壶内有两矢，樽内有勺，有两人跪着在壶左右，一手怀抱数只矢，一手执一只矢，正全神贯注地投壶。最右边一人是司射裁判，而左边那个彪形大汉已经喝得醉醺醺地瘫坐着，被侍者搀扶离席。

▲ 投壶游戏中使用的壶

九鼎是国家的宝器，一个人的一句话抵得上九鼎重，是"一言九鼎"，表明一个人说话的分量很重，常用来形容人说话信誉极高，一言半语就起决定性作用。

dǐng ㄉㄧㄥˇ

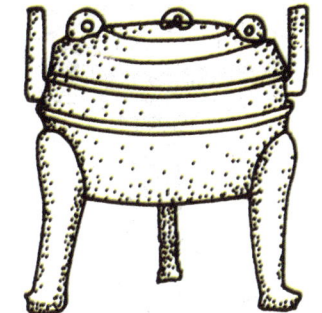

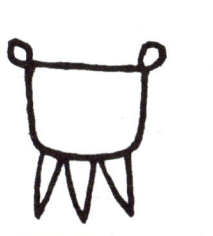

鼎

九鼎

九鼎在中国古代是至高无上的王权和国家统一昌盛的象征。

西周大盂鼎，这是西周早期青铜礼器中的重器。

鼎最初是古代的一种烹饪容器，常见的有三足、圆腹、两耳。甲骨文和金文的"鼎"字，描摹的正是一个有耳有足大腹的鼎器形状。

在古代，鼎本来只是用来烹煮和盛贮肉类的器具，后来变成宗庙祭祀用的重要礼器，是国家政权的象征。相传大禹治水后，把天下分为九州，用这九个州的官员贡献的青铜铸造了九个大铜鼎，并在鼎身刻有该州的山川名胜，九鼎象征九州。九鼎代表国家政权，是传国宝器，王都所在就是鼎所在的地方，故称定都为"定鼎"；而诸侯询问九鼎的轻重，就表明想要图谋夺取国家政权，称为"问鼎"。国家灭亡了，鼎就会被迁走，称为"鼎迁"。据史书记载，夏朝灭亡后，九鼎被商朝迁移到自己的王都，商朝被周朝灭亡后，九鼎迁到周朝的王都。但周朝灭亡后，秦朝统一天下，九鼎就不知下落了。

dòu ㄉㄡˋ

豆

"豆"现在多用来指豆类植物，可它最早的意义却是古代的一种盛食物的器皿。在甲骨文、金文中，"豆"字描绘了一种高脚器皿的形状：上面是盖子，中间是装食物的碗腹，中间一横表示装着的食物，或是容器外部的装饰花纹，下面是高脚座。

豆是古代常见的食器，青铜豆盛行于春秋战国时期。豆常用于祭祀中，是礼器的一种，常成对使用。身份地位不同，祭祀时所配豆的数量也不一样。据《礼记》记载，天子祭祀时，配二十六个豆，王公配十六个豆，诸侯配十二个豆，上大夫配八个豆，下大夫配六个豆。

▲ 春秋·镶嵌狩猎画像豆 　　　▲ 春秋·镶嵌蟠龙纹豆

本来上古称豆类植物为"菽"（shū），汉代以后，人们用"豆"逐渐代替了"菽"。

三国时，曹植在哥哥曹丕的威逼下，作了《七步诗》，诗云："萁在釜下燃，豆在釜中泣。本是同根生，相煎何太急。"萁是豆类植物的茎叶，晒干后可以用作柴火，这句话的意思是豆的茎叶在锅底下燃烧，豆子在锅中哭泣。本来是同根所生，相煎何必太急呢？这首诗打动了曹丕，他和弟弟重新和好了。

曹植赋《七步诗》："萁在釜下燃，豆在釜中泣。本是同根生，相煎何太急。"

bèi ㄅㄟˋ

贝

贝壳曾作为中国最早的货币流通过，甲骨文和金文中的"贝"字，正是一枚贝壳的形状，壳上还有花纹。

在古代中原地区，人们离海太远，海贝得来不易，被人们视为珍宝，串起来作为装饰品挂在颈上，表示富有。后来贝又成为最早的货币流通，代表着财富。周朝时的货币有了"泉"（就是钱），取泉水之名，是寓意流通天下而无不遍及，可见中国古代就认识到货币的流通性质。周朝有泉而不废除贝。到了秦代始通行钱，而废除了贝。贝壳经雕琢、镶嵌成了工艺品，即"贝雕"。

▲ 新石器时代贝币

因为"贝"曾作为货币，所以由"贝"组成的字，大多与钱财相关，如"财""货""账"等。

那为什么"贤"字也从"贝"呢？因为"贤"指的是多才能的优秀人物，喻指其才能如宝贝，这个字反映了中国先民就有了以贤为宝的人才观。

◀ 云南晋宁石寨山出土的纳贡场面储贝器

大约在两千年前，在云南昆明滇池地域有一个古王国——滇国，《史记·西南夷列传》中曾多次提及。20世纪50年代，在云南晋宁石寨山、江川李家山等地出土一批古滇国货币——贝壳和超过万件的青铜器，贮贝器便是其中之一。目前发现的青铜贮贝器有多种形状，这些贮贝器主要用来盛装货币——贝壳，同时还具有较高艺术审美价值。

mén 门ㄇㄣ

门是建筑物的出入口。甲骨文的"门"字，有门楣，有门框，有两扇门，描摹出了门的完整形状。金文"门"字去掉了上面的门楣，但仍保留了两扇门的样子。

在商代的时候，建筑物才有门，而且是在大型建筑物兴建之后才有的。后来门逐渐成为社会等级地位的象征，显赫富贵之家往往门修建得高大，装饰有花纹。中国人在农历新年有贴门神的习惯。门神是守卫门户的神灵，旧时人们都将其神像贴于门上，用以驱邪避鬼，保卫家宅平安。最早的门神，据说是远古时期黄帝派来两位神将——神荼与郁垒的化身。他们常在度朔山上的桃树下，检查百鬼，凡发现有祸害人类的就逮之喂虎。民间画两位神贴在门上面，称他们为门神。

我们现在常见的门神画的是唐代的名将秦琼（字叔宝）和尉迟恭（字敬德）。相传唐太宗身体不太好，睡觉时疑有恶鬼在寝宫门外号叫，大将秦叔宝愿同敬德戎装立于宫门两侧，一夜便平安无事。太宗嘉奖二人后，觉得整夜让二人守于宫门，实在辛苦，于是命画工画二人像，悬挂在两扇宫门上，从此鬼祟得以平息。此后人们奉二人为门神。

家族的社会地位与文化修养状况又叫作"门第"，"书香门第"是世代重视教育、以诗书传家的家族的誉称。门第概称家族，门也概称特点相同、关系密切的同类人群，如同一个老师的学生称为"同门"。也可引申指各种事物"分门别类"。

民间年画里的秦琼（右）和尉迟恭（左）两位门神。

zhōu 　 ㄓㄡ

舟

在中国民间，至今有的地区还保留着端午节时赛龙舟的习俗。龙舟一般用整木雕成，狭长、细窄，船头饰龙头，船身刻有鳞甲，船尾饰龙尾。它本来源自人们祭祀水神、龙神的活动，后来演变为纪念投水而亡的爱国诗人屈原，人们希望借划龙舟驱散江中的鱼，以免鱼吃掉屈原的身体。

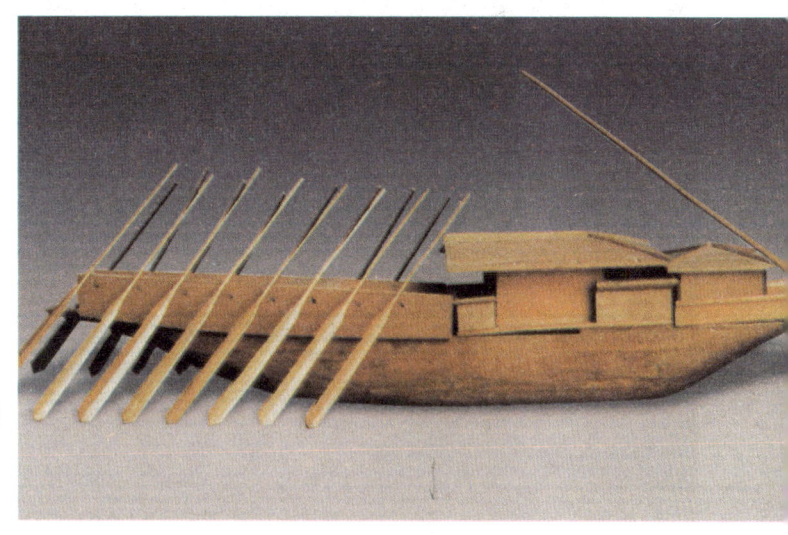

▲ 汉代十六桨船

"舟"在甲骨文和金文中，描摹的是一只小船的样子，船头、船尾还有船的隔板——可见。小篆发生了一些变化，上端的曲线很像是船尾的舵。

舟在中国出现得很早，先民们把大树的树干剖空做成独木舟。后来古人把用木板手工组合制作的较小而简略的叫"舟"，是独木舟的一种。独木舟一般用于短途运输上，方便、灵活。用手工制造的、大型的，而且可以沿着河流通道行走的长途运输工具叫"船"。中国古代的造船技术发达，在明朝郑和下西洋时，有记载称所用的航海宝船中最大的一艘长151.18米，宽61.6米。船有4层，可挂12张帆，锚重有几千斤，一艘船可容纳千人，是当时世界上最大的海船。

chē 彳亡

车

"车"是个象形字，是古代马车的形状：前面是驾马的辕木，后面的车轴将两个车轮贯穿起来。

相传，中华民族的祖先黄帝发明了车，所以黄帝称轩辕氏。"轩"和"辕"都是古代车辆上的部件。在与其他部落的作战过程中，黄帝又发明了指南车，它可以使军队在极端恶劣的天气里也不会迷失方向，车上小人的手臂会一直指向南方。从此以后，中国人创造出了形制多样、功能各异的车。

▲ 南北朝陶牛车

▲ 东汉铜车马

车可分为作战用的兵车，打猎用的田车和一般用的乘车，大小不一。春秋以前兵车是战场的主力，当时国家实力的强弱，常以有多少兵车为标准，故有"万乘大国""千乘小国"的说法（古时四匹马拉着一辆车称为一乘）。

现代画家徐燕孙所作《兵车行》，描绘了唐代兵车出征、家人相送的场面。

楼的历史很悠久，历史上许多名楼，大多建筑精巧，风景优美，成为人们登高赏景之地。山西永济的鹳雀楼是一座历史名楼，有六层多高，因为常有鹳雀栖于楼上而得名。它面对中条山，俯瞰黄河，景色壮美，吸引了历代文人墨客来登楼眺望，留诗众多，其中以唐代诗人王之涣所作《登鹳雀楼》尤为著名。诗中说"欲穷千里目，更上一层楼"意思是要想看到千里以外的地方，就要再登上一层楼。后来人们常用这一句话来鼓励人在已有成绩的基础上再提高一步。此外，江西南昌滕王阁、湖南洞庭岳阳楼和湖北武昌黄鹤楼都是历史名楼，它们和鹳雀楼被称为中国古代四大文化名楼。

lóu 为ㄡˊ

楼

▲ 江西滕王阁

▲ 湖南岳阳楼

"楼"字是由"木"和"娄"两部分组成，"木"表示与木头相关，古代楼房大都为木结构，"娄"表示高，也兼表读音，是个会意兼形声字。隶变楷书后写作"樓"，如今简化作"楼"。

楼是高大的房屋，一般有两层以上。古代修建城楼时，会修建得比较高，是出于军事守卫的需要，便于观察敌情。后来高楼的盛行，逐渐演变为人们可以登楼凭高远眺，极目无穷。唐代大诗人李白写过一首《夜宿山寺》，诗中说楼高百尺，夜晚一伸手似乎都可以摘到天上的星星了，人们不敢高声说话，害怕惊动了天上的神仙。（危楼高百尺，手可摘星辰。不敢高声语，恐惊天上人。）

唐诗中有名句说："欲穷千里目，更上一层楼。"

dāo 分幺

刀

"刀"是个象形字，它是根据商代的武器青铜刀而创造的，厚刀背，刀尖上翘。

在秦始皇统一六国之前，燕国和齐国使用的货币形状跟刀很相似，被称为刀币。

▲ 商代青铜刀

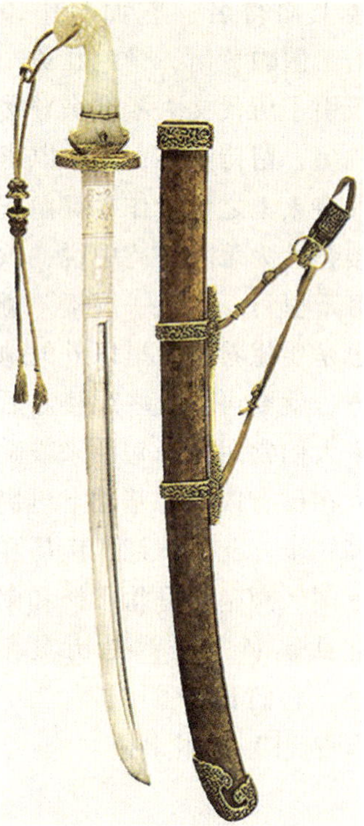

▲ 乾隆皇帝御用佩刀天字十七号"宝腾"

在纸出现之前，人们的正式书写都是用毛笔蘸墨或漆汁写在竹木制成的简上，不小心写错了，就用刀把竹木简削去一层。掌管文书的小官吏都得随身带着刀和笔，以便随时修改，被称为"刀笔吏"。

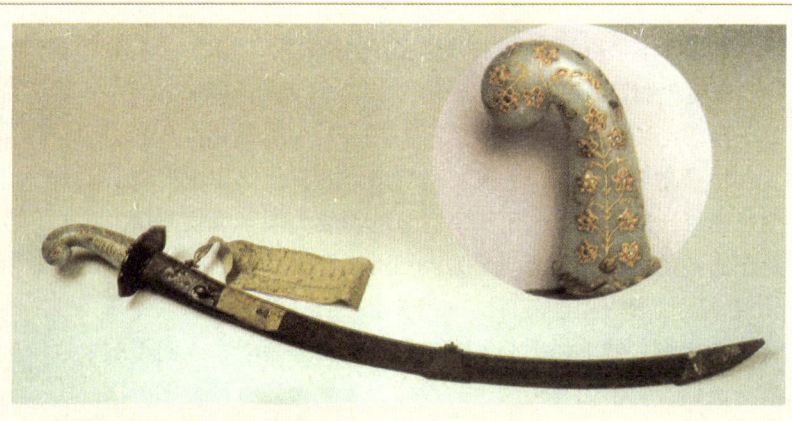

▲ 外国使臣送给乾隆皇帝的腰刀

"工"可以代表一切生产工具，也代表生产能力。中国古人十分重视工具的重要作用，"工欲善其事，必先利其器"是有益的格言。

gōng ㄍㄨㄥ

▲ 《天工开物》中的手工业图

▲ 《作邑东国图》中的古代施工场面

"工"是个象形字，在甲骨文和金文中，"工"是一个有着沉重的底部、中间为杆、上部是把手的工具，它是用来夯土筑墙的。

"工"最初的意思是古人筑墙时夯土用的石杵，它有一个用石头做成圆形的后底盘，约25厘米高，顶上有一个孔，装着木头把。工是人们用来打土坯的工具，人们在打土墙时，在木框里填满土，然后用石杵夯实，土干以后就成为坯，非常坚固结实。元大都土城就是用这种方法筑成的。

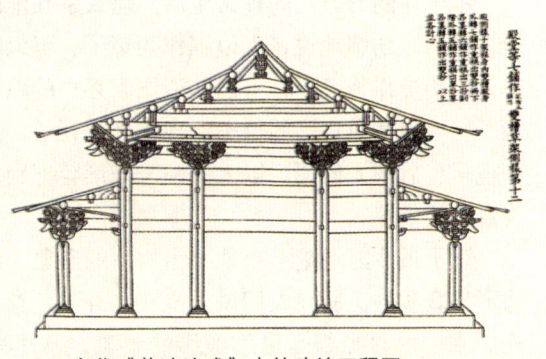

▲ 宋代《营造法式》中的建筑工程图

jìng ㄐㄧㄥˋ

镜

▲ 夏代铜镜

▲ 战国武士斗兽纹铜镜

◀ 如镜的湖面

镜子在殷商时代就已经出现了，是用青铜做成的，正面经过打磨后，可以照出人影。小篆的"镜"字，左边是一个"金"字，表示镜子是由金属做成的，右边的"竟"字，表示读音。

铜镜的历史悠久，直到近代才被玻璃镜取代。铜镜一般是圆形，有可供穿系悬挂的钮，背面大都有精美纹饰和铭文，具有很高的艺术价值。

▲ 现代著名画家徐燕孙绘《对镜梳妆图》

镜子伴随着人们的日常生活。唐太宗在他的得力助手魏徵去世后，伤感地说，人以铜作为镜子，可以端正自己的衣冠；以历史作为镜子，可以知道国家兴亡的原因；以人作为镜子，可以知道自己的得失。现在魏徵死了，我失去了一面好镜子！后来人们用"以人为镜"来形容把别人的好意见作为自己的借鉴。

镜子虽然能丝毫不差地照出物体的形象，但镜子里的影像不是真实的，所以人们说"镜花水月"，意思是镜中的花儿、水中的月亮都是虚幻缥缈的景象，常用来比喻可以看到，却不能实际得到的事物。

《吕氏春秋》中记载过这样一个故事，圣人商汤在郊外看见一个猎人在四面设网，并祷告说："天下四方的禽兽都落在我的网中来。"汤说："这样禽兽就都捕杀光了。"汤把捕禽的网撤去三面，只留一面。后来人们就用"网开一面"来形容采取宽大处理，给人一条出路。

"网"本来是用来捕捉鸟兽的，捕鱼的网子叫"罟"，两者大同小异，后来统称为"网"。人们常说"临渊羡鱼，不如退而结网"，意思是站在水边想吃鱼，不如先回去做好捕鱼的网。

wǎng ㄨㄤˇ

网

"网"是用绳线交错编织而成的网子。从甲骨文来看，左右是网子的边缘或棍子，中间是网绳交错、网眼密布的网。金文的"网"略有简化。

相传，是中华民族的祖先伏羲氏模仿自然界中的蜘蛛结网而制成网，教人们用网来捕鱼打猎。

这是中国有名的农民画，描绘了渔民拉网打鱼的场面。

gōng 《ㄨㄥ

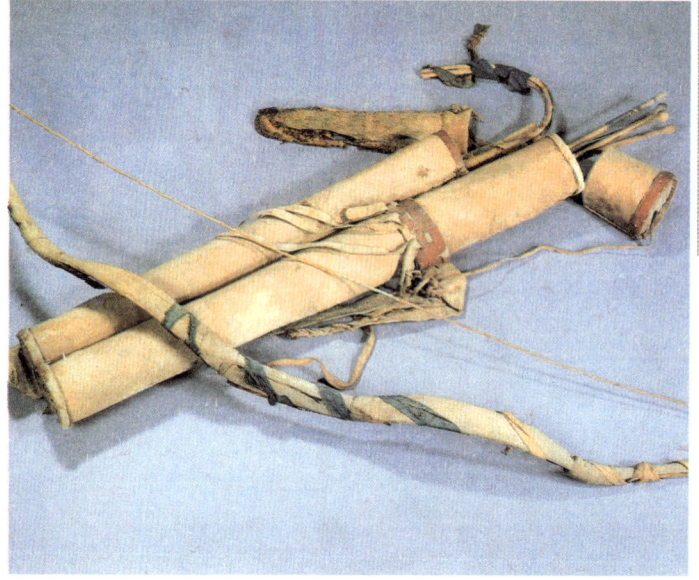

▲ 汉代弓箭

"弓"是个象形字，是一把弓的样子：左边是弓背，右边是弓弦。在金文中，是一把松下弓弦的弓，人们不用弓的时候，把弓弦解下来，可以保持弹性。

弓箭的发明和使用，是一个了不起的进步。弓箭可以射向远方，大大提高了人类的生存能力。弓的起源很早，考古发现，在距今三万年前的山西朔县峙峪文化遗址中有石镞，这表明当时先民已经使用弓。在神话传说中，后羿是个射箭能手，他用弓箭把天空中的十个太阳射下九个来，缓解了干旱。

能拉得硬弓（张力极大的弓）、箭术精准是中国古代武士的勇力和武艺高强的标准之一。

这是清人所绘的中国古代文学名著《水浒传》中花荣的画像，花荣是神箭手，人称"小李广"。

《李广射石图》说的是汉代名将李广在晚归途中惊觉风起林动，以为是猛虎袭来，一箭射去，次日清晨发现，所射的只是一块石头而已，但箭已深深没入石中。

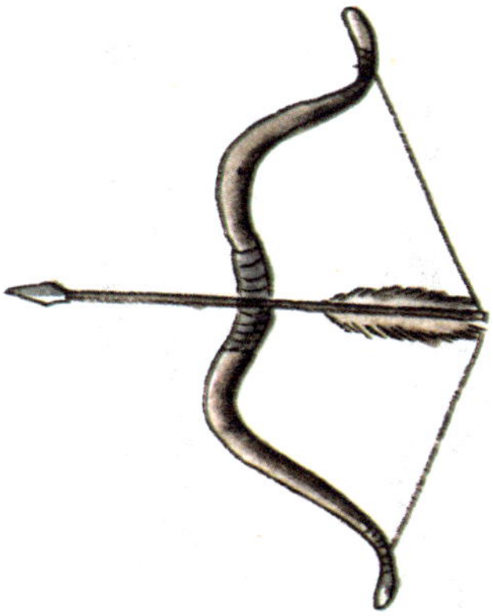

在古代，弓箭是人们狩猎、打仗的常用武器，射箭技艺高超的人往往会受到人们的赞扬。中国古代关于射箭的故事广为流传。如春秋时有个神箭手叫养由基，他善于射箭，能在一百步以外射中杨柳的叶子，百发百中，后来人们就用"百步穿杨"来形容人的箭法高明。

由于古人对射箭技术的重视与崇尚，射箭还上升为一种礼仪，称为"射礼"。春秋战国时期，诸侯宴请宾客时的礼仪之一就是请客人射箭。"射"成为贵族弟子要掌握的六艺之一，他们从小习射可以养成健康的身体和立身的法则，因为射艺既要讲竞争，又要讲规则和礼仪。

古代的学校称为"序"，"序"字的金文写作"庠"，外面"广"是学校建筑，里面是"射"。"序"也是秩序的"序"。

shè ㄕㄜˋ

射

"射"的本义为射箭。在甲骨文中，一张弓上有一只待发的箭。而金文在箭柄上加了一只手，表示一只手在拉着弓要把箭发出去，显得很形象。到了小篆的"射"字，弓箭的形状变成"身"字，右边拉弓的手变成了"寸"，也是手形，原来用手拉弓发箭的形象消失了。射箭是一手拿弓，一手搭箭，需要调节好身体的姿势和手上的力量大小，才能射中目标。

máo ㄇㄠ

矛

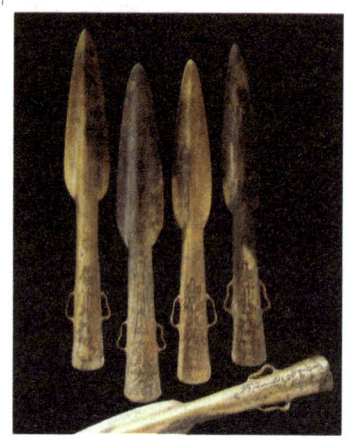

持矛冲锋的满族骑兵，清代郎世宁绘。

矛是古代的一种兵器，在金文中，它是上部有尖利的矛头，下部有一根长柄的形象，右边的半圆似其把手或是套耳（可以用绳子穿过而把矛绑缚在兵车上）。

▲ 吴王夫差矛

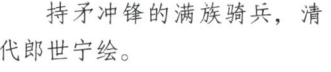

矛为古代战争中出现最早、最主要、最常用的一种刺杀兵器，在长木杆的一端安装着扁平有刃的金属头儿，商周时代矛头用青铜制成，汉代则多用铁矛。

在《韩非子》一书中记载了这样一个故事，楚国有个卖盾牌和矛的人，他夸耀他所卖的盾牌是天下最坚固的盾，没有什么东西能刺得透；又自赞他的矛是天下最锋利的，没有什么是它刺不穿的。有的人就问他，用他的矛去刺他的盾，会怎么样呢？那个人就答不上来了。人们后来就用"自相矛盾"来形容言语行为自相抵触。

▲ 自相矛盾

"笔"的甲骨文、金文形体都像是右手抓着一只毛笔的样子：右上是右手，中是笔管，笔管上的分叉是笔毫。毛笔的笔管一般用竹管做成，所以小篆的"笔"字，增加了"竹"旁。隶变楷书后写作"筆"，汉字简化后写作"笔"，由"竹"和"毛"组成，表明做毛笔的两种主要材料是竹子和毛。

bǐ ㄅㄧˇ

笔

笔是用来书写的工具，早在夏商时期就已经有原始的笔了，人们用来涂描甲骨文的笔画，然后再用刀刻甲骨文字。到春秋战国时期，各国都已经制作和使用笔了。中国独特的艺术书法和绘画，是由中国特有的毛笔来创造的。中国美学家宗白华先生说："中国人这支笔，开始于一画，界破了虚空，留下了笔迹，既流出了人心之美，也流出了万象之美。"

笔是文房四宝之一，以浙江湖州产的湖笔最为有名。中国人把毛笔的特点总结为"四德"：尖、齐、圆、健，具备这四种特点的笔就会很好用。毛笔有很多品种，就原料和特点来看，可以分为软毫、硬毫、兼毫三大类。软毫的原料是山羊和野黄羊的毛，统称羊毫，写字柔软圆润。硬毫的原料是黄鼠狼尾巴上的毛和山兔毛，称为紫毫和狼毫，它们弹性强，写出的字锐利刚劲。兼豪是软硬两种毛按比例搭配，初学写毛笔字，大多使用兼毫类毛笔。

▶ 粉彩描金云龙纹瓷管笔

yuè　ㄩㄝˋ

乐

甲骨文的"乐"字，是木上有两束丝的样子，表明制作乐器的材料是丝和木，古代的琴身是由木头制成，弦用丝拧成。在金文、篆文中，在两束丝中间，增加了一个调弦用的器具。"乐"的本义为丝弦乐器，用作所有乐器的总称，后来又引申泛指音乐。楷书写作"樂"，汉字简化后写作"乐"。

▼ 隋·彩绘伎乐陶俑

音乐是和谐优美的声音，有调节人心的作用，还有感化人的社会功能。礼乐文明是中国古代文明的重要组成部分。在夏商周时期，中国古代先贤通过制礼作乐，形成了一套颇为完善的礼乐制度，推广礼乐教化，用以维护社会秩序、人伦和谐。如果礼仪不被遵守，音乐趋向不和谐，就是"礼崩乐坏"，表明社会纲纪紊乱、人心骚动不安定。孔子称赞音乐的最高境界是"尽美矣，又尽善也"，就是既要乐舞形式的美，又要其内容的善。

一千多年以前的中国名画《韩熙载夜宴图》（局部）中女子们各持乐器合奏的形式也启迪了后人。

钟的声音醇厚、洪亮，能传播很远。古代寺庙中常悬挂着大钟，用来报时、报警或发出集合的信号。北京有钟楼、大钟寺，都因为有大钟而得名。

zhōng ㄓㄨㄥ

钟

钟鸣鼎食之家

钟是中国古代乐器，鼎是中国古代炊器，击钟列鼎而食，形容贵族的豪华排场。

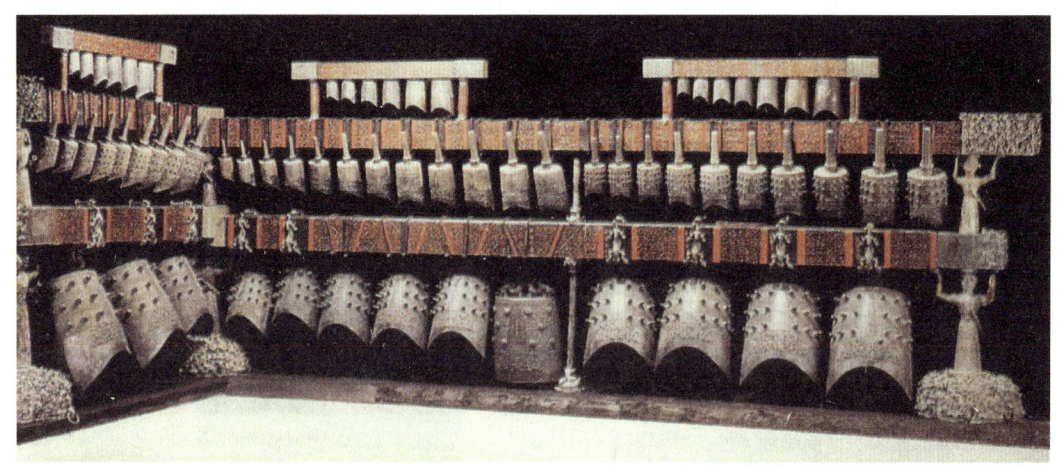

篆文中的"钟"字，由"金"和"童"两部分组成，"金"表示与金属有关，古代的钟一般用铜或铁铸成，"童"表示读音，是形声字。隶变楷书后写作"鐘"，如今简化作"钟"。

钟本是古代的一种打击乐器，一般用铜或铁铸成，中空，用于音乐演奏。在湖北随州市曾侯乙墓中出土的编钟，是战国早期著名的打击乐器，用青铜铸成，大小不同的编钟按照音调高低的次序排列起来，悬挂在木架上，用"丁"字形的木槌和长形的棒分别敲打铜钟，能发出美妙的乐音。古代豪门贵族在宴享时把装满食物的鼎排成一列列，并击钟奏乐，人们就用"钟鸣鼎食"形容富贵显宦人家生活奢侈豪华。

qín ㄑㄧㄣˊ

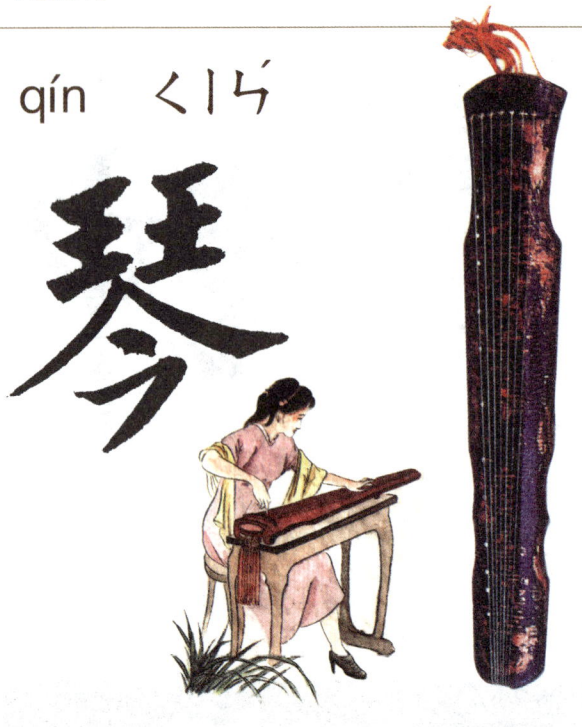

琴是中国古代的一种弹拨弦乐器，相传神农氏削桐木做成琴，用丝线做成弦，创造了最早的琴，所以古琴又称作"丝桐"。小篆的"琴"字，描绘了从一端侧视这种乐器的样子：上面的两个"王"字形东西是指用来绷弦的琴柱，下部的弧曲部分是琴身。

琴在中国有着悠久的历史，在中国最早的诗歌总集——《诗经》中，有不少篇目都提到琴，如"窈窕淑女，琴瑟友之"，意思是说文静美丽的女子，我弹琴鼓瑟亲近她。瑟也是一种古老的弦乐器，常与琴合奏，能弹奏出美妙的曲子。人们用"琴瑟和鸣"来比喻夫妻之间的感情融洽和睦。

▲ 七百年前的画家王振朋画的《伯牙鼓琴图》

琴、棋、书、画，古称四艺。弹琴、下围棋、写字、画画，被看作高雅的艺术活动。琴居四艺之首，具有清、和、淡、雅的音乐品格，体现了中国音乐的至高境界。数千年来，琴与文人的生活密切相关，孔子、蔡邕、嵇康、苏轼等都是弹琴名家。古人常用琴来抒发情感、寄托理想，古琴成为中国文化和理想人格的象征。

先秦有一个著名琴师叫俞伯牙，他在山林中弹琴，被一个叫钟子期的人听见，伯牙弹起赞美高山的曲调，钟子期说："好啊！巍峨雄伟好像高山一样！"当他弹奏表现奔腾澎湃的波涛时，钟子期又说："好啊，琴声宽广浩荡，好像滚滚的流水一般！"伯牙就把钟子期当作自己的知音。人们后来也就用"高山流水"来形容知音。

围棋是中国最古老的棋种，传说是中华民族的先祖、贤明的帝王尧为了启发自己儿子丹朱的智力而发明的。下围棋规则简单而变化无穷，中国古人常把下围棋当作用兵作战，许多著名军事家都是疆场和棋盘这样大小两个战场上的佼佼者。在古代的中国，帝王将相、文人雅士乃至普通百姓，一直都喜爱对弈。古人常以"琴棋书画"论及一个人的才华和修养，其中的"棋"指的就是围棋。它是中华民族传统文化中的瑰宝，体现了中华民族对智慧的追求。

qí ㄑㄧˊ

棋

▲ 现代画家徐燕孙绘《观弈图》

五代《重屏绘棋图》，此图表现了南唐皇帝李璟和他几个弟弟会棋的场面。

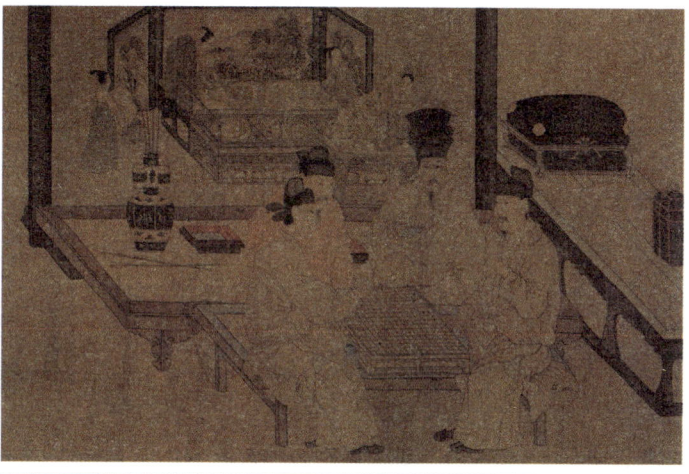

"棋"字原本是指围棋，因为最早的棋是用木头做成的，所以在"棋"字的结构里，"木"表示意义，"其"表示读音。

围棋棋盘的盘面上有纵横各十九条等距离、垂直交叉的平行线，共构成 $19 \times 19 = 361$ 个交叉点，博弈双方分别持黑、白棋子，最终是运用智慧占领棋盘上较多交叉点的人取胜。

▶ 中国现代画家陈少梅绘《对弈图》

第五章
汉字与动物

niú 习又

牛

牛在农业社会中，发挥着重要的作用。它吃苦耐劳，无私奉献，深受人们的喜爱。人们不仅写诗文称赞牛，也常用牛的形象创作美术作品。中国的国宝中有一幅著名的《五牛图》，那是唐代宰相韩滉所绘，相传韩滉认为牛只因最为常见，最难描绘其形容，而耕牛又是农家之宝，所以决心画牛。他画的《五牛图》生动传神，表现了它们不同的性情：活泼的、沉静的、爱喧闹的、胆怯乖僻的，被历代奉为至宝。

▼ 唐代韩滉所作的《五牛图》

甲骨文的"牛"字表现了从正面看的牛头的形象，它的面部只有一根竖线来表示，一双硕大的牛角弯向天空，牛角之下是两只牛耳。

早在石器时代，中国人就开始驯养家牛，人们从此不必再用人力拖犁。

水牛通水性，能在水中轻松自如地浮游，人们认为牛能"镇水"。传说大禹在治水时，每治理一处水患，便将一头铁牛沉入水底，以防河水泛滥。在颐和园的昆明湖东岸，就有一头昂首伏卧的大铜牛，铜牛铸于清朝乾隆年间，牛背上铸有金牛铭，谓之"镇水"。

铜牛，它虽憨态可掬，却有镇服水患的含义。铜牛背上铸有八十字的篆书铭文，也在向人们展示铜牛镇水的本领。

▲ 北京颐和园镇水铜牛

yáng | 尢

羊

"羊"是个象形字，在甲骨文和金文中，我们能看出羊朝下弯的角，高高的鼻梁和微微向上斜的眼睛。

羊在中国是被人们饲养最多的家畜之一，羊肉是人们喜爱的美食和祭祀的珍品。在古代，一个人或一个部落的羊越多，就越富有，羊象征着吉祥如意。在上古的青铜鼎彝上，常常可以看见"吉羊"一词，表示吉利祥瑞，后也写作"吉祥"，是人们常用的祝福语。

▶ 著名画家任伯年所绘《三羊开泰图》

古代常以羊的形象来塑象征吉祥的器具或装饰用品，表达了人们一种对安定、祥和、康富生活的企盼。古人还将羊看成知礼、有德、孝顺的化身。跪伏的羊，是温顺谦卑的象征，表现了中国人将道德与审美合一的思想观念。在汉字中，"羊"是一个寓意美好的字，"善""美""鲜""义"（義）都由"羊"字组成。

mǎ ㄇㄚˇ

马

"马"是个象形字，甲骨文是马的简笔画：一匹马站在那儿，抬着脑袋，颈上有鬃毛，还有散开来的马尾，是一匹奔跑中的马。

马四肢修长，善于奔跑，力大能负重，是人类的好帮手。传说周穆王有八匹骏马，能日行万里，他曾经用它们驾车去拜访住在昆仑山的西王母。

▶ 东汉壁画《牧马图》

东汉铜奔马

1983年10月，铜奔马被国家旅游局确定为中国旅游标志。

要辨别马匹的好坏，就需要专门的相马人，而其中特别精于鉴别马匹优劣的人，就会被称为"伯乐"了。伯乐相传是天上管理马匹的神仙，他们往往能从马群中发现千里马。后来，人们把优秀的人才比喻为骏马，而把善于发现、培养和使用人才的人称为伯乐。

中国现代画家徐悲鸿名作《九方皋》，描绘了相马专家九方皋相马的情景。

在古代社会，一个读书人如果考中科举，人们就恭贺他是"鲤鱼跳龙门"，前程远大。鲤鱼和其他许多鱼都喜欢跳水，在古老的传说中，每年三月鲤鱼沿着黄河向上游，游到水流湍急的龙门时，就使劲往上跳，一旦跳上龙门，就有云雨跟随着它，天降大火从后面烧它的尾巴，就变化成龙了。

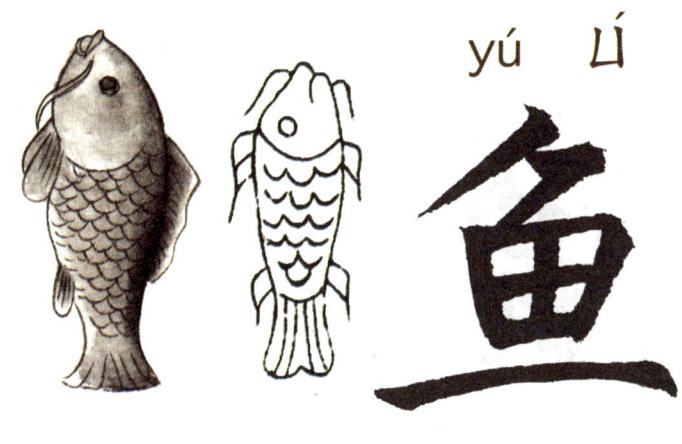

yú lí

鱼

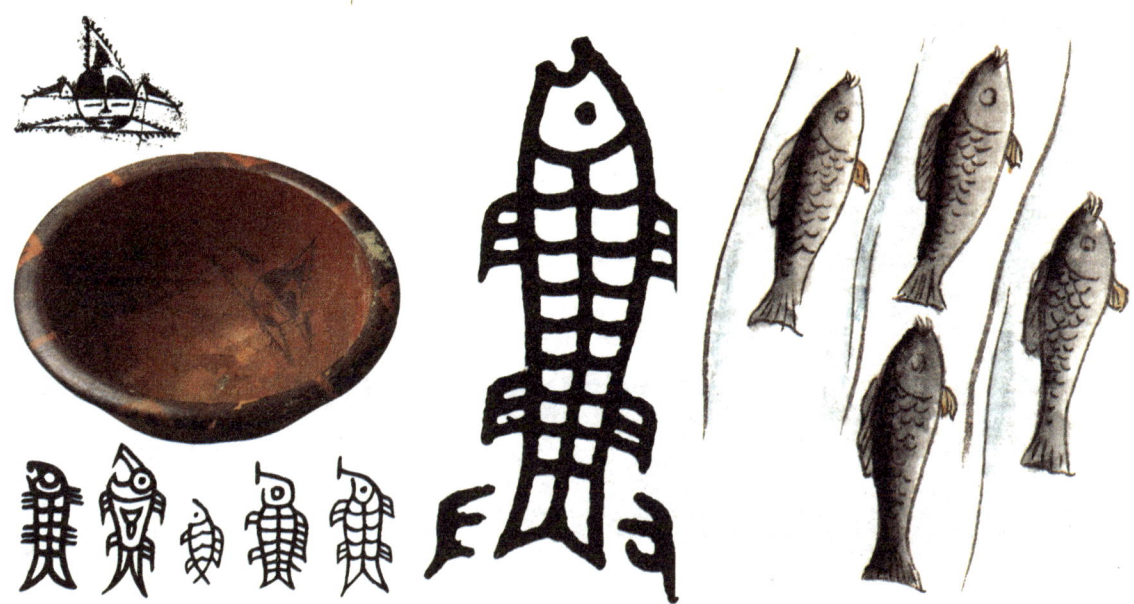

"鱼"的甲骨文、金文很富有表现力，完全是一条有鳞、有鳍、鱼尾分叉的鱼的形象。

早期人类一般居住在水边，鱼是人们主要的食物来源。在西安半坡仰韶文化（主要分布在黄河中下游一带）遗址出土了大量的骨制的鱼钩、鱼叉、鱼镖。在彩陶上，鱼是最常见的题材。其中有一件陶盆内壁用黑彩描绘了人面鱼纹图，人嘴的两边有鱼形的文饰，在两耳旁边也各有一条鱼，鱼头和鱼身都呈三角形。

鱼在中国人心目中是富余和财富的象征。在春节时，人们喜欢贴上一个胖娃娃抱着一条大红鱼的年画，表示年年有鱼。这是一个双关语，"鱼"字和表示富余的"余"字谐音。

▶ 中国现代齐白石画的鱼

105

lù 为ㄨ

鹿

鹿是四肢细长、尾巴较短的动物,雄鹿头上生有枝角。甲骨文、金文中的"鹿"字,生动描绘了一只头朝左尾朝右的雄鹿的侧面形象:有一对枝杈状的角、大眼睛、长颈细腿、短尾,显得身躯轻灵、体态优美。

鹿奔跑迅速,体形又大,是先民的肉食来源之一,因此成为人们主要狩猎追逐的对象。有一个成语叫"逐鹿中原",意思是大家在中原上争着围捕鹿。中原本来指中国黄河中下游一带,是中华民族的发祥地,可泛指整个中国,这个成语常用来形容群雄并起,争夺天下。

▲ 汉代嵌贝鹿形铜镇

中国自商周时代就开始养鹿。鹿的性情温驯,形态优美,鹿角可以脱而复生,被视为吉祥的化身。远古时代就出现了鹿崇拜的现象,许多民族都崇拜白鹿,以皮毛白色的鹿为瑞兽,是仙家之物,而民间传说中的老寿星的坐骑是梅花鹿。

而且"鹿"与福禄的"禄"谐音,是升官发财的吉兆,鹿的形象常出现在民俗活动和绘画、器皿、建筑及典籍中。

画于一千六百年前的《九色鹿王本生图》,是敦煌壁画中的代表作品。图中故事是讲佛祖释迦牟尼前生为九色鹿王,曾救起一个溺水男子,被救男子叩头拜谢,乞为奴仆,鹿王只要求他为自己的行踪保密。不久王后想要九色鹿皮毛做衣服,国王悬赏捉拿九色鹿,溺水被救男子出于贪心前去告发,鹿王被捕。鹿王向国王讲明了救溺水人的经过,国王深受感动,不再捉它,还予以保护。贪心的溺水被救男子遭到报应,身上生疮,口中恶臭。

民间把鸡视为吉祥物，认为它可以辟邪，可以吃掉各种毒虫，为人类除害。人们常常把鸡的形象应用在图画、家具、什器中。一只大红公鸡昂首挺胸站立在大石上，是中国吉祥图案历史中最悠久的作品题材之一。鸡与"吉"谐音，石与"室"谐音，寓意室上大吉。而鸡和荔枝画在一起，荔枝的"荔"与吉利的"利"谐音，表示大吉大利。这些与鸡有关的吉祥图案寄托了古时人们美好的祈盼和祝愿。

jī ㄐㄧ

鸡

▶ 现代·徐悲鸿《群鸡图》

鸡，是一种家禽。甲骨文、金文中的"鸡"字，描绘的是一只头、冠、嘴、眼、身、翅、尾、足俱全的雄鸡的形状。

在中国古老认知中，人们认为鸡是上天降临人间的吉祥物，又被称作天鸡。在传说中，东海的大桃树的树顶上有一只美丽的金鸡，天明报晓。它一啼，天下的鸡就跟着叫起来了，呼唤旭日东升。民间在开年第一天以红纸剪鸡作窗花，而且把这天定为"鸡日"。

中国古代特别重视鸡，认为鸡具有文、武、勇、仁、信五德，称它为"五德之禽"。《韩诗外传》说，它头上有冠，是文德；足后有距能斗，是武德；敌前敢拼，是勇德；有食物招呼同类，是仁德；守夜不失时，天明报晓，是信德。它代表了人们的道德追求。

▲ 宋代《育雏图》

niǎo 引ㄠ

鸟

鸟的种类很多，中国人对鸟有着特殊的喜好。当人们看见喜鹊在自己家门口鸣叫，就会很高兴，因为他们认为喜鹊是来报喜的。人们喜欢画喜鹊来表示喜庆，喜鹊在梅枝上鸣叫报喜的图画，叫作"喜上眉梢"。

▲ 清·朱耷《花鸟写生册》

▲ 明·吕纪《桂菊山禽图》

"鸟"在甲骨文中，是一只侧立的鸟的外形：上是鸟头，有尖嘴及鸟眼，中是鸟身，下有鸟尾及脚爪。在金文、篆文中，描绘了一只鸟昂着头，张开羽毛，脚步向前，富有动感，像正在跳舞。

hǔ ㄏㄨˇ

虎

人们对虎的形象十分崇敬和热爱，常用虎来象征威武勇猛，特别是在军事上应用最为广泛。在唐代以前，皇帝调兵遣将用的凭证是虎符，用青铜或者黄金做成老虎形状，虎背上有铭文，分为两半，其中一半交给将帅，另一半由朝廷保存，将两半虎符合在一起时，才能调兵遣将。在民间，给儿童戴的帽子、穿的鞋子做成老虎的样子，分外漂亮和可爱。

▲ 头戴虎帽的福娃

▲ 中国民间手工艺布老虎

"虎"在甲骨文中，描绘的是一只老虎的形象，它虎口大张，身上有斑斓的条纹。古人写字，是由上到下竖着写的，为了方便，这只老虎也是竖着的。

虎的额头上有几条黑纹，看上去很像"王"字。它有着尖利的爪牙，奔跑起来速度很快，一旦发威势不可挡，被人们称作"百兽之王"。

▲ 汉代虎噬鹿铜扣饰

guī ㄍㄨㄟ

甲骨文的"龟"描绘了一只侧视的乌龟的样子，有头有壳有腿有爪，十分生动逼真。金文表现的是龟的俯视图。小篆由甲骨文演变而来，也是龟的侧视图。

龟类的寿命很长，有的可达三百多年，被人们视为吉祥长寿的象征。任昉《述异记》中说："龟一千年生毛；寿五千岁，谓之神龟；寿万年，谓灵龟。"龟被视为灵物，人们认为它身上具备着某种神秘的禀赋，在神话传说中它曾献出自己的腿给补天的女娲作为擎天之柱，也曾帮助大禹驮运"息壤"制服洪水，中华民族的始祖伏羲氏通过观察龟背上的纹路而发明了八卦。龟列为四灵（龙、凤、麟、龟）之一，是这四种灵物中唯一在自然界真实存在的。

◀ 唐诗有名句："无端嫁得金龟婿，辜负香衾事早朝。"

"龟"与"贵"谐音，是富贵的象征。在汉代，公侯的印章以龟为纽。唐代武则天朝诏令内外官员将原来的鱼符、鱼袋（鱼饰佩袋）改佩龟符、龟袋，并规定三品以上龟袋用金饰。后世以"金龟婿"代指身份高贵的女婿。

汉代玄武瓦当，李贤注："玄武，北方之神，龟蛇合体。"

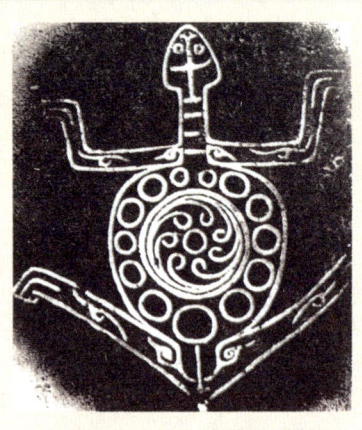

▲ 中国商代青铜盘上的龟纹饰样

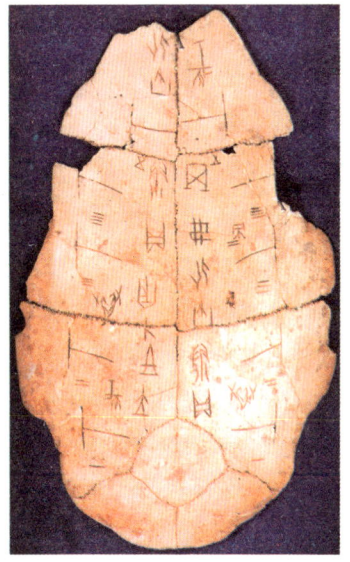

bǔ ㄅㄨˇ

卜

"卜"字表示的是用火烧龟甲或兽骨所形成的横斜交错的裂纹。古代，特别在殷商之时，凡是年成的丰歉、战事的胜负、天气的阴晴等必先占卜。烧甲骨是要根据那上面呈现出来的裂纹来预测吉凶福祸。

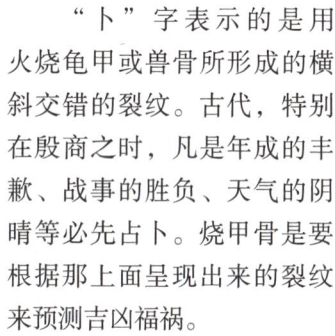

▲ 以口问卜就是占

在商周时代，人们相信天地间有神灵掌管一切，他们认为通过灼烧甲骨，神灵会对人们提出的问题和愿望给予回应，这些问题几乎无所不包，从用什么祭祀上帝祖先、明天会不会下雨、禾黍是否丰收、出征打猎是否平安，到疾病梦幻的吉凶、妻子分娩时间、未来日子的祸福等都要占卜一番。烧灼甲骨会发出噼啪的声音并出现裂纹，这种声音被理解为神在传达旨意，占卜的人能从裂纹形状和走向中读出神灵的回应。占卜完成后，在卜兆的旁边、背面，将占卜的时间、问卜的人物、问题、测定的吉凶和应验的结果刻下，这便是甲骨卜辞。在殷商文化遗址发现了为数众多的卜骨、卜甲，表明了当时占卜之风很盛行。

"占卜"的"占"字由"口"和"卜"组成，以口问卜就是占。

占卜是预测，"卜"字又引申表示预料。"生死未卜"就是生死都难以预测。

hè ㄏㄜˋ

鹤

鹤是一种珍贵的水鸟。"鹤"字由"隺"和"鸟"两部分组成，"隺"表示鸟往高处飞，鹤是一种飞得高远的鸟，"隺"又兼作声符表示读音。

鹤有长长的嘴、颈子和脚，身高出众，体态优雅，飞得高远，鸣声响亮。古人认为它是神仙的坐骑，神仙骑着它云游四海。在湖北武汉有一座黄鹤楼，就是因传说有神仙在那儿乘着黄鹤腾空离去而得名。

▲ 宋徽宗画的《瑞鹤图》

鹤是神仙的坐骑，人们把年长的人死去婉转地称为"驾鹤西去"，表示人死去，不过是离开尘世，变成神仙骑着黄鹤向西边的极乐世界去了。鹤具有仙风道骨，是长寿仙禽，故称作仙鹤，是长寿的象征。人们常以"鹤寿""鹤龄"作为祝寿之词，又常把仙鹤和古松画在一起，是"鹤寿松龄"，寓意长寿。

▲ 清·王震《松鹤图轴》

龙象征着尊贵，历代帝王都称自己是承受上天任命的"真龙天子"。皇帝周围的一切都以龙冠名，带有龙的标记，皇帝穿的衣服称为"龙袍"。

lóng ㄌㄨㄥˊ

龙

赛龙舟

赛龙舟是中国民间传统水上体育娱乐项目，是在端午节时为了纪念爱国诗人屈原而兴起的。

舞龙灯

舞龙灯是中国人喜爱的节日文艺活动。

▲ 龙行大地，风调雨顺

甲骨文和金文已经很形象地表现了中国的神话与传说中的龙，龙原是一种奇美的两栖动物，作为龙图腾演变到完美的形象是：角似鹿、头似马、眼似鱼、身似蛇、鳞似鲤、爪似鹰、掌似虎、耳似牛，九种动物特征合于一身，狮鬃飘动，全身回旋飞舞，春分时节上入云天，秋分时节下潜深渊，生机勃勃，具有无穷变化。

龙是中华民族几千年文化意识融合、发展的产物，是人文动物。中国人自称为龙的传人，龙象征着中国文化中自强不息和与时俱进的精神。龙象征的乾元之气让天地和谐、风调雨顺、万物萌生、世界安宁吉祥。

▲ 新石器时代红山文化的玉龙

fèng ㄈㄥ

凤

凤这种瑞鸟身为百禽之首，雍容华贵，美丽大方。龙腾于天，象征着中华文化自强不息的精神；百鸟朝凤，象征着中华文化和合众生的追求。

凤凰涅槃，在浴火中新生，这是中华民族与时俱进、生生不息的象征。

在历史上，龙曾经是帝王的象征，凤则作为后妃的象征，后妃的帽子称为"凤冠"，后妃的车轿称为"凤舆"。

▲ 明朝孝靖皇后的凤冠

百鸟朝凤

这是中国民间"百鸟朝凤"剪纸，表达了人们对美好生活的向往。

"鳳"是个象形字，简化汉字后写作"凤"。甲骨文的"凤"，描绘了一只凤的样子。我们看到了面朝左的有冠羽的凤头和极为美丽的双翅和长尾。我们看商代的玉凤，造型简洁，但十分华美而高贵，这是最早的中国凤形象的实物之一。

凤，是中国古代传说中的神鸟，被认为是百鸟之王。凤，又叫凤凰，严格说来，凤与凰是有区别的，雌性的称为凤，雄性的称为凰。

至于凤的原型是什么，有学者说是孔雀，有人认为是锦鸡，众说纷纭，实则凤是中国人理想化的集禽鸟众美之大成的图腾。中国古人认为时逢太平盛世，便有凤凰飞来。

▲ 商代玉凤

第六章

汉字与植物

竹子是四君子（梅、兰、竹、菊）之一，和梅、松一起称为岁寒三友。竹子虽无梅的俏姿、菊的艳丽、兰的芳香、松的雄伟，然而因它宁折不屈、虚心有节，被当作正直谦虚为人的楷模。

凡是由"竹"构成的字，都表示与竹子相关的意义。"笔"，描摹的就是用手执一支毛笔的样子，后来又另加了"竹"字头表意，表示毛笔是用竹子做成的。

竹笛是中国传统音乐中常用的横吹管乐器之一。

zhú ㄓㄨˊ

竹

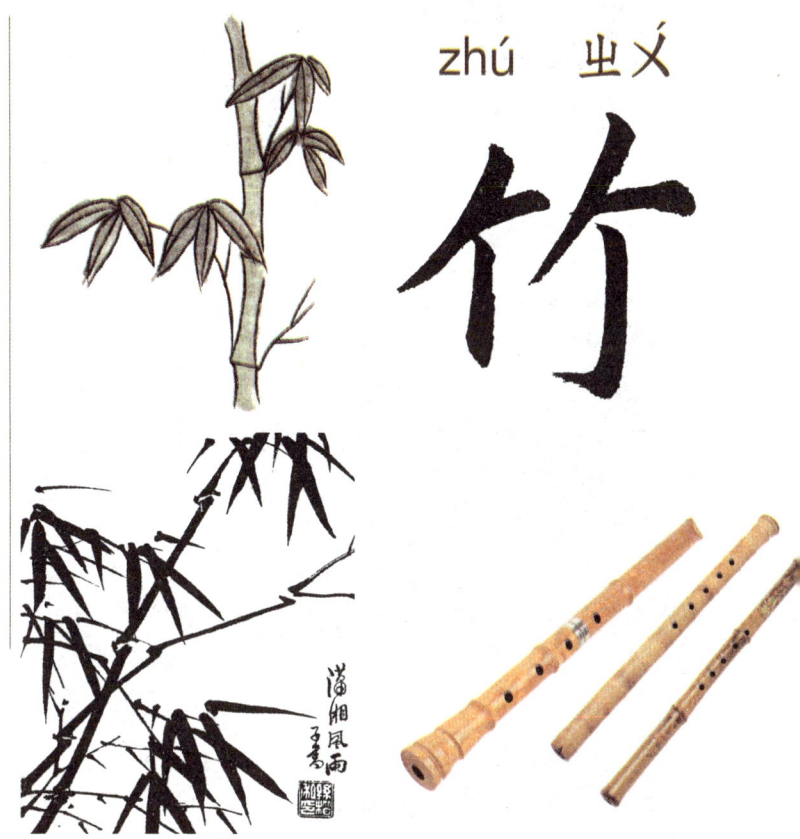

潇湘风雨 子寿

"竹"就是中国人喜欢的竹子。在中国人的心中，没有任何一种植物能像竹子那样具有坚强的性格和优雅的风度了。竹子的生命力很强，它可以扎根岩石，一任狂风侵袭。它经冬不凋，四季常青。有诗云："雪压竹头低，低下欲沾泥。一朝红日起，依旧与天齐。"《诗经》中用生长盛美的绿竹来比喻文采卓然、努力进修的谦谦君子。

竹子可以调节气候，涵养水源，保持水土；竹笋、竹叶可食，可入药；竹竿可建房屋，固堤坝，制器具，造舟筏。竹子还是中国民族乐器制作的重要材料。将竹子削制后做成的竹简承载了中国古老的文字。这秀美的翠竹，又是中国园林庭院中最具特色和观赏价值的景致。

méi ㄇㄟˊ

梅

梅是一种蔷薇科植物，早春开花，花以白色、淡红色为主，气味清香，果实味酸。"梅"字由"木"和"每"两部分组成，"木"表示梅是一种树木，"每"表示读音。

早春时节，天气寒冷，梅树傲立风雪中先于百花独自绽放。在中国传统文化中，梅花被认为高洁孤傲、超尘脱俗的象征。在宋代有一个隐士叫林逋，他孤身一人隐居在杭州西湖的孤山，终身不娶无子，以种植梅花和放养仙鹤为乐，人们就把他养的梅和鹤称为他的"梅妻鹤子"，梅花和鹤都是高洁出尘的象征，寄托了林逋清高脱俗的品格。后来人们就用"梅妻鹤子"来形容清高的隐居生活。

中国是梅树的原产地，梅的枝干倾斜、疏朗有致；梅花形色俱美，气味清香。人们爱梅、赏梅、颂梅。梅不仅是传统文人画士笔下的题材，而且广泛渗入日常生活，人们用梅花的形象来装饰家具器物。人们给女儿起带有"梅"字的名字，希望她们将来有像梅一样坚贞、自信、纯洁等高尚的品格。

古人认为兰有四清：气清、色清、神清、韵清，幽香清远，素有天下第一香、国香、香祖的美称。兰花深受人们的喜爱，是传统名贵的花卉，常用来形容美好的事物，如"芝兰玉树"常用来称赞别人的子弟才德兼备，好比是名贵的兰草和玉做的树。"兰心蕙质"，是说有蕙草一样的心地，兰花似的高洁本质，人们常用此词形容女子心地纯洁，性格高雅。

古人有"金兰结义"之说，就是朋友同心同德，其锐利可以斩断金属，话语同心，有如兰花之清香沁人心脾，表示朋友间情投意合，进而结为异姓兄弟或姐妹的行为。

清代范玑在《过云庐画论》中说："写兰以文门之法为正宗。"世有"文兰"之称。

lán ㄌㄢˊ

兰

"兰"是一种香草的名称。它的小篆字形由"艸"和"闌"两部分组成，"艸"表示与草本植物有关，"闌"表示读音，是个形声字。

兰花生长在幽谷水边，清雅素淡，它和梅、竹、菊被誉为"四君子"。空谷幽兰，无人自芳，象征了君子清幽脱俗，不取媚于人，保全自己高洁的品质。中国传统的文人爱兰、咏兰、画兰，透过兰花的幽雅空灵来展现自己人格襟抱和精神品性。

guì ㄍㄨㄟ

桂

这是清人所绘的《月宫图》，图中女子是仙女嫦娥。手持斧子的男子名叫吴刚，他被天帝惩罚在月宫伐桂树。天帝对他说，你砍倒桂树，就可获赦免。但吴刚每砍一斧，这桂树创伤就马上愈合，吴刚在月宫常年伐桂，始终砍不倒这棵桂树。

"桂"是一种树木的名称，叶椭圆形，开白色或暗黄色小花，有特殊的香气，供观赏，亦可做香料。"桂"字由"木"和"圭"两部分组成，"木"表示桂是一种木本植物，"圭"表示读音，是个形声字。

中国是桂花的故乡，它的品种很多，桂花是中国的十大名花之一。月亮中的阴影像树影婆娑的样子，在神话故事中，月亮上有一个广寒宫，宫中长着一棵桂花树。有个叫吴刚的人因为犯下错误，天帝让他砍伐月中的桂花树，可桂花树随砍随合。天帝就是用这样永无休止的劳作来惩罚吴刚。

中国古代科举制度中的乡试时间在农历八月，放榜的时候正值桂花飘香，故又称作桂榜。古人把考科及第称为折桂，因为传说月宫中有蟾蜍，月宫又叫蟾宫，故人们把科举应试得中者称为"蟾宫折桂"。后来"蟾宫折桂"就成为旧时读书人科场得意、飞黄腾达的代名词。

xìng ㄒㄧㄥˋ

杏

▲ 现代·李可染《杏花春雨江南》

杏是一种落叶乔木，开白色或粉红色的花，果实圆形，成熟时黄红色，味酸甜。"杏"字由"木"和"口"组成，表示杏是一种果实可以吃的树木。

杏树在中国栽种普遍，中国儒家文化的创始者孔子聚集弟子讲学，他讲学的地方种满了杏树，称为杏坛，后来人们就用"杏坛"来指教育界和教书育人的地方。

中医常以"杏林中人"自居，是源自于三国时期有一个神医叫董奉，他长期隐居江西的庐山中。他为人治病，不收钱财，凡是重病患者被他治愈后时，只需在山上栽上五棵杏树；病轻者被治愈后种一棵杏树。他治好不少人的病，他们栽种下的杏树蔚然成林。后来杏林一词便渐渐成为医家的专用名词，人们常用"杏林春暖""誉满杏林""杏林满园"等话语来称颂医术高明、医德高尚的医生。

▲《孔子杏坛讲学图》

下篇

画说汉字

元 甲骨文 金文 小篆 楷书

（yuán）

"元"是指事字。甲骨文从兀（削去人的头发），又用短横指明头的部位，以表示人头。金文大致相同，小篆的形体整齐化。隶变后楷书写作"元"。

《说文·一部》："元，始也。从一，从兀。"（元，开始。由一、由兀会意。）

"元"的本义就是头。如《左传·僖公三十三年》："狄人归其元。"意思是狄人送还了他的头。

引申指人们的首领。如"元首"。又引申为开头、开始或第一。如《公羊传·隐公元年》："元年者何，君之始年也。"

天 甲骨文 金文 小篆 楷书

（tiān）

"天"是象形字。甲骨文像正面站立的人，突出了上部的方框（头）。金文的形体大致相同，显得更形象。小篆线条化。隶变后楷书写作"天"。

《说文·一部》："天，颠也。至高无上，从一大。"（天，头顶。最高而无以上加的部位。由一、大会意。）

"天"的本义为人的头顶；两眉之间，称为"天庭"。如常说的"天庭饱满"。人至高无上的部分为"天"（头），自然界至高无上的部分也为"天"。如宋代杨万里《晓出净慈寺送林子方》："接天莲叶无穷碧，映日荷花别样红。"

上 （shàng）

"上"是指事字。甲骨文下面一条弧线表示地面，弧线之上有一短横，表示在地面之上。金文中，两弧线变为直线。小篆变得更加美观。隶变后楷书写作"上"。

《说文·上部》："丄，高也。此古文上。指事也。凡丄之属皆从丄。𠄞，小篆丄。"（丄，高。这是古文"上"字，是一个指事字。大凡丄的部属都从丄。𠄞，小篆"丄"字。）

"上"的本义是表示方位，即指上边、高处。引申指高位、君主、尊长。

帝 （dì）

"帝"是象形字。甲骨文字形像一堆横七竖八架在一起准备点燃的木柴。金文与甲骨文基本相同。小篆下部变成了"巾"。隶变后楷书写作"帝"。

"帝"的本义就是天神、天帝。如《列子·汤问》："操蛇之神闻之，惧其不已也，告之于帝。"由天帝引申指帝王、君主。如《战国策·赵策》："赵诚发使尊秦昭王为帝。"意思是赵国果真派遣使臣尊奉秦昭王为帝。

"帝"作动词用时，表示称帝。如《后汉书·伏侯宋蔡冯赵牟韦列传》："受命而帝。"

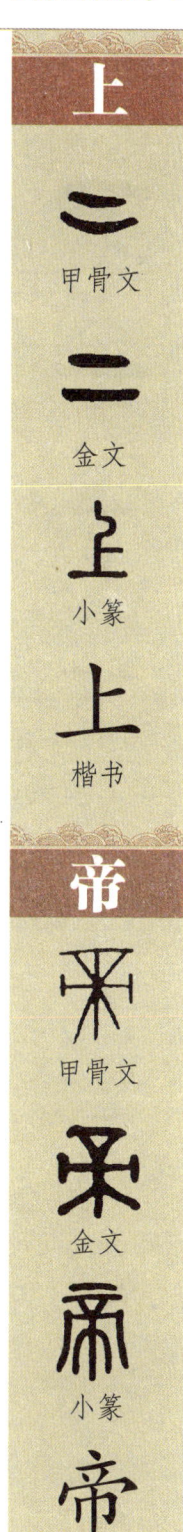

123

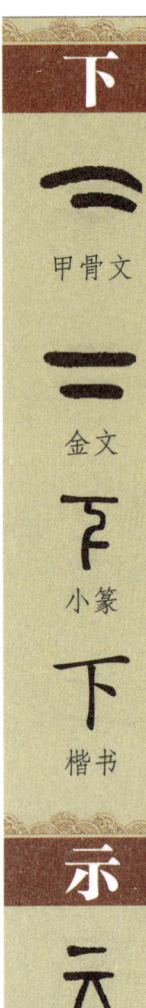

下

甲骨文

金文

小篆

楷书

（ xià ）

"下"是指事字。甲骨文上面的长弧线表地面，下面的短横表地下。金文和小篆都是由此演化而来。隶变后楷书写作"下"。

"下"的本义是指示方向。也用来表底部、低处，因此又引申指去往（从高处到低处）。如常说的"南下"就是这种用法。

地有高低上下，人有上下尊卑，所以"下"又引申指地位低下。如"下人"。后来人们又把在高位的人屈就地位较低的贤才称作"下"。如成语"礼贤下士"就是这种用法。还引申指离开、除下。如"下去吧""下了枪"。

示

甲骨文

金文

小篆

楷书

（ shì ）

"示"是象形字。甲骨文象用两块石头搭起的简单祭台之形。金文把甲骨文的底座变为"小"，表示供桌的支架。隶变后楷书写作"示"。

示，上天垂下天文图像，体现人事的吉凶，这些图像是用来显示给人们看的东西。从二代表天上；三竖笔，分别代表日、月、星。人们观看天文图像，用来考察时世的变化。示是神的事。大凡示的部属都从示。

"示"的本义是古人祭祀祖先与鬼神时所使用的祭台，因为祭祀被古人当作头等大事，所以，"示"后引申为神灵的象征。

（fú）

"福"是会意字。甲骨文左为祭坛，右为双手捧着酒坛之形，会拿酒祭神、祈求幸福之意。隶变后楷书写作"福"。

"福"的本义是求福。后来作名词，与"祸"相对。如《老子》第五十八章："祸兮福之所倚，福兮祸之所伏。"

引申指护佑。如《左传·庄公十年》："小信未孚，神弗福也。"又引申指行礼致敬。如《官场现形记》第四十四回："马老爷才赶过来作揖，瞿太太也只得福了福。"

福

甲骨文

福

金文

福

小篆

福

楷书

神

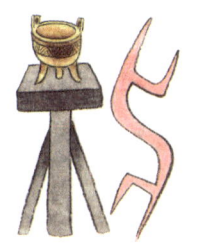  

（shén）

"神"是会意兼形声字。金文像闪电的样子，或另加义符"示"。小篆整齐化、文字化。隶变后楷书写作"神"。

"神"的本义是传说中的天神。如《周礼·天官冢宰》："大宗伯之职，掌建邦之天神、人鬼、地祇之礼，以佐王建保邦国。"泛指神灵、神仙。如《左传·庄公十年》："小信未孚，神弗福也。"

由于神仙的威力不同寻常，故引申指特别高超的、令人惊奇的。如"神机妙算"。又引申指精神、意识。如《庄子·养生主》："臣以神遇而不以目视，官知止而神欲行。"

神

金文

神

小篆

神

楷书

斋

（ zhāi ）

斋，斋戒，（祭祀之前）整洁身心（以示虔敬）的行为。从示，齊省声。

"斋"可以解释为施舍饭食给僧、道或穷苦人。如《清平山堂话本》："张待诏娘子盛一碗饭，一碗羹，斋这无眼婆婆。"又如："斋僧敬道，对和尚道士虔诚有礼，供食舍钱。"

"斋"作为名词时有素食的意思。如《西游记》："我们是行脚僧，遇庄化饭，适处求斋。"还有对房舍的称呼。如"书斋""斋屋"。或专指拜忏诵经、祈祷求福一类活动。

祭

（ jì ）

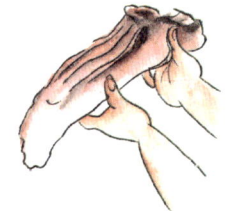

"祭"是会意字。甲骨文从示（祭台），从又（手），从肉，会以手持肉置于祭台上致祭之意。金文大体相同。小篆整齐化。隶变后楷书写作"祭"。

"祭"的本义是祭祀。旧时祀神、供祖或以仪式追悼死者都可称"祭"。如"祭天"。

祭祀时人们口中念念有词，所以又引申指念咒、使用法宝。如"祭起法宝"中的"祭"就是指使用。

祭祀要杀牲，故又泛指杀。如《礼记·月令》："鹰乃祭鸟。"意思是老鹰于是捕杀鸟儿。

祀
（ sì ）

"祀"是会意兼形声字。金文和小篆都从示（表示祭祀）从巳会意，巳兼表声。隶变后楷书写作"祀"。

《说文·示部》："祀，祭无已也。从示，巳声。"（祀，祭祀不停止。从示，巳声。）

"祀"的本义指求子之祭。后泛指祭祀。如《左传·文公二年》："祀，国之大事也。"意思是，祭祀是国家的大事。引申为绝后。如"覆宗灭祀"，意思是毁坏宗庙，断绝后代。"宗"指祖庙，"祀"指祭祀，"灭祀"指灭了香火。

祖
（ zǔ ）

甲骨文的形体像祭祀时放置礼品的礼器。金文大致相同。小篆另加义符"示"，从示从且会意，且兼表声，成了会意兼形声字。隶变后楷书写作"祖"。

《说文·示部》："祖，始庙也。从示，且声。"（祖，初始；宗庙。从示，且声。）

"祖"的本义为祭祀先人的宗庙或神主。如《周礼·考工记·匠人》："左祖右社。"引申指祖宗、祖先。进而引申指某种事业或行业、派别的创始人。如"鼻祖""祖师"。又表示效法、承袭。如《史记·屈原贾生列传》："然皆祖屈原之从容辞令，终莫敢直谏。"

祀 甲骨文 金文 小篆 楷书

祖 甲骨文 金文 小篆 楷书

127

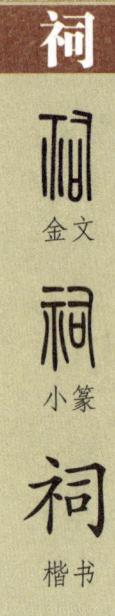

祠

金文

祠

小篆

祠

楷书

（cí）

祠，春祭曰祠。品物少，多文词也。从示，司声。仲春之月，祠，不用牺牲，用圭璧及皮币。

祠，（周代）春天的祭祀叫作祠。这是由于用来祭祀的物品少，而仪式文词多的缘故。从示，司声。农历二月，祭祀不用牺牲，而用玉器、毛皮和缯帛。

也指供奉鬼神、祖先或先贤的庙堂。如《汉书·陈胜传》注："祠，神祠也。"《史记·陈涉世家》："又间令吴广之次所旁丛祠中。"又如"宗祠""祠灶"。

祝

甲骨文

祝

金文

祝

小篆

祝

楷书

（zhù）

"祝"是会意字。甲骨文是一人跪于示（祭台）前向神灵祭奠祷告之形。隶变后楷书写作"祝"。

祝，祭祀时主管向神灵祷告的人。由示、由人、口会意。另一说："祝"字的"兄"旁是"兑"字省去上面的"八"。《易经》说："兑"卦可以代表"口"，代表"巫"。

"祝"的本义为向神灵祷告求福。如洪迈《容斋四笔》："一人祝之，一国诅之，一祝不胜万诅。"后世指衷心表示美好的愿望。如"庆祝""祝贺"。特指祭祀时主持祭礼念颂词的人。如"巫祝"。后世也指庙中司香火的人。如"庙祝"。

祈

（ qí ）

"祈"是形声字。甲骨文从單（战斗工具），从斤（斧）。小篆整齐化、线条化。隶变后楷书写作"祈"。

"祈"的本义是向上天或神明求福。明代时在北京建有大享殿，就是专门用来祈求五谷丰登的。清代仍袭用，到乾隆时才改为"祈年殿"，地址在今北京天坛。由向上天或神明求福引申为向人祈求、请求。如《南史·刘峻传》："闻有异书，必往祈借。"后来把向人请求也称为"祈请""敬祈"等。

社

（ shè ）

"社"是象形兼会意字。甲骨文写作"土"，象原始祭社之形。金文另加义符"示"和"木"。小篆从土从示会意。隶变后楷书写作"社"。

《说文·示部》："社，地主也。从示、土。《春秋传》曰：'共工之子句龙为社神。'周礼：二十五家为社，各树其土所宜之木。"（社，土地的神主。从示，土声。《春秋左氏传》说："共工的儿子句龙作土地神。"周朝的礼制规定：二十五家立一个社，各种植那里的土地所适宜生长的树木。）

引申为土地神的神像、牌位。如《论语·八佾》："哀公问社于宰我。宰我对曰：'夏后氏以松，殷人以柏，周人以栗。'曰：'使民战栗。'"

禁
(jìn)

禁 小篆

禁 楷书

"禁"是会意兼形声字。小篆从示（表鬼神），从林（坟地多植树，故坟地特称"林"），会令人忌讳的坟地之意，林兼表声。隶变后楷书写作"禁"。

《说文·示部》："禁，凶吉之忌也。从示，林声。"（禁，指有关吉凶之事的避忌。从示，林声。）

"禁"的本义是令人忌讳的坟地。泛指忌讳、避讳。如"百无禁忌"。由本义引申指不许、制止、阻止。如"令行禁止"。进而又引申指约束、控制。如"禁欲"。

监狱用来控制人的恶念，所以"禁"又有拘囚、关押之意。如"监禁"。

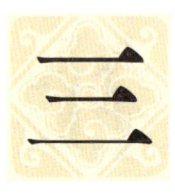

三
(sān)

三 甲骨文

三 金文

三 小篆

三 楷书

"三"是指事字。甲骨文、金文、小篆、楷书都写成三横。

《说文·三部》："三，天、地、人之道也。从三数。凡三之属皆从三。弎，古文三从弋。"（三，天、地、人的道数。由三画构成。大凡三的部属都从三。弎，古文"三"字。从弋。）

"三"的本义是数名。如《道德经》中说："道生一，一生二，二生三，三生万物。"

"三"由本义引申出多的意思。如《论语·公冶长》："季文子三思而后行。"成语"三思而行"即出于此，表示经过多次考虑，然后才去做。

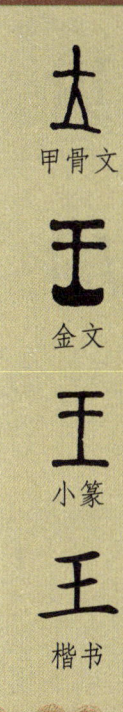

王（wáng）

"王"是象形字。甲骨文象斧钺之形，下端是刃。金文基本上和甲骨文相同，不过下端刃部更为厚重。小篆的形体由金文演变而来。隶变后楷书写作"王"。

《说文·王部》："王，天下所归往也。董仲舒曰：'古之造文者，三画而连其中谓之王。三者，天、地、人也，而参通之者王也。'孔子曰：'一贯三为王。'凡王之属皆从王。"（王，天下归趋向往的对象。董仲舒说："古代创造文字，三画而又用竖线连接其中，叫王。三横画，代表天道、地道、人道，而能同时通达它的，就是王。"孔子说："用一贯三就是王。"大凡王的部属都从王。）

玉（yù）

"玉"是象形字。甲骨文像用一根绳子串吊着三块玉石。金文和小篆都很像"王"字，但实际上不一样。隶变后楷书写作"玉"。

玉，美好的石头。像三块玉的连接。中间的"丨"，是那穿玉的绳索。大凡玉的部属都从玉。

"玉"的本义是温润而有光泽的美石。如《诗经·秦风·小戎》："言念君子，温其如玉。"古人往往用"玉"来形容美好的、珍贵的、洁白的东西。如《诗经·召南·野有死麕》："白茅纯束，有女如玉。"后用作一种雅称或敬辞。如曹植《七启》："将敬涤耳，以听玉音。"

131

瑜

瑜
小篆

瑜
楷书

（ yú ）

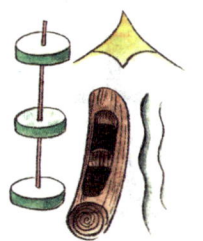  

"瑜"是形声字。小篆从玉，俞声。隶变后楷书写作"瑜"。

《说文·玉部》："瑜，瑾瑜，美玉也。从玉，俞声。"（瑜，瑾瑜，美玉。从玉，俞声。）

"瑜"的本义为美玉。如《礼记·玉藻》："世子佩瑜玉而綦织绶。"意思是，世子佩戴美玉，使用青黑色丝带。引申指玉的光彩、光辉。如"瑕瑜互见"。进而引申指美好。

"瑜伽"，是梵语的音译。指印度教的一种修行方法，意为"结合"。

琼

瓊
小篆

琼
楷书

（ qióng ）

"琼"是形声字。左形，右声。琼是红色的玉，也用来泛指一切美玉。

"琼"的本义是红色的美玉。如《诗经·卫风·木瓜》："投我以木瓜，报之以琼玖。"《汉书·扬雄传》："精琼靡与秋菊分。"又如《左传·僖公二十八年》："楚子玉自为琼弁玉缨。"

用来比喻雪花。如明代施耐庵《水浒传》："雪地里踏着碎琼乱玉。"也是海南省的简称。

可以用来形容事物的美好。如宋代苏轼《水调头歌》："我欲乘风归去，又恐琼楼玉宇，高处不胜寒。"

（ bì ）

　　"璧"是形声字。金文从玉，辟声。小篆字形变化不大，只是更加整齐。隶变后楷书写作"璧"。

　　《说文·玉部》："璧，瑞玉圜也。从玉，辟声。"（璧，用作印信凭证、平圆而正中有孔的玉。从玉，辟声。）

　　"璧"的本义为古代一种玉器，圆形扁平，中间有孔。如《周礼·大宗伯》："以苍璧礼天。"泛指美玉。如"白璧无瑕"。又用作辞谢礼品或归还借物时的敬辞。如《二十年目睹之怪现状》第四十一回："家母寿日，承赐厚礼，概不敢当，明日当即璧还。"

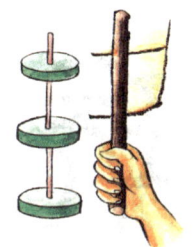  

（ jué ）

　　"玦"是形声字。从玉，夬声。本义为（环形而有缺口的）佩玉。

　　"玦"的本义是佩玉。如《说文》："玦，佩玉也。"《左传·闵公二年》："金寒玦离。"《汉书·五行志》："佩之金玦。"《荀子·大略》："绝人以玦，还人以环。"

　　玦可通"决"。特指古时射箭套在右手拇指上用以钩弦的器具，就是现在所说的扳指。如《礼记·内则》："右佩玦。"

　　引申为决断、与人断绝关系的象征。如徐锴《系传》："玦，不之周者。"

璧
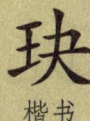
金文

小篆

璧
楷书

玦

小篆

玦
楷书

瑕

瑕 小篆

瑕 楷书

（ xiá ）

"瑕"是形声字。小篆从玉，叚声。隶变后楷书写作"瑕"。

"瑕"的本义为玉上的斑点。如《礼记·聘义》："瑕不掩瑜，瑜不掩瑕。"又特指红色的云气。如《文选》："吸清云之流瑕分，饮若木之露英。"比喻人或事物显露出来的缺陷、缺点或小毛病。如"纯洁无瑕""瑕疵"。

玩

玩 小篆

玩 楷书

（ wán ）

"玩"是形声字。小篆从玉，元声，表示把玩观赏美玉。隶变后楷书写作"玩"；又作"貦"，从贝。如今规范化，以"玩"为正体。

"玩"的本义为以手玩弄。泛指玩弄、戏弄。如"玩物丧志"。引申为观赏、欣赏。如《楚辞·九章·思美人》："惜吾不及古人兮，吾谁与玩此芳草。"

用作名词，指供玩赏的东西。如《国语·楚语》："若夫白珩，先王之玩也，何宝焉？"又引申指轻慢、轻视。如"玩忽职守"、"玩世不恭"。

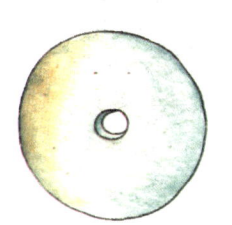  

（ běng ）

　　珒，次于玉的美石。可以用来制作系带上的小璧。从玉，丰声。它的音读像《诗经》说的"瓜瓞菶菶"的"菶"字。一说：音读像蛤蚌的"蚌"字。

　　"珒"的本义是一种次于玉的石，可以做悬挂佩物的璧。如《说文》："珒，石之次玉者。以为系璧。从玉，丰声。"

　　也可指玉色的珠子。

　　可理解为一个古地名，在今中国河南省渑池。

（ jiǔ ）

　　"玖"是形声字。小篆从玉，久声。隶变后楷书写作"玖"。

　　《说文·玉部》："玖，石之次玉黑色者。从玉，久声。"（玖，次于玉的黑色美石。从玉，久声。）

　　"玖"的本义为比玉稍次的黑色美石。如《诗经·卫风·木瓜》："投我以木李，报之以琼玖。匪报也，永以为好也！"又如《诗经·王风·丘中有麻》："贻我佩玖。"

　　是数词"九"的大写形式。如"玖仟玖佰玖什玖圆整"。

碧

（bì）

　　"碧"是会意兼形声字。小篆从石，从珀（琥珀），会像琥珀的玉石之意，珀兼表声。隶变后楷书写作"碧"。

　　"碧"的本义是青绿色的玉石。如《山海经·西山经》上说："高山，其下多青碧。""青碧"就是指青绿色的玉石。绿水和青绿色的玉石颜色相似，所以"碧"引申指绿水。

　　还指青绿色。如《玉台新咏·古诗为焦仲卿妻作》："绿碧青丝绳。"宋代陆游《过小孤山大孤山》："碧峰巉然孤起。"王夫人《小云山记》："寒则苍，春则碧。"

珠

（zhū）

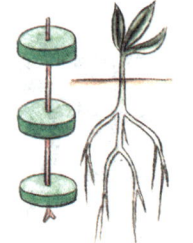

　　"珠"是形声字。小篆从玉，朱声。隶变后楷书写作"珠"。

　　珠，蚌壳里头的水精。从玉，朱声。《春秋国语》说："珠足以用来抵御火灾。"说的就是这个意思。

　　"珠"的本义为蛤蚌因沙粒窜入壳内受到刺激而分泌并形成的圆形固体颗粒，为乳白色或略带黄色，有光泽。

　　引申指像珠子的东西。如白居易《暮江吟》："可怜九月初三夜，露似珍珠月似弓。"

　　用作形容词，形容事物的华美、光泽。如"珠光宝气"。

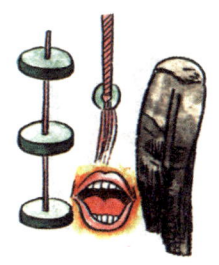  

（ hú ）

　　瑚，珊瑚，质美似玉。"瑚"是形声字，从玉，胡声。

　　"瑚"的本义是珊瑚。《说文》："瑚，珊瑚也。"

　　也可以用来指古宗庙盛黍稷的礼器。如"瑚簋"，是宗庙盛黍稷的礼器。如《论语·公冶长》："子贡问曰：'赐也何如？'子曰：'女，器也。'曰：'何器也？'曰：'瑚琏也。'"

　　用来比喻国家宝贵的人才。如清代孔尚任《桃花扇》："司筵执豆鲁诸生，尽是瑚琏选。"

（ hán ）

　　"琀"是会意字，放入死人口中之玉。从玉，从含，含亦声。

　　"琀"是古代塞在死者嘴里的珠玉，以不使死者空口，并希冀以玉石质坚色美的特性来保护尸体不化。如《说文》："琀，送死口中玉也。"又如《荀子·大略》："玉贝曰琀。"

　　也可作"含"。如《公羊传·文公五年》："含者何？口实也。"

瑚

瑚
小篆

瑚
楷书

琀

琀
小篆

琀
楷书

班

（ bān ）

"班"是会意字。金文像刀分玉石为两半。小篆的形体与金文基本相同。隶变后楷书写作"班"。

"班"的本义就是分剖瑞玉。用作名词，指分开人群而形成的组织。如"培训班""戏班"。"班"还有返回的意思。如"班师回朝"。

作量词时，一种用于人群。如《儒林外史》第三十二回："忙出来吩咐雇了两班脚子。"另一种用于定时开行的交通运输工具。如"航班""末班车"。按规定一天之内工作的一段时间也可叫"班"。如"早班""晚班"。

气

（ qì ）

"气"是象形字。甲骨文、金文的形体就像云气蒸腾上升的样子。小篆的形体承接甲骨文、金文。隶变后楷书写作"氣"。汉字简化后写作"气"。

"气"的本义为云气。如《史记·项羽本纪》："吾令人望其气，皆为龙虎，成五彩。"泛指一切气体。如"空气""天然气"。后又引申指天气、气象。如王羲之《兰亭集序》："是日也，天朗气清，惠风和畅。"

又引申指景象。如杜甫《秋兴八首》其一："玉露凋伤枫林树，巫山巫峡气萧森。""气"也指人的各种精神状态。如《孟子·公孙丑》："我知言，我善养吾浩然之气。"

士
（ shì ）

　　"士"是象形字。甲骨文像禾苗立于地上。金文增加了一横。小篆承接金文而来。隶变后楷书写作"士"。

　　士，会办事的人。数目从一开始，到十结束。由一、由十会意。孔子说："能够从众多的事物中推演归纳出一个简要的道理来的人就是士。"大凡士的部属都从士。

　　"士"的本义为插苗于地中。而在古代耕作插苗是男子之事，由此引申为男子的美称。

　　又引申指兵士。如战国时屈原《楚辞·九歌·国殇》："矢交坠兮士争先。"

中
（ zhōng ）

　　"中"是象形字。甲骨文像一面直立的旗帜，居中的"口"表示"中间"之意。金文、小篆变得更加美观。隶变后楷书写作"中"。

　　"中"的本义为内、里。如柳宗元《笼鹰词》："草中狸鼠足为患，一夕十顾惊且伤。"意思是，草里的狸鼠之类足以成为祸害，一夜之中多次张望回顾，不断受惊受伤。

　　由内、里引申为中间，一定范围内部适中的位置。如"居中"。

　　由内、里又可引申指内心。如三国时曹操《短歌行》："忧从中来，不可断绝。"

士

甲骨文

金文

小篆

楷书

中

甲骨文

金文

小篆

楷书

每 (měi)

　　"每"是个象形字，甲骨文是一个面朝左跪着的妇女之形，头饰盛美。金文的形体基本上与甲骨文相同。小篆变得更艺术了。隶变后楷书写作"每"。

　　《说文·中部》："每，艸盛上出也。从中，母声。"（每，形容草木茂盛上长的样子。从中，母声。）

　　"每"的本义是指头饰盛美。引申指植物茂盛。如"原田每每"。又表示每一，每次。如《论语·八佾》："子入太庙，每事问。"引申指经常。如"每每得手"。

熏 (xūn)

　　"熏"是会意字，金文上面像火烟冒出，中间是烟囱，四点表示烟苔，下面是火焰，会烟囱冒烟之意。隶变后楷书写作"熏"。

　　《说文·中部》："熏，是火烟上出也。从中，从黑。中黑，熏黑也。"（熏，是火烟向上冒出熏黑物体的意思。由中、由黑会意。中黑，火烟上升把物体熏黑。）

　　"熏"的本义为用烘笼烘烤。如陶弘景《许长史旧馆坛碑》："兰缸烈耀，金炉扬熏。"泛指用火、烟气等烤炙。如"熏肉"。又引申指气味浸润、侵袭。如鲍照《乐府八首·苦热行》："鄣气昼熏体，蔺露夜沾衣。"

甲骨文　金文　小篆　楷书

（zhī）

　　"芝"是形声字。小篆从艸（艹），之声。隶变后楷书写作"芝"。

　　《说文·艸部》："芝，神艸也。从艸，从之。"（芝，神草。从艸，之声。）

　　"芝"本义指一种真菌，生于枯木根际，菌柄长，菌盖肾形，多为赤色或紫色。古人认为是瑞草，服食可以成仙，所以又称灵芝。

　　"芝"也指香草白芷，古人常用来比喻高尚、美好的事物。如《世说新语·言语》："譬如芝兰玉树。"这里的"芝兰"就比喻优秀子弟。

（yǒu）

　　"莠"是形声字。小篆从艸，秀声。隶变后楷书写作"莠"。

　　《说文·艸部》："莠，禾粟下生莠。从艸，秀声，读若酉。"（莠，在禾粟之间生长的似禾非禾的东西叫"莠"。从艸，秀声。音读像"酉"字。）

　　"莠"的本义是一种田间生长的外形像禾苗的杂草，其穗上像狗尾巴的毛，也叫狗尾巴草。如《诗经·齐风·甫田》："惟莠骄骄。"意思是只有莠草长得十分茂盛。莠会妨碍禾苗生长，故引申为恶草的通称。又引申为坏、恶。如"良莠不齐"，意思是好的和坏的混杂在一起。

苏

蘇
小篆

蘇
楷书

苏
(sū)

"苏"是形声字，味辛如桂的茬类植物。从艸，稣声。

"苏"的本义是一种植物名。如紫苏或白苏的种子，称为苏子。又指须头向下垂的东西。如"流苏"。《玉台新咏·古诗为焦仲卿妻作》："金车玉作轮，踯躅青骢马，流苏金缕鞍。"

也是江苏省的简称。

作动词指从昏迷中醒过来。如《聊斋志异·促织》："近抚之，气息惙然。喜置榻上，半夜复苏。"

芋

芌
小篆

芋
楷书

芋
(yù)

"芋"是形声字。小篆从艸，于声。隶变后楷书写作"芋"。

"芋"的本义为芋头，是多年生草本植物，叶子大，地下块茎呈椭圆形，可供食用。如《史记·项羽本纪》："今岁饥民贫，士卒食芋菽，军无见粮。"意思是，如今正当荒年，人民贫困，士兵都只能吃芋头和菽子之类的，军队没有现成的粮食。

引申泛指马铃薯、甘薯等薯类植物。如"山芋""洋芋"。

苹
（ píng ）

苹
苹
小篆
苹
楷书

"苹"是会意兼形声字。小篆从艸，从平，会平浮于水面上的草之意，平兼表声。隶变后楷书写作"苹"，是"萍"的本字。

"苹"的本义为藾蒿。如《诗经·小雅·鹿鸣》："呦呦鹿鸣，食野之苹。"

通"萍"，指浮萍，没有根，浮在水面而生。如《大戴礼记·夏小正》："七月湟潦生苹。"郭璞注："水中浮萍，江东谓之藻，又其大者苹。"又通"蘋"，指苹果，植物类水果，具有丰富的营养成分。

蓝
（ lán ）

蓝
蓝
小篆
蓝
楷书

蓝，染青色的草。从艸，监声。

"蓝"本义是用作染青色的草，为蓼科一年生草本植物。又泛指叶含蓝汁可制蓝靛作染料的植物。如《荀子·劝学》："青，取之于蓝而青于蓝。"唐代白居易《忆江南》："春来江水绿如蓝。"

后指用靛青染成的颜色和晴天天空的颜色。如唐代杜甫《冬到金华山观》："上有蔚蓝天。"

也用作植物的名称。如"马蓝"。

143

苦
小篆

苦
楷书

苦
（ kǔ ）

"苦"是形声字。小篆从艸，古声。隶变后楷书写作"苦"。

"苦"的本义是苦菜，即荼。如《诗经·唐风·采苓》："采苦采苦，首阳之下。"荼的味道是苦的，故引申为苦味。如"苦尽甘来""酸甜苦辣"。

苦味令人难受，由此又引申为难受、痛苦。如杜甫《石壕吏》："吏呼一何怒，妇啼一何苦。""苦"还有竭力的意思。如"苦口婆心"，意思是善意地竭力加以劝说。

茅
金文

茅
小篆

茅
楷书

茅
（ máo ）

"茅"是形声字。小篆从艸，矛声。隶变后楷书写作"茅"。

"茅"的本义为草名，即白茅，俗称茅草。如"茅塞顿开"。《诗经·小雅·白华》："白华菅兮，白茅束兮。"《孟子·尽心下》："山径之蹊，间介然用之而成路；为间不用，则茅塞之矣。"唐代杜甫《茅屋为秋风所破歌》："卷我屋上三重茅。"

简陋的居住所在。如"茅舍"。茅房，既指用茅草盖的房屋，也是北方地区人们对厕所的俗称。

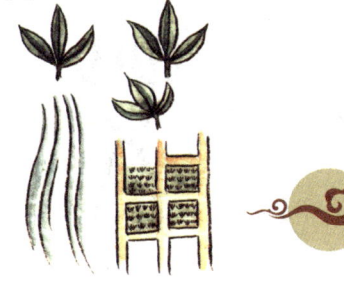 

蒲
(pú)

　　"蒲"是形声字。小篆从水艸，浦声。隶变后楷书写作"蒲"。

　　《说文·艸部》："蒲，水草也。可以作席。从艸，浦声。"（蒲，水草，可用来编织席子。从艸，浦声。）

　　"蒲"的本义为植物香蒲，是一种多年生草本植物，生于浅水或池沼中。如《诗经·陈风·泽陂》："彼泽之陂，有蒲与荷。"又指菖蒲。如"蒲节""蒲酒"。

苞
(bāo)

　　"苞"是形声字。小篆从艸，包声。隶变后楷书写作"苞"。

　　《说文·艸部》："苞，草也。南阳以为粗履。从艸，包声。"（苞，蔍草。南阳一带用来编织草鞋。从艸，包声。）

　　"苞"的本义为席草，可以用来制作席子和草鞋。如《礼记·曲礼下》："苞屦、扱衽、厌冠，不入公门。"引申指花未开时包着花骨朵的小叶片。如成语"含苞待放"，就是形容花朵将要开放时的形态。

艾

芆
小篆

艾
楷书

（ài）

"艾"是形声字。小篆从艸，乂声。隶变后楷书写作"艾"。

"艾"的本义为艾蒿，是一种多年生草本植物，嫩叶可食，叶子老了以后制成绒，可以供针灸用。又引申为美好、美丽的人。如"少艾"，指年轻漂亮的人。

秋天时艾叶上有层白霜，故"艾"引申为灰白色。如汪中《自序》："余玄发未艾，緊性难驯。"老人的头发是灰白色的，故又泛指年老的人。用作动词，表示停止、尽。如"方兴未艾"。

芸

芸
金文

芸
小篆

芸
楷书

（yún）

芸，芸香草。像首蓿草。形声字。从艸，云声。《淮南子》说：芸草可以死而复生。

"芸"的本义是香草名，也叫"芸香"。引申为书籍。如"芸帙""芸编""芸窗""芸馆""芸签"等。

又指古代藏书之所，如"芸苔"。亦指掌管图书的官署，即秘书省。

作动词时，有除掉杂草的意思，同"耘"。如《论语·微子》："植其仗而芸。"

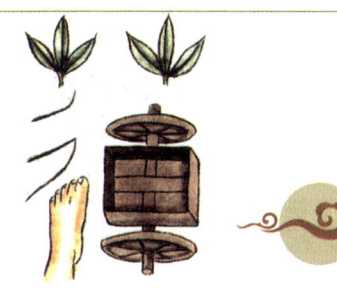

莲
（lián）

小篆

莲
楷书

　　莲，荷花的籽实或者花。是形声字，从艹，连声。

　　"莲"既指莲子、莲心，也指芙蓉、芙蕖、菡萏等花。如宋代周敦颐《爱莲说》："予独爱莲出淤泥而不染。"

　　东晋高僧居庐山东林寺时结成的文社，因寺内有白莲花称为莲社。由净土宗始祖慧远所创的修极乐净土的门派，称为莲宗。

荷
（hé）

荷
小篆

荷
楷书

　　"荷"是形声字。小篆从艹，何声。隶变后楷书写作"荷"。

　　《说文·艹部》："荷，芙蕖叶，从艹，何声。"（荷，芙蕖的叶。从艹，何声。）

　　"荷"的本义是莲叶，也指莲花，读作 hé。《洛阳伽蓝记》："朱荷出池，绿萍浮水。"所谓"朱荷"，指红色的荷花。

　　又读 hè，表示担或扛。如"荷枪实弹"。由担、扛又引申为担负。张衡《东京赋》："荷天下之重任。"意思是担负起天下的重任。

蔚

（wèi）

蔚
小篆

蔚
楷书

"蔚"是形声字。小篆从艸，尉声。隶变后楷书写作"蔚"。

《说文·艸部》："蔚，牡蒿。从艸，尉声。"（蔚，雄蒿。从艸，尉声。）

"蔚"的本义是牡蒿，菊类植物，可入药。如《诗经·小雅·蓼莪》："蓼蓼者莪，匪我伊蔚。"又表示草木茂盛的样子。还用来形容云雾兴起的样子。如"云蒸霞蔚"。

又引申为有文采的、辞采华美的。《汉书·叙传下》："中称赏司马相如为'蔚为辞宗，赋颂之首'。"还表示盛大。如"蔚为大观"。

菌

（jùn）

菌
小篆

菌
楷书

"菌"是形声兼会意字。小篆从艸，囷声，囷兼表圆囷之意。隶变后楷书写作"菌"。

《说文·艸部》："菌，地蕈也。从艸，囷声。"（菌，地蕈。从艸，囷声。）

"菌"读作jùn，本义为蕈，是形状像伞的菌类植物，有的可以食用。如《庄子·逍遥游》："朝菌不知晦朔，蟪蛄不知春秋。"

又读作jūn，是低等植物的一大类，靠寄生生活。这种菌的种类很多。如"细菌""真菌"。

（ jīng ）

荆 小篆

荆 楷书

　　"荆"是会意兼形声字。金文从刀割草；或另加井声。小篆另加义符"艸"，隶变后楷书写作"荆"，讹为从艸，刑声。

　　"荆"的本义是一种灌木名。枝丛生，花蓝紫色，枝条柔韧，适宜编筐和篮子等。荆木坚韧，古代多用来制作刑杖，所以引申为刑杖。如"负荆请罪"。

　　"荆"还可以用来制作钗。古代家境贫寒的妇女，买不起金钗银钿，就把荆枝当钗别发髻，用粗布来制作衣裙，所谓"荆钗布裙"就是这个意思。"拙荆"就是对妻子的谦称。

（ zhuó ）

茁 小篆

茁 楷书

　　"茁"是形声字。小篆从艸，出声。隶变后楷书写作"茁"。

　　《说文·艸部》："茁，艸初生出地貌。从艸，出声。"（茁，草木初生长时冒出地面的样子。从艸，出声。）

　　"茁"的本义为草初生出地的样子。如宋代陈允平《过秦楼》："向东风种就，一亭兰茁，玉香初茂。"引申泛指生出、生长。如宋代苏轼《僧惠勤初罢僧职》："霜髭茁病骨，饥坐听午钟。"又引申指生长壮实。如"茁壮"。

149

英

英

小篆

英

楷书

英
（yīng）

"英"是形声字。小篆从艸，央声。隶变后楷书写作"英"。

"英"的本义是花。如晋代陶渊明《桃花源记》："芳草鲜美，落英缤纷。"花是美好的，所以引申为美好、杰出、优异、超众不凡。如生前创立了伟大事业的死者，被尊称为"英魂""英灵"。又引申为精华。如唐代韩愈《进学解》："沉浸酿郁，含英咀华。"意思就是沉浸在书籍中，探求书中的精粹。

芒

芒

小篆

芒

楷书

芒
（máng）

"芒"是会意兼形声字。小篆从艸，从亡（无），会植物上似有似无的细刺之意，亡兼表声。隶变后楷书写作"芒"。

"芒"的本义是指某些禾本科植物籽实外壳上针状的尖毛。如"麦芒"。引申泛指尖刺、尖端。如汉代陈宠《清盗源疏》："堤溃蚁孔，气泄针芒，是以明者慎微，智者识几。"

又引申指刀剑尖端和锋刃。如"不露锋芒""锋芒毕露"。又引申指光芒，向四周放射的强烈光线。如唐代刘禹锡《柳河东集序》："粲焉如繁星丽天，而芒寒色正。"

（ mào ）

茂
小篆

茂
楷书

"茂"是形声字。小篆从艸，戊声。隶变后楷书写作"茂"。

"茂"的本义为草木繁盛。如三国时曹操《观沧海》："树木丛生，百草丰茂。"泛指大、盛大。如《三国志·吴书·诸葛恪传》："以旌茂功，以慰劬劳。"其中"茂功"指盛大的功绩。

又引申指美好、优秀。如《诗经·齐风·还》："子之茂兮，遭我乎狃之道兮。"

（ huì ）

荟
小篆

荟
楷书

荟，草多的样子。从艸，會声。《诗经》说："像草木一般繁茂啊（南山之上早晨云气升腾的情景）。"

"荟"的本义是草木繁盛。如《诗经·曹风·候人》："荟兮蔚兮。"又如《孙子兵法·行军篇》："山林翳荟者，必谨复索之，此伏奸之所处也。"后引申为会集，多用于人才或精美之物。如鲁迅《书信集·致章廷谦》："于会场中，一览了荟萃于上海的革命作家，然而以我来看，皆茄花色。"

也指云雾弥漫的样子。

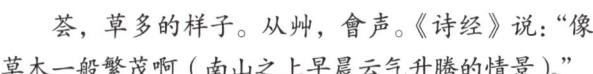

苍

蒼
小篆

蒼
楷书

苗

𤊾
小篆

苗
楷书

（ cāng ）

苍，草的颜色。形声字，从艸，仓声。

"苍"的本义是草色，后引申为青黑色。如《诗经·秦风·黄鸟》："彼苍者天。"《广雅》："苍，青也。"又如《墨子·所染》："染于苍则苍，染于黄则黄。"

又指老年人。如"苍头"。

指灰白的颜色。如唐代白居易《卖炭翁》："满面尘灰烟火色，两鬓苍苍十指黑。"

指年老。如"苍老"。

指平民百姓。如"苍生"。

（ miáo ）

"苗"是会意字。小篆从艸，从田，用生长在田地里的草会禾苗之意。隶变后楷书写作"苗"。

《说文·艸部》："苗，草生于田者。从艸，从田。"（苗，生长在田里的禾。由艸、由田会意。）

"苗"的本义是庄稼以及一般植物的幼株。如《诗经·王风·黍离》："彼黍离离，彼稷之苗。"引申特指某些蔬菜的嫩茎或嫩叶。如"蒜苗""豌豆苗儿"。又从植物扩展到动物，表示某些用于饲养的初生的动物。如"鱼苗""猪苗"。

（huāng）

金文

小篆

楷书

"荒"是会意兼形声字。小篆从艸，从亢（水广），会草长满田地之意，亢兼表声。隶变后楷书写作"荒"。

《说文·艸部》："荒，芜也。从艸，亢声。一曰：草淹地也。"（荒，荒芜。从艸，亢声。一说：杂草掩覆田地叫荒。）

"荒"的本义是荒芜。引申指没有开垦或耕种的土地。如陶渊明《归去来兮辞》："三径就荒，松菊犹存。"边远地区多荒芜，故引申指边远地区。如"蛮荒"。又引申指人烟稀少或没有人烟。如"荒郊野外""荒漠"。

（cài）

小篆

楷书

"菜"是形声兼会意字。小篆从艸，采声，采兼表采食之意。隶变后楷书写作"菜"。

《说文·艸部》："菜，草之可食者。从艸，采声。"（菜，可供食用的草。从艸，采声。）

"菜"的本义为蔬菜。如"野菜""青菜"。引申为烹调好的蔬菜、肉类、鱼类等佐餐食品的统称。如"中国菜""川菜"。又特指油菜，开黄色小花，种子可以榨油。如"菜油""菜籽"。

芳

小篆

芳

楷书

药

小篆

藥

楷书

芳

（fāng）

"芳"是形声字。从艸，方声。指草的香气。

"芳"的本义是花草。如宋代欧阳修《醉翁亭记》："野芳发而幽香。"指香气。如《说文》："芳，草香也。"

比喻有好的名声或德行。如汉代蔡邕《刘镇南碑》："昭示来世，垂芳后昆。"

比喻有高尚德行的人。如《楚辞·屈原·涉江》："腥臊并御，芳不得薄兮。"

对人的美称。如《红楼梦》："原来今日也是姐姐的芳诞。"

药

（yào）

"药"是形声字。从艸，乐声。《说文》："药，治病草也。""药"的本义是治病的草。

"药"原是指治病的物品。如《史记》："求仙人不死之药。"《周礼·疾医》："以五味五谷五药养其病。"

特指火药。如明代宋应星《天工开物》："凡鸟铳长约三尺，铁管载药。"

用药治疗。如《诗经·大雅·板》："多将熇熇，不可救药。"又如《孔子家语·正论》："不如吾闻而药之也。"

毒死。如"药死"。

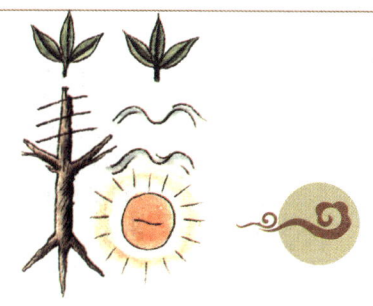 

藉
(jiè)

　　藉，祭祀时垫在地上的东西。另一义说，草没有编结好，（又杂乱又繁多，）叫狼藉。从艸，耤声。

　　有杂乱的意思。如唐代柳宗元《田家》："公门少推恕，鞭朴恣狼藉。"

　　藉田，即古代天子、诸侯征用民力耕种的田。如《礼记》："天子为藉千亩，诸侯为藉百亩。"

　　有践踏、欺凌的意思。如明代高启《书博鸡者事》："藉贫屡者。"《吕氏春秋》："杀夫子者无罪，藉夫子者不禁。"

　　耕种藉田。如唐代柳宗元《非国语上》："古之必藉千亩者，礼之饰也。"

若
(ruò)

　　若，择菜。由艸、右会意；右表示手。另一义说：若是杜若，一种香草。

　　引申为选择。如《晋语》："秦穆公曰：'夫晋国之乱，吾谁使先若夫二公子而立之，以为朝夕之急。'"

　　相当于。如唐代韩愈《师说》："彼与彼年相若也。"《孟子》："布帛长短同，则贾相若。"

　　及、等到。如《国语》："病未若死。"

　　第二人称代词你、你们。如《小尔雅》："若，汝也。"

茹

茹
小篆

茹
楷书

茹
（ rú ）

"茹"是形声字。从艸，如声。本义是吃。另一种说本义是喂牛马。

"茹"的本义是吃。如《方言》："茹，食也。吴越之间，凡贪饮食者谓之茹。《孟子·尽心下》："舜之饭糗茹草也，若将终身焉。"《礼记·礼运》："饮其血，茹其毛。"

可以解释为喂牛马。如《玉篇》："茹，饭牛也。"

引申为忍受。如"含辛茹苦"。

可解释为包含。如唐代皇甫湜《韩文公墓铭》："茹古涵今，无有端涯。"

卉

卉
小篆

卉
楷书

卉
（ huì ）

"卉"是象形字。小篆像众多的草在蓬勃生长的样子。隶变后楷书写作"卉"。

《说文·艸部》："卉，草之总名也。从艸、屮。"（卉，草的总称。从艸、屮。）

"卉"的本义为百草的总称。如《诗经·小雅·出车》："春日迟迟，卉木萋萋。"

也泛指草木。如张衡《思玄赋》："卉既凋而已育。"意思是草木看起来是凋零了，但实际上已经在孕育了。又特指花。

苟
（gǒu）

"苟"是形声字。小篆从艸，于声。隶变后楷书写作"苟"。

"苟"的本义为一种草名。借用以表示草率、随便。如"不苟言笑""一丝不苟"。引申指不正当的、不合礼法的。如"苟且之事""苟合"等。

用作副词，表示时间，意为姑且、暂且。如"苟且偷生""苟延残喘"。又表示祈望，相当于"希望"。如《诗经·君子于役》中有"苟无饥渴"之句，意思就是希望再不忍饥挨饿。

苇
（wěi）

"苇"是形声字。从艸，韦声。本义是芦苇。《说文》："苇，大葭也。"

"苇"的本义是长大的葭。如《段注》："犹言葭之已秀者。"宋代沈括《梦溪补笔谈》："予今详诸家所释，葭、芦、苇，皆芦也；则菼、薍、萑，自当是荻耳。"《诗经·豳风·七月》："八月萑苇。"孔颖达疏："初生为葭，长大为芦，成则名为苇。"

也指用苇草和蒲草编成的事物。如"苇带"。

荔

荔 小篆

荔 楷书

荔（lì）

荔，荔草。像蒲草却比蒲草小，根可以作刷子。从艸，劦声。

"荔"本是草名，是一种多年生草本植物，须根长而坚硬，叶片狭线形，花蓝色。花及种子可入药，叶可造纸，根可制刷子。也叫马兰或马荔。桂馥《义证》："程瑶田曰：'余居丰润，二三月间，见草似幽兰，丛生，长者二尺许，开花，藕褐色，亦略似兰，土人呼为马莲，亦呼为马兰，其为《月令》之荔也。'"

也是水果荔枝的简称。

蒿

蒿 甲骨文

蒿 金文

蒿 小篆

蒿 楷书

蒿（hāo）

"蒿"是形声兼会意字。甲骨文从艸，高声，高兼表丰茂之意。金文大致相同。小篆承之，省简并整齐化。隶变后楷书写作"蒿"。

《说文·艸部》："蒿，菣也。从艸，高声。"（蒿，青蒿。从艸，高声。）

"蒿"的本义为草名。有白蒿、青蒿、牡蒿、臭蒿等多种。又特指青蒿。如《诗经·小雅·鹿鸣》："呦呦鹿鸣，食野之蒿。"又指蒿子，蒿属的一种植物。

用作动词，指消耗、枯竭、尽。如《庄子·骈拇》："今世之仁人，蒿目而忧世之患。"

芙
（fú）

　　"芙"是形声字。小篆从艸，夫声。隶变后楷书写作"芙"。

　　《说文·艸部》："芙，芙蓉也。从艸，夫声。"（芙，芙蓉。从艸，夫声。）

　　"芙蓉"是荷花的别名。如唐代白居易《长恨歌》："芙蓉如面柳如眉，对此如何不泪垂。"

　　又指木芙蓉，一种落叶大灌木，秋季开花花朵大，有柄，有红、白等颜色，晚上变深红，可供观赏，叶、花、根皆可入药。如宋代苏轼《和述古拒霜花》："千林扫作一番黄，只有芙蓉独自芳。"

莫
（mò）

　　"莫"是会意字。甲骨文像草中间有个太阳，会太阳落入草中之意，表示天色已晚。金文、小篆结构都与甲骨文相似。隶变后楷书写作"莫"。

　　《说文·茻部》："莫，日且冥也。从日在茻中。"（莫，太阳将要没落。由"日"在"茻"中会意。）

　　"莫"的本义为日落的时候。如《诗经·齐风·东方未明》："不能辰夜，不夙则莫。"后来因为音近的关系，"莫"字被假借为否定词使用，指不要、没有谁。于是要表示太阳下山的意义时，只好在"莫"下加上个"日"字写作"暮"。这样，"莫"与"暮"就有了明确的分工，"暮"只表示日落的时候。

小

（xiǎo）

甲骨文　金文　小篆　楷书

"小"是会意字。甲骨文当中是一块细长之物，其两侧是一个"八"字，会一物分为二则比原物小之意。金文、小篆的形体与甲骨文相类。隶变后楷书写作"小"。

《说文·小部》："小，物之微也。从八，丨见而分之。凡小之属皆从小。"［小，物体微小。从八（表示分别）。小物出现，就分解它。大凡小的部属都从小。］

"小"的本义与"大"相反。如《庄子·逍遥游》："惠（蟪）蛄不知春秋，此小年也。"这里"小年"解为寿命短促。意思是蟪蛄连春秋都不知道，因为它的寿命太短了。

少

（shǎo）

甲骨文　金文　小篆　楷书

"少"是象形字。上古"少"与"小"通用。甲骨文仅四个小点，象小颗粒之形。金文稍变其形。小篆承接金文，线条化、整齐化。隶变后楷书写作"少"。

《说文·小部》："少，不多也。从小，丿声。"（少，不多。从小，丿声。）

"少"的本义指细小的颗粒，读作 shǎo。如《孟子·梁惠王上》："邻国之民不加少，寡人之民不加多，何也？"

引申为稍微。如《战国策·赵策四》："太后之色少解。"

又读作 shào，一般是用作形容词或者动词，指年幼、年轻、少年、青年。

八
（ bā ）

"八"是会意字。甲骨文、金文、小篆都像一物被分成两半。隶变后楷书写作"八"。

《说文·八部》："八，别也。象分别相背之形。凡八之属皆从八。"（八，分别。像分别相背离的形状。大凡八的部属都从八。）

"八"的本义是分，后借作数词。如唐代李商隐《瑶池》："八骏日行三万里，穆王何事不重来。"其中的"八骏"相传为周穆王的八匹名马。又如《战国策·齐策》："邹忌修八尺有余。"《战国策·燕策》："秦王复击轲，被八创。"

表示次序，即第八。如《诗经·豳风·七月》："八月在宇。"

尚
（ shàng ）

"尚"为象形字。甲骨文下部像一个有窗户的建筑物，上有两横，象烟气上腾形。金文和小篆都承接甲骨文而来。隶变后楷书写作"尚"。

"尚"的本义为烟气自窗户上腾。由此可以引申为超过、高出。又引申指古远、久远。如"尚远"，意为久远。进而引申为崇尚、尊重。如"尚武""尚贤"。

"尚"用作虚词，表示尚且、还。如"尚不可知""尚小"。

为帝王管理事物也称为"尚"。如"尚食"（掌理帝王膳食的人）、"尚衣"（掌管帝王衣服的人）、"尚书"（执掌帝王文书奏章的人）。

八
甲骨文

八
金文

八
小篆

八
楷书

尚
甲骨文

尚
金文

尚
小篆

尚
楷书

牛

甲骨文

金文

小篆

楷书

牛
（niú）

"牛"是象形字。甲骨文象正面看的牛头之形。金文大致相同。小篆整齐化。隶变后楷书写作"牛"。

《说文·牛部》："牛，大牲也。牛，件也；件，事理也。象角头三、封、尾之形。凡牛之属皆从牛。"（牛，大的牲畜。像两角和头三样东西，像肩甲隆起的地方和尾巴的形状。大凡牛的部属都从牛。）

"牛"的本义为家畜之一的牛。如《敕勒歌》："风吹草低见牛羊。"

"牛"也是星宿名。如王勃《滕王阁序》："物华天宝，龙光射斗牛之墟。"这里的"斗牛"即指二十八宿中的斗宿和牛宿。

牲

甲骨文

金文

小篆

楷书

牲
（shēng）

"牲"是形声字。甲骨文左边为一只捆绑的羊，右边从生。金文从牛，从生。隶变后楷书写作"牲"。

《说文·牛部》："牲，牛完全。从牛，生声。"（牲，指供祭祀用的完整的牛。从牛，生声。）

"牲"的本义是指祭祀用的牛、羊、猪。也有"六牲"之谓，即牛、羊、豕（猪）、马、犬、鸡。后来泛指牛、马、驴、骡等较有力量的家畜，统称为"牲口"。如《周礼·庖人》："始养之曰畜，将用之曰牲，是牲者，祭祀之牛也。"

（qiān）

 小篆

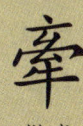 楷书

　　"牵"是会意兼形声字。小篆从牛，从玄（绳），从冂（表前引之象），会手拉缰绳向前引牛之意，玄兼表声。隶变后楷书写作"牵"。汉字简化后写作"牵"。

　　《说文·牛部》："牵，引前也。从牛，象引牛之縻也。玄声。"（牵，牵引向前。从牛，冂像牵引牛的绳索。玄表声。）

　　"牵"的本义为拉引向前。如"牵一发而动全身"。

　　由牵拉引申指连带、关涉。如汉代张衡《西京赋》："夫人在阳则舒，在阴则惨，此牵乎天者也。"

（láo）

 甲骨文

 金文

 小篆

 楷书

　　"牢"是会意字。甲骨文里面是个"牛"字，外面像养牛的圈。金文的形体与甲骨文大致相同。隶变后楷书写作"牢"。

　　牢，畜养牛马的栏圈。由牛字和冬字省去下面的仌（即冰字）会意。取四周包围的意思。

　　"牢"的本义为豢养牛马等牲畜的栏圈。如"亡羊补牢"。

　　由豢养牲畜的圈栏引申为关押犯人的监狱。如"画地为牢"。

　　圈养牲畜的栏圈必须非常结实，故又引申指坚固、稳妥可靠。如"牢固""牢不可破"。

犀

犀（xī）

金文

小篆

楷书

"犀"是形声字。金文从牛，尾声。小篆整齐化。隶变后楷书写作"犀"。

《说文·牛部》："犀，南徼外牛。一角在鼻，一角在顶，似豕。从牛，尾声。"（犀，南方远境外出产的牛。一只角在鼻子上，一只角在额顶上，头像猪。从牛，尾声。）

"犀"的本义为犀牛。又指犀牛皮。如"犀帖"指薄犀皮制的帷幔。还指犀牛角及其所制的器件。如"心有灵犀"。

头顶骨隆起如犀角，脚掌上有龟背纹，称为"犀顶龟纹"，是所谓的贵人之相。

物

物（wù）

甲骨文

小篆

楷书

"物"是会意兼形声字。小篆从牛从勿（色彩）会意，勿兼表声。隶变后楷书写作"物"。

《说文·牛部》："物，万物也。牛为大物；天地之数，起于牵牛。故从牛，勿声。"（物，万物。牛是万物中的大物；天地间的事数，兴起于牵牛而耕。所以从牛，勿声。）

"物"的本义为杂色牛。引申指牲畜的种类、品级。进而引申指杂色旗、杂色帛。

由各种形色引申指所有客观存在的东西。如"暴殄天物""身外之物"。

告

（ gào ）

"告"是会意字。甲骨文从口，从牛，会用牛羊祭祀祷告神灵求福之意。金文大致相同，小篆整齐化。隶变后楷书写作"告"。

《说文·告部》："告，牛触人，角箸横木，所以告人也。从口，从牛。"（牛喜欢抵触人，在牛角上施加横木，是用以告诉人们的标志。由口、由牛会意。）

"告"的本义为向神灵祈祷、诉说。如"祷告"。祷告意在求福，故引申指请求。如《礼记·曲礼上》："夫为人子者，出必告。"又引申指报告、上报。如《诗经·齐风·南山》："取妻如之何？必告父母。"

口

（ kǒu ）

"口"是象形字。甲骨文、金文、小篆的形体都像一个人开口笑的样子。隶变楷书后写作"口"。

《说文·口部》："口，人所以言食也。象形。凡口之属皆从口。"（口，人用来说话饮食的器官。象形。大凡口的部属都从口。）

"口"的本义就是指人的嘴巴。一人一口，故引申指人口。如《管子·海王》："十口之家，十人食盐。"由进食说话的通道，又引申为孔穴及容器内外相通的地方。如"瓶口""井口"。还可引申指破裂的地方。如"伤口""疮口"。用作量词，表示物品的件数。如"一口剑""一口锅"。

吻

吻
小篆

吻
楷书

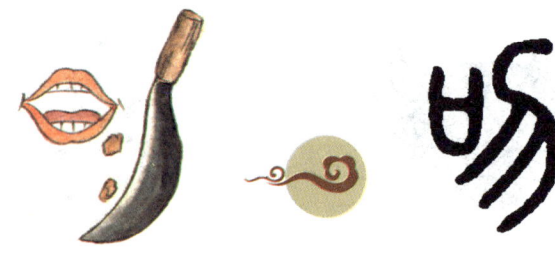

（wěn）

"吻"是形声字。小篆从口，勿声。隶变后楷书写作"吻"。

《说文·口部》："吻，口边也。从口，勿声。"（吻，嘴唇。从口，勿声。）

"吻"的本义为嘴唇。如《论衡·率性》："扬唇吻之音，聆贤圣之耳。"也指动物的嘴。如"象有长吻，猪有短吻"。又引申指用嘴唇接触，表示喜爱。如"亲吻"。

吞

吞
小篆

吞
楷书

（tūn）

"吞"是形声字。小篆从口，天声。隶变后楷体写作"吞"。

《说文·口部》："吞，咽也。从口，天声。"（吞，咽下。从口，天声。）

"吞"的本义为没有咀嚼或细嚼就整块或成块儿地咽下。如"囫囵吞枣"。引申指容纳、包括。如宋代范仲淹《岳阳楼记》："衔远山，吞长江，浩浩汤汤，横无际涯。"又引申比喻吞并、消灭。如《战国策·楚策一》："夫秦，虎狼之国也，有吞天下之心。"

咳
（hái）

咳
呀 金文
呀 小篆
咳 楷书

"咳"是形声字。小篆从口，亥声。咳，小儿笑的样子。

《说文·口部》："咳，小儿笑也。从口，亥声。孩，古文咳，从子。"（咳，婴儿笑。从口，亥声。孩，古文"咳"字，从子。）

"咳"的本义为婴儿笑，读作hái，是"孩"的异体字。后人用"儿"来称呼"孩"。

借作"欬"，表示咳嗽，读作ké。如宋代苏轼《石钟山记》："又有若老人咳且笑于山谷中者。"引申为叹息。如"咳声叹气"。

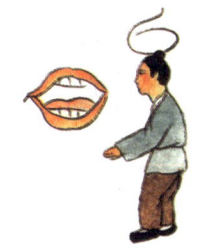

吮
（shǔn）

吮
吮 小篆
吮 楷书

"吮"是形声字。小篆从口，允声。隶变后楷书写作"吮"。

《说文·口部》："吮，欶也。从口，允声。"（吮，用口含吸。从口，允声。）

"吮"的本义为用口含吸。如唐代李白《蜀道难》："朝避猛虎，夕避长蛇，磨牙吮血，杀人如麻。"又引申指舐。如宋代王禹偁《一品孙郑昱》："脱末秉金钺，吮笔乘朱轩。"其中的"吮笔"是指口含笔毫，借指构思为文或绘画。

叽

（jī）

叽，稍微吃一点。从口，幾声。《正字通·口部》："即少食。古小少字通。"

"叽"的本义是稍微吃一点。如《说文》："嘰，小食也。从口，幾声。"《大人赋》："叽琼华。"《礼记·玉藻》："进嘰（叽）进羞。"《史记·司马相如列传》："呼吸沆瀣兮餐朝霞，噍咀芝英兮叽琼华。"

有悲叹的意思。如《淮南子·缪称训》："纣为象箸而箕子叽。"

形容鸟声、说话声或各种嘈杂声。如"叽叽喳喳"。

形容小声说话。如"叽叽咕咕"。

左侧栏：嘰 小篆　嘰 楷书

吹

（chuī）

"吹"是会意字。甲骨文从口，从欠（像人张口哈欠），会人撮口急促出气之意。小篆整齐化。隶变后楷书写作"吹"。

"吹"的本义是用口吹气。如《庄子·逍遥游》："尘埃也，生物之以息相吹也。"引申为大自然界的吹风。如五代冯延巳《谒金门》："风乍起，吹皱一池春水。"引申指吹奏乐器。如《韩非子·内储说上》："齐宣王使人吹竽，必三百人。"又如"吹手"（吹鼓手）、"吹打"（吹打乐器）。

又引申为关系破裂。如"他们俩吹了"。

"吹"还可以表示说大话、自夸。如"吹牛""吹嘘"。

左侧栏：吹 甲骨文　吹 金文　吹 小篆　吹 楷书

命 (mìng)

"命"是会意字。甲骨文同"令"。金文增加义符"口",突出发布之意。于是两个字出现分化。隶变后楷书写作"命"。

《说文·口部》:"命,使也。从口,从令。"(命,使令。由口、由令会意。)

"命"的本义为指派、发号。如《列子·汤问》:"命夸娥氏二子负二山。"引申指命令、指示。如《论语·子路》:"使于四方,不辱君命。"

古人认为人的穷通福祸、社会的兴衰更替是上天的安排,"命"由此引申指天命、命运。又引申指生命或性命。如《古诗为焦仲卿妻作》:"命如南山石,四体康且直。"

召 (zhào)

"召"是形声字。甲骨文从口(表示呼唤或打招呼),刀声。金文大致相同。小篆的形体整齐化、符号化。隶变后楷书写作"召"。

《说文·口部》:"召,呼也。从口,刀声。"(召,呼唤。从口,刀声。)

"召"的本义为呼唤、召唤,用言语来叫人。如俗语"召之即来,挥之即去",是一经召唤立即就来,手一挥就去,形容非常听从使唤。

由呼唤招来又可以引申指征召来授予官职或另有调用。如《史记·李将军列传》:"于是天子乃召拜(李)广为右北平太守。"

命

甲骨文

命

金文

命

小篆

命

楷书

召

甲骨文

召

金文

召

小篆

召

楷书

169

唱

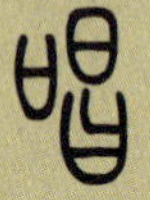
小篆

唱
楷书

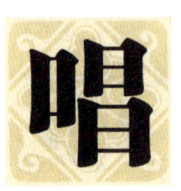

唱

（chàng）

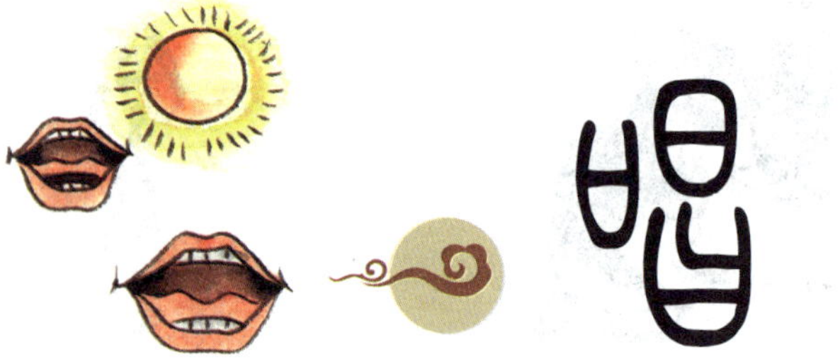

“唱”是形声字。小篆从口，从昌。隶变后楷书写作“唱”。

“唱”的本义为领唱、领奏。如陈叔方《颍川语小》下卷：“呼应者一唱一和，律吕相宜以成文也。”引申指倡导、发起，此义后写作“倡”。

又引申指歌唱、唱歌。如唐代杜牧《泊秦淮》：“商女不知亡国恨，隔江犹唱后庭花。”也指吟诵。如唐代王建《霓裳词》之二：“一声声向天头落，效得仙人夜唱经。”

听

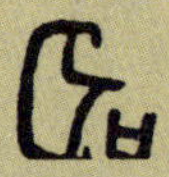
甲骨文

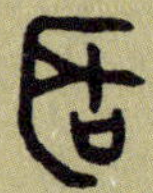
金文

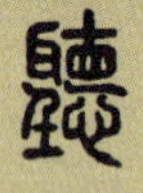
小篆

聽
楷书

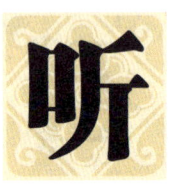

听

（tīng）

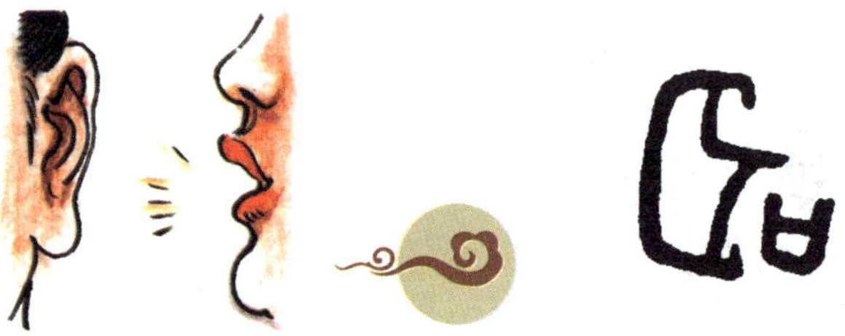

“听”是会意兼形声字。甲骨文从耳，从口，会一人用口说，一人用耳听之意。小篆变得复杂化了，隶变后楷书写作“聽”，汉字简化后写作“听”。

《说文·口部》：“聽，聆也。从耳，壬声。”（聽，声音通顺于耳。由耳会意，壬声。）

“听”的本义是用耳朵感受外界的声音。

《说文·口部》：“听，笑皃。从口，斤声。”（听，笑吟吟的样子。从口，斤声。）

“听”的本义为笑吟吟的样子。如《史记·司马相如列传》：“于是公听然而笑。”

启
（ qǐ ）

　　"启"是会意字。甲骨文的左边是一只手，右边是一扇门，下部为口，会把门开了一个口之意。金文大体相同，小篆承接金文"。

　　《说文·攴部》："启，开也。从户，从口。"（启，开。由户、口会意。）

　　"启"的本义是开、打开。如《左传·襄公二十五年》："门启而入，枕尸股而哭。"引申为开导。如"启蒙""启发"。又引申指开始。如"启用"。

右
（ yòu ）

　　"右"是会意字。甲骨文字形像一个人手捧祭品于祭台前，会求神保佑之意。金文、小篆都直接由甲骨文演化而来。隶变后楷书写作"右"。

　　《说文·口部》："右，助也。从口，从又。"（右，帮助。由口、由又会意。）

　　"右"是"祐"的本字，本义指神保佑，引申指帮助。

　　古代以右为上。"右姓"指世家大族；"右职"指重要的职位。古时候，东方和西方也往往用左方和右方代之。如"陇右"就是指"陇西"。

吉

甲骨文

吉

金文

吉

小篆

吉

楷书

周

周

甲骨文

周

金文

周

小篆

周

楷书

吉

（ jí ）

"吉"是会意字，甲骨文上面像盛满事物的器物，下面是供桌一类的东西，表示家有吉庆。金文、小篆承接甲骨文。隶变后楷书写作"吉"。

《说文·口部》："吉，善也。从士、口。"（吉，美好吉祥。由士、口会意。）

"吉"的本义为吉祥、吉利。如"大吉大利"。引申为善、美好。如唐代杜甫《忆昔》之二："九州道路无豺虎，远行不劳吉日出。"

《礼记·曲礼》："吉事先近日。"《仪礼·士冠礼》："令月、吉日。"《周礼·大宗伯》："吉礼大祝。三曰吉祝，五曰吉拜。"《易·系辞》："吉人之辞寡。"战国时屈原《东皇太一》："吉日兮辰良。"

周

（ zhōu ）

"周"是象形字。甲骨文像在玉片上雕刻出纹饰，四点则象征雕刻的图画和花纹有疏密。金文在其下增加了一个"口"，隶变后楷书写作"周"。

《说文·口部》："周，密也。从用、口。"（周，周密。由用、口会意。）

"周"的本义为周密、周到，没有疏漏。如《汉书·张安世传》："（张安世）职典枢机，以谨慎周密自著。"

由周密引申为周遍、遍及。如《史记·秦始皇本纪》："亲巡天下，周览远方。"大意是亲自巡视天下，周遍地观察远方的形势。

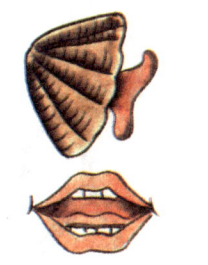

唇
（ chún ）

唇
金文

唇
小篆

脣
楷书

"唇"是形声字。小篆，从月（肉），辰声。隶变后楷书写作"脣"。汉字简化后写作"唇"。

《说文·口部》："脣，口耑也。从肉，辰声。"（唇，口的边缘。从肉，辰声。）

"唇"的本义为嘴唇。古人常以"唇红齿白"赞人面容俊美，这里的"唇"指的就是嘴唇。

引申指边缘。如宋代沈括《梦溪笔谈》："用胶泥刻字，薄如钱唇。"指的就是用胶泥制成的模子，薄得像铜钱边一样。

哭
（ kū ）

哭
甲骨文

哭
金文

哭
小篆

哭
楷书

"哭"是会意字。甲骨文字形会众人喧哭于桑枝之下。古代丧事用桑枝作标志，现在办丧事时用的纸幡，就是用桑枝作标志。隶变后楷书写作"哭"。

《说文·哭部》："哭，哀声也。从叩，狱省声。凡哭之属皆从哭。"（哭，悲哀的声音。从叩，狱省声。大凡哭的部属都从哭。）

"哭"的本义为哭丧。如《论语·先进》："颜渊死，子哭之恸。"引申为吊唁。如《汉书·王莽传》："则哭以厌之。"泛指流泪。如"哭泣"。

唱歌。如《淮南子·览冥训》："昔雍门子以哭见于孟尝君。"

走

甲骨文

金文

小篆

楷书

超

小篆

楷书

走
（zǒu）

"走"是会意字。金文上部像摆动两臂跑步的人形，下部是一只大脚（止），会人在跑之意。古代走就是跑的意思。隶变后楷书写作"走"。

《说文·走部》："走，趋也。从夭止。夭止者屈也。凡走之属皆从走。"（走，跑。由夭、由止会意。"夭止"的意思是（因为跑得快），腿脚弯曲。大凡走的部属都从走。）

"走"的本义为跑。如《木兰诗》："双兔傍地走，安能辨我是雄雌。"

信息、秘密的"跑"，即是泄漏的意思。如"说走了嘴"。进一步引申指改变。如"走样"。

作名词，泛指兽类。如张衡《西京赋》："上无逸飞，下无遗走。"

超
（chāo）

"超"为形声字。小篆从走，召声。隶变后楷书写作"超"。

《说文·走部》："超，跳也。从走，召声。"（超，跳跃。从走，召声。）

"超"的本义为跳过、跃上。如《孟子·梁惠王上》："挟太（泰）山以超北海"。由此引申指超过、胜过。如"超常""超额"。

任何事物都有个上限，跳过上限就是超寻常的、不受世俗限制的。如"超凡脱俗"。

越
（ yuè ）

越 小篆

越 楷书

　　"越"是形声字。小篆从走，戉声。隶变后楷书写作"越"。

　　《说文·走部》："越，度也。从走，戉声。"（越，度过。从走，戉声。）

　　"越"的本义为跨过、跳过。如"越陌度阡"。跨过一定界限，就意味着超出、超过。如"越职"。引申指激昂、远扬。如"群情激越"。又指抢夺。如"杀人越货"。

　　用作副词，表示更加。如"跳得越高，摔得越惨"。

　　用作名词，特指周代诸侯国，即越国。还泛指两广或南方地区。如"越鸟南栖"。或特指浙江或浙江东部一带。如"越剧"。

起
（ qǐ ）

起 小篆

起 楷书

　　"起"是形声兼会意字。小篆从走，巳声，巳兼表起始之意。隶变后楷书写作"起"。

　　《说文·走部》："起，能立也。从走，巳声。"（起，能（举足）起立。从走，巳声。）

　　"起"的本义为由躺到坐，或由坐到站立。如"鸡鸣而起"。泛指起来、上升。如"风起云涌"。又引申指发生、产生。如"祸起萧墙"。

　　还引申指兴建、设置。如"另起炉灶"。也指兴起、发动。如"起义"。

　　用作量词，指件、宗。如"一起案件"。

赵
（ zhào ）

小篆

赵

楷书

"赵"是形声字。从走，肖声。本义是快步走。

"赵"的本义是快步走。如《说文》："赵，趋赵也。"《广雅》："赵，及也。"

古代国名。如：周穆王封造父于赵，故址在今山西省赵城县西南。

指战国七雄之一的赵国。如《史记·廉颇蔺相如列传》："遗赵王书。"《战国策·赵策》："赵主之子孙。"

指东晋十六国之一的"前赵"或"后赵"。

姓氏的一种。

赶
（ gǎn ）

小篆

赶

楷书

"赶"为形声字。小篆从走，干声。隶变后楷书写作"赶"。

《说文·走部》："赶，举尾走也。从走，干声"（赶，（兽畜）翘着尾巴奔跑。从走，干声。）

"赶"的本义为兽类翘起尾巴奔跑。引申为急赴。如"赶路""赶考"。追赶时的速度一定很快，由此引申为从速、加快。如"赶紧"。又表示追逐。如"赶上""追赶"。由此引申为驱逐。如"赶鸭子上架"。

引申为碰上某种情况。如"正赶上"。口语中"赶"有等到的意思。如"赶年下"，意思是等到过年的时候。

（ zhǐ ）

止

甲骨文

金文

小篆

楷书

　　"止"是象形字。甲骨文像一只脚丫的形状。金文的形体更加规整美观。小篆与金文大体相同。隶变后楷书写作"止"。

　　《说文·止部》："止，下基也。象草木出有址，故以止为足。凡止之属皆从止。"（止，底下的基础。像草木长出来有根干基址的样子，所以用"止"表示足。大凡止的部属都从止。）

　　"止"的本义就是脚。如《汉书·刑法志》："斩左止。"

　　由站立不走引申指停止、停息。如《诗经·秦风·黄鸟》："交交黄鸟，止于桑。"

前

（ qián ）

前

金文

小篆

楷书

　　"前"是形声字。金文从刀，㞑声。小篆与金文大致相同。隶变后楷书写作"前"。

　　"前"的本义是向前、前进。如《聊斋志异·狼》："狼不敢前，眈眈相向。"

　　引申为与后面相对的意义，表示时间或空间上的前面。如柳宗元《黔之驴》："益习其声，又近出前后，终不敢搏。"这是说：老虎越来越熟悉驴的叫声，到驴的前后左右转了一圈，结果还是不敢扑杀它。这句话中的"前"指的就是方位。

归

（guī）

甲骨文

小篆

歸

楷书

"归"是会意字。从止，从妇省。本义是女子出嫁。《说文》："归，女嫁也。"

　　"归"的本义是女子出嫁。如《诗经·周南·桃夭》："桃之夭夭，灼灼其华。之子于归，宜其室家。"

　　又指出嫁女儿返回娘家。如《左传·庄公二十八年》："凡诸侯之女归宁曰来，出曰来归。"《诗经·周南·葛覃》："害澣害否，归宁父母。"

　　返回的意思。如《史记·高祖本纪》："大风起兮云飞扬，威加海内兮归故乡。"

　　归还。如《史记·廉颇蔺相如列传》："臣请完璧归赵。"

登

（dēng）

甲骨文

金文

豊

小篆

登

楷书

"登"是会意字。甲骨文会双手捧举食器进献之意。金文将两只脚省掉了。小篆下部的双手被省掉。隶变后楷书写作"登"。

　　《说文·癶部》："登，上车也。从癶、豆，象登车形。"（登，登上车。由"癶"字在"豆"字之上会意，表示两脚立在用来垫脚乘车的石头上，像登车的样子。）

　　"登"的本义为上车，或由低处到高处。如"登山"。由上车引申指上路、登上路程。如"登上征程"。又指登载。如"登报"。

　　庄稼成熟就要在场院晾晒脱粒，所以又引申为成熟、丰收。如"五谷丰登"。

步
（bù）

步
甲骨文

金文

步
小篆

步
楷书

　　"步"是会意字。甲骨文像左右脚向前走动的样子。金文的形体与甲骨文相似。小篆线条化、整齐化。隶变后楷书写作"步"。

　　《说文·步部》："步，行也。从止、少相背。凡步之属皆从步。"（步，行走。由"止"、"少"两字相背会意。大凡步的部属都从步。）

　　"步"的本义是行走。如战国时屈原《涉江》："步余马兮山皋，邸余车兮方林。"

　　引申为按照、跟着。如毛泽东《浣溪沙》："柳亚子先生即席赋浣溪沙，因步其韵奉和。"

岁
（suì）

岁
甲骨文

歲
小篆

歲
楷书

　　岁，木星。经过了二十八星宿，行遍了阴阳十二辰，每十二个月就行走了一个躔次。从步，戌声。《汉书·律历志》把（金木水火土）五星叫作五步。

　　"岁"的本义是木星。如《说文》："岁，木星也。"

　　年的称呼。如《诗经·魏风·硕鼠》："三岁贯女，莫我肯顾。"《诗经·豳风·七月》："无衣无褐，何以卒岁？"

　　指年龄。如《史记·秦始皇本纪》："年十二岁，庄襄王死，政代为秦王。"

　　收成、年景。如《战国策·齐策》："威后问使者曰：'岁亦无恙耶？民亦无恙耶？王亦无恙耶？'"

正
甲骨文

金文

正
小篆

正
楷书

是

金文

是
小篆

是
楷书

正
（zhèng）

"正"是指事字。在甲骨文字形中，上面的符号表示方向、目标，下面是"止"（足），会朝这个方位或目标不偏不斜地走去之意。隶变后楷书写作"正"。

《说文·正部》："正，是也。从止，一以止。凡正之属皆从正。"〔正，正直无偏斜。从止，（"一"是古文"上"字，表示在上位的人）将"一"放在"止"上（会上位者止于正道之意）。大凡正的部属都从正。〕

"正"的本义为位置居中、不偏斜，读作 zhèng。如"正襟危坐""正午"。

是
（shì）

"是"是会意字。金文从日，从正，其中短竖象征端直，会日中端直之意。小篆整齐化。隶变后楷书写作"昰"与"是"。如今规范化，以"是"为正体。

《说文·是部》："昰，直也。从日、正。凡昰之属皆从昰。"（昰，正直。由日、正会意。大凡昰的部属都从昰。）

"是"的本义为正、不偏斜。如《易·未济》："濡其首，有孚失是。"

引申指对的、正确的。如陶渊明《归去来兮辞》："实迷途其未远，觉今是而昨非。"

作代词，表示此、这。如《论语·八佾》："是可忍也，孰不可忍也。"

巡
（xún）

"巡"是形声字。小篆从辵（辶），川声。隶变后楷书写作"巡"。

《说文·辵部》："巡，延行皃。从辵，川声。"（巡，长行的样子。从辵，川声。）

"巡"的本义为来往查看、视察。如《史记·秦始皇本纪》："三十有七年，亲巡天下。"

作量词，用于巡行，相当于"遍"。如宋代王安石《窥园》："杖策窥园日数巡，攀花弄草兴常新。"又用于给在座的全体客人斟酒，为全体客人斟酒一遍叫一巡。如"酒过三巡"。

随
（suí）

随，随从。"随"是形声字。从辵，隓省土为声。

"随"的本义是随从。如《说文》："随，从也。"《诗经·大雅·民劳》："无纵诡随。"《韩非子·扬权》："主失其神，虎随其后。"唐代杜甫《春夜喜雨》："随风潜入夜，润物细无声。"又如晋代陶渊明《桃花源记》："太守即遣人随其往，寻向所志，遂迷，不复得路。"

依顺、依从。如《红楼梦》："今黛玉见了这里许多事情不合家中之式，不得不随的，少不得一一改过来，因而接了茶。"

任由某事物自由发展。如唐代韩愈《进学解》："业精于勤荒于嬉，行成于思毁于随。"

述

（shù）

金文

小篆

述

楷书

"述"是会意兼形声字。金文从辵（辶），右边是一只手撒播的样子，用手遵循着一定的规律向前移动会遵循之意。小篆讹为从辵，术声。隶变后楷书写作"述"。

《说文·辵部》："述，循也。从辵，术声。"（述，遵循。从辵，术声。）

"述"本义指遵循。如《中庸》："父作之，子述之。""父作之"是指文王的父亲制礼作乐，建立法度；文王遵循父亲所制的礼乐、法度，称为"子述之"。

进

进

（jìn）

小篆

進

楷书

"进"是会意字。甲骨文字形，上面是"隹"，象小鸟形，下面是"止"（趾）。鸟脚只能前进不能后退，所以表示前进。

"进"的本义是前进。如《说文》："进，登也。"《诗经·大雅·桑柔》："进退维谷。"《易·说卦》："巽为进退。"《资治通鉴》："以次俱进。"

超过、越过。如《庄子·养生主》："臣之所好者，道也，进乎技矣。"

进入，与"出"相反。如《水浒全传》："府尹叫进后堂来说。"

献上。如《聊斋志异·促织》："以一头进。"

推荐、举荐。如《汉书·灌夫传》："父张孟常为颍阴侯灌婴舍人，得幸，因进之。"

收入。如"进账""进出相当"。

逆
（nì）

甲骨文

金文

小篆

逆
楷书

"逆"是象形字。甲骨文是一个脚朝上、头朝下的人。金文更加形象。小篆发生了讹变。隶变后楷书写作"逆"。

《说文·辵部》："逆，迎也。从辵，屰声。关东曰逆，关西曰迎。"（逆，迎接。从辵，屰声。关东方言叫逆，关西方言叫迎。）

"逆"的本义是倒。引申为违背、不顺、反向、颠倒等。如《孟子·离娄上》："顺天者存，逆天者亡。"进而引申指反叛。如文天祥《指南录后序》："直前诟虏帅失信，数吕师孟叔侄为逆。"

又引申指在事情到来之前进行推测，事先、预先。如"逆见""逆料"。

迁
（qiān）

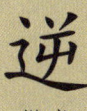
小篆

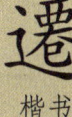
遷
楷书

"迁"是形声字。从辵，"辵"表移动。形声字声旁有时有表意作用，此即一例。

"迁"的本义是向高处迁移。如《说文》："迁，登也。"《诗经·小雅·巷伯》："既其女迁。"《诗经·小雅·伐木》："出自幽谷，迁于乔木。"

升官或调动。如《诗经·大雅·皇矣》："帝迁明德。"《后汉书·张衡传》："迁为太史令。"

搬家、搬动。如《孟子·梁惠王下》："毁其宗庙，迁其重器。"宋代王安石《答司马谏议书》："盘庚之迁。"

变动、更改。如《韩非子·饬令》："饬令，则法不迁。"

贬谪、降职。如宋代范仲淹《岳阳楼记》："迁客骚人，多会于此。"

遂

（suì）

　　"遂"是会意兼形声字。金文从辵，右上像用手播撒种子，会边走边撒种之意。小篆改为从豕（坠落），豕兼表声。隶变后楷书写作"遂"。

　　《说文·辵部》："遂，亡也。从辵，㒸声。"（遂，逃亡。从辵，㒸声。）

　　"遂"的本义为边走边播撒。泛指行往、前进。如《易·大壮》："羝羊触藩，不能退，不能遂。"意思是羝羊撞到篱笆上，不能退，不能进。引申指举荐。如"引荐"。又引申指完就、成功。如《警世通言》："男儿未遂平生志，时复挑灯玩古书。"

遏

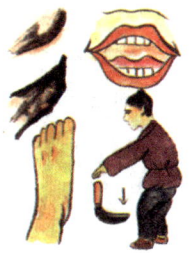  

（è）

　　"遏"是会意兼形声字。小篆从辵（辶），从曷（喝止），曷兼表声。隶变后楷书写作"遏"。

　　"遏"的本义是抑制、阻止。如《列子·汤问》："声振林木，响遏行云。"《诗经·大雅·民劳》："式遏寇虐。"《诗经·周颂·武》："胜殷遏刘。"《尚书·汤誓》："夏王率遏众力。"

　　引申指阻击、抵御。如"遏截""遏夺"。又如《诗经·大雅·文王》："命之不易，无遏尔躬。"

　　遮拦、遮蔽。如《吕氏春秋·安死》："扑击遏夺。"

逞
（chěng）

　　逞，通达。从辵，呈声。楚地叫快走作逞。《春秋左传》说："什么地方不能使（您的）欲望得到快慰呢？"

　　"逞"的本义是通、通达。如《说文》："逞，通也。"
　　心愿得以实现，称心如意。如《左传·桓公六年》："今民馁而君逞欲。"《左传·僖公三十三年》："使归就戮于秦，以逞寡君之志。"
　　放纵。如"逞一时之快"。
　　炫耀。如"逞强"。
　　凭借、倚仗。如"逞富"。

道
（dào）

　　"道"是会意字。金文从行（街道），从首，会在路上行走之意；或另加义符"止"（脚），以强调行走。小篆整齐化。隶变后楷书写作"道"。

　　"道"的本义为道路。如李白《蜀道难》："蜀道之难，难于上青天。"引申指路程、行程。如《荀子·修身》："道虽迩，不行不至。"引申为途径、方法。如朱熹《中庸集注》第十三章："故君子之治人也，即以其人之道，还治其人之身。"
　　又引申为主张、学说。如《孟子·滕文公上》："从许子之道，则市贾不贰，国中无伪。"

微

甲骨文

金文

小篆

楷书

待

金文

小篆

楷书

微 （wēi）

"微"是会意兼形声字。甲骨文和金文用"散"（表示细小）表意。小篆承之，从彳，从散，会隐蔽行踪之意，散兼表声。隶变后楷书写作"微"。

《说文·彳部》："微，隐行也。从彳，散声。"（微，隐蔽出行。从彳，散声。）

"微"的本义为隐秘地行走。引申指精妙、深奥。又引申指轻微、细小。如"微恙""防微杜渐"。又引申指地位低、卑贱。如"卑微""低微"。

待 （dāi）

"待"是形声字。小篆从彳（街道），寺声。隶变后楷书写作"待"。

《说文·彳部》："竢也。从彳，寺声。"（待，等候。从彳，寺声。）

"待"的本义为暂时停留，读作dāi。如"还在这待一天吗？"也指无目的地消磨时间或在某处逗留。如"在家待了一整天"。

又读作dài，本义为等候。如《左传·隐公元年》："多行不义，必自毙，子姑待之。"引申为对待、招待。如"以礼相待""宽以待人"。

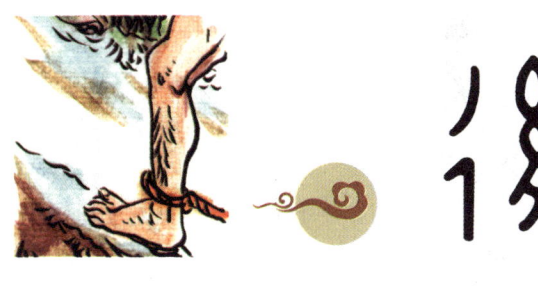

后

（ hòu ）

后，行动迟缓。由彳、幺、夂会意，是为了表现"后"的意思。

"后"的本义是指在某处的背面、反面，与"前"相对。如"后面"、"背后"。

也指时间的延迟，与"先"相对。如"后来"。

指先后次序，与"前"相对。如"后排"。

指子孙后代。如"不孝有三、无后为大"。

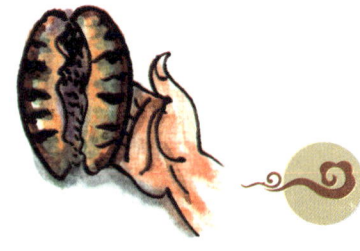

得

（ dé ）

"得"是会意字。甲骨文从贝从手，会得到、获得之意。金文加"彳"，会在路上拾到宝贝之意。小篆发生讹变。隶变后楷书写作"得"。

"得"的本义是得到、获得。如《后汉书·班超传》："不入虎穴，不得虎子。"引申为具备。如《荀子·劝学》："积善成德，而神明自得。"

用作名词，表示收获、心得。

"得"又念 děi，表示必须、须要。如《红楼梦》第九十四回："这件事还得你去才弄的明白。"

后

甲骨文

後

金文

后

小篆

後

楷书

得

甲骨文

得

金文

得

小篆

得

楷书

御
甲骨文

金文

小篆

楷书

御
（yù）

"御"是会意字。甲骨文像人跪于悬铜前。金文大致相同。小篆承接甲骨文和金文，但是将悬铜讹变为"午"。隶变后楷书写作"御"。

"御"的本义是驾驭马车。引申特指驾车的人。

又用来指治理、统治。如贾谊《过秦论》中有"振长策而御宇内"，就是挥舞着长鞭子统治整个天下的意思。还表示统帅、率领，抵挡、抵御之意。如"兄弟阋于墙，外御其侮"，是说兄弟在家里争吵，却能一起抵御外敌。比喻虽有内部争吵，但仍能团结起来一致对外。

行
甲骨文

金文

小篆

楷书

行
（háng）

"行"是象形字。甲骨文像十字路口的形状。金文大致相同。小篆承接金文而来。隶变后楷书写作"行"。

"行"的本义是路、道路，读作háng。如《诗经·豳风·七月》："女执懿筐，遵彼微行。"引申为行列、队伍。如《楚辞·九歌·国殇》："凌余阵兮躐余行。"

还读作xíng，引申为行走。如李商隐《瑶池》："八骏日行三万里。"又引申指从事、干。如"他为人行事不错"。还特指路程。如"千里之行，始于足下"。

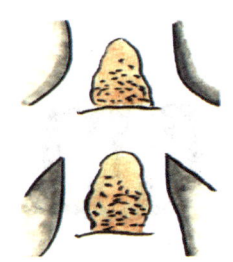   

（jiē）

　　"街"是形声字。小篆从行，圭声。隶变楷书后写作"街"。

　　《说文·行部》："街，四通道也。从行，圭声。"（街，四通八达的路。从行，圭声。）

　　"街"的本义为四通八达的大道。如班固《西都赋》："内则街衢洞达，闾阎且千。"引申泛指街道。如"大街小巷""街谈巷议"。在方言中，"街"还指集市。如"赶街""街景"。

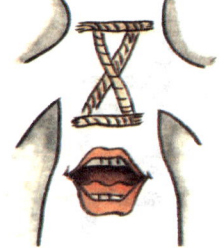   

（yú）

　　"衙"是形声字。楷书写作"衙"，从行，吾声。

　　《说文·行部》："衙，行皃。从行，吾声。"（衙，衙衙，列队行进的样子。从行，吾声。）

　　"衙"的本义为列队行进的样子，读作 yú，用作"衙衙"，指行走的样子。如战国时宋玉《九辩》："通飞廉直衙衙。"引申指排列成行的事物。如"柳衙"、"松衙"。

　　又读作 yá，用作旧时官署的代称。如"官衙""衙门"。又指坐衙，官吏坐堂审案。如清代蒲松龄《聊斋志异》："值城隍早衙，喊冤以投。"

齿

（ chǐ ）

齿，口中的牙齿。象形字，象口中牙齿的形状，止声。大凡齿的部属都从齿。

"齿"的本义是牙。如《大戴礼记·易本命》："男以八月而生齿，八岁而龀，女七月生齿，七岁而龀。"

指牙齿一样排列的物品。如《尚书·禹贡》："齿革羽毛。"

指年龄大小。如《礼记·曲礼》："齿路马有诛。"唐代柳宗元《捕蛇者说》："退而甘食其土之有，以尽吾齿。"

并列、次列。如《左传·隐公十一年》："不敢与诸任齿。"《庄子·天下》："百官以此相齿。"

牙

（ yá ）

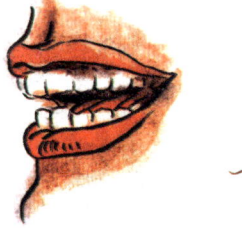

"牙"是象形字。金文的形体像两枚上下交错对合的兽牙的形状。小篆的形体整齐化。隶变后楷书写作"牙"。

《说文·牙部》："牙，牡齿也。象上下相错之形。凡牙之属皆从牙。"（牙，大齿。像上下齿相互交错的样子。大凡牙的部属都从牙。）

"牙"的本义为大牙，即臼齿、槽牙。古时候，人们称前面的门牙为"齿"，在辅车（牙床骨）上的磨牙为"牙"。现在则统称为"牙齿"。

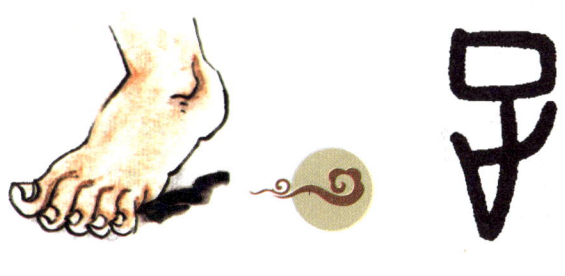

足
（ zú ）

足
甲骨文

足
金文

足
小篆

足
楷书

"足"是象形字。甲骨文的下部是一只脚趾朝上的左脚，上面是"口"。金文的形体与甲骨文大体相似。隶变后楷书写作"足"。

《说文·足部》："足，人之足也。在下。从止、口。凡足之属皆从足。"（足，人体下肢的总称。在人体的下部。由止、口会意。大凡足的部属都从足。）

"足"的本义为包括膝盖和脚在内的整个小腿。引申泛指脚。如"画蛇添足"。进而引申指器物的脚。如"三足鼎立"。

跟
（ gēn ）

跟
小篆

跟
楷书

"跟"是形声兼会意字。小篆从足，艮声，艮（人扭头后看）兼表向后之意。隶变后楷书写作"跟"。

"跟"的本义为脚的后部。如"脚后跟""脚跟"。引申指紧随在后，追随。如"跟踪""跟从"。进而引申指赶、及。如"跟不上"。

还引申指侍奉主人。如《红楼梦》第四十三回："我茗烟跟二爷这几年，二爷的心事，我没有不知道的。"其中的"跟"就是伺候、侍奉的意思。用作介词，相当于"和""同""与"。

跪

跪 （ guì ）

小篆

楷书

"跪"是形声兼会意字。小篆从足，危声，危兼表高直之意。隶变后楷书写作"跪"。

"跪"的本义为跪坐，即屈腿双膝着地，臀部离开脚后跟，伸直腰股。这是古人表示敬意的一种姿势。如果下跪叩头，则为"拜"；如果长时间的跪着，则称"跽"。"三跪九叩"是古代最敬重的行礼方式。就是起跪三次，磕九个头。

又引申特指足、小腿。如《韩非子》中提到的"刖跪"（砍脚），就是这种用法。

跽

跽 （ jì ）

甲骨文

金文

小篆

楷书

"跽"是形声兼会意字。甲骨文从己从止，会弯曲之意。小篆增加一"足"，右边变为"忌"，就变成了从足、忌声的形声字。隶变后楷书写作"跽"。

《说文·足部》："跽，长跪也。从足，忌声。"（跽，上身伸直，双膝着地。从足，忌声。）

"跽"的本义是长跪，指长时间双膝着地、上身挺直。如《史记·项羽本纪》中有"项王按剑而跽"，其中的"跽"就是长跪之意。是古人对话时常用的一种姿势。

也引申指单膝着地、半跪。如明代黄淳耀《李龙眠画罗汉记》："一人跽左足，蹲右足，以手捧膝作缠结状。"

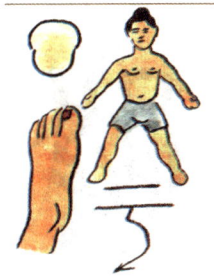

（kuà）

跨

跨 小篆

跨 楷书

"跨"是形声兼会意字。小篆从足，夸声，夸兼表张大之意。隶变后楷书写作"跨"。

"跨"的本义为迈腿越过。体育运动中"跨栏"的"跨"，就是用的本义。由腿跨两边，引申为兼而占有。如成语"跨州连郡"，就是用跨越州郡来形容涉足的路远、地方大。

又引申指超过时间或地区之间的界限。如"跨年度""跨国公司"。

骑马时，两腿要分跨两边，所以又引申指骑，两脚分在器物的两边坐着或立着。如"跨马"。

跳

（tiào）

跳 小篆

跳 楷书

"跳"是形声字。小篆从足，兆声。隶变后楷书写作"跳"。

《说文·足部》："跳，蹶也。从足，兆声。一曰：跃也。"（跳，跳起。从足，兆声。另一义说：跳是跃过。）

"跳"的本义为跳跃。成语"跳梁小丑"中的"跳"就是跳跃之意。由此引申为越过。如《晋书·刘牢之传》："（刘）牢之策马跳五丈涧，得脱。"说的就是刘牢之骑马越过了五丈涧，逃跑了。

"跳"又引申指起伏地动、闪动。如"眼跳""火苗跳动"等。又引申指上冒、冒出。

跋

小篆

跋

楷书

跋

（bá）

"跋"是会意兼形声字。小篆从足从发会意，发兼表声。隶变后楷书写作"跋"。

《说文·足部》："跋，仆倒。从足，发声。"（跋，人倒下。从足，发声。）

"跋"的本义为人倒下。引申指在草中行走、越山过岭。如"跋山涉水"。又引申指倒转、调转。如严武《巴岭答杜二见忆》："跋马望君非一度，冷猿秋雁不胜悲。"

还引申指一种文体，写在书籍或文章的后面，评价其内容，或考释、说明写作经过等。

路

金文

踣

小篆

路

楷书

路

（lù）

"路"是会意兼形声字。金文从足，从各（表示到来）兼表声。小篆承接金文。隶变后楷书写作"路"。

《说文·足部》："路，道也。由足，各会意。"（路，道路。从足，从各。）

"路"的本义是道路。引申指经过的里程。如"山高路远"等。还引申特指车辆行驶的线道。如"13路公交车"。

引申指职业。我们常听人说"半路出家"，原指年岁大点，才去当和尚、尼姑或道士。比喻中途改行，从事另一工作。

脚步所走之路又可引申为思想或行为的途径、方法。如"出路""生路"。

(pǐn)

品
甲骨文

金文

小篆

楷书

　　"品"是会意字。甲骨文中的"口"表示器物之
形，从三"口"会器物众多之意。金文和小篆承接
甲骨文。隶变后楷书写作"品"。

　　《说文·品部》："品，众庶也。从三口。凡品之属皆从品。"（品，
众多。由三个"口"字会意。大凡品的部属都从品。）

　　"品"的本义为众多。引申表示品种、种类。又引申指品味、品尝。
如《红楼梦》第四十一回："一杯为品，二杯即为解渴的蠢物，三杯便是
饮驴了。"

(yuè)

龠
甲骨文

金文

小篆

楷书

　　"龠"是象形字。甲骨文象一种由编管组成的乐
器之形，中部有孔，上有吹口；或在其上又加倒口，
以强调吹奏。隶变后楷书写作"龠"。

　　《说文·龠部》："龠，乐之竹管，三孔，以和众声也。从品、侖；
侖，理也。凡龠之属皆从龠。"（龠，乐器中竹编而成的管乐，多孔，是
用来调谐众乐之声的主乐器。由品、侖会意。侖，是（乐曲）有条理的
意思。大凡龠的部属都从龠。）

　　"龠"的本义为古代的一种管乐器。用竹管编排制成，有三孔、六
孔或七孔不等，长的可用作舞具。古代的时候，还用作容量单位。

册

甲骨文

金文

小篆

楷书

（ cè ）

"册"是象形字。甲骨文象编简成册之形。金文、小篆字形变化不大，只是整齐化了。隶变后楷书写作"册"。

《说文·册部》："册，符命也。诸侯进受于王也。象其札一长一短；中有二编之形。凡册之属皆从册。"（册，符信教命。诸侯进朝从王者处接受的简策。 册像那简札一长一短的样子，中间的 表示有两道连竹简的绳子。大凡册的部属都从册。）

"册"的本义为古代编串在一起用来书写的竹简。如"简册"。引申指装订好的本子。如"装订成册""画册"。

嗣

甲骨文

金文

小篆

楷书

（ sì ）

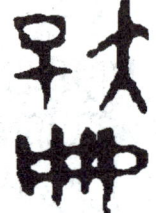

"嗣"是会意兼形声字。甲骨文从大，从子，从册，会册封大儿子为继承人之意。金文省略大，另加义符"口"，以突出册封子嗣之意，司声。隶变后楷书写作"嗣"。

《说文·册部》："嗣，诸侯嗣国也。从册，从口，司声。"（嗣，诸侯继承国君之位。由册、由口会意，司表声。）

"嗣"的本义为诸侯传位给嫡长子。后来泛指继承、接续。如唐代柳宗元《捕蛇者说》："今吾嗣为之十二年，几死者数矣。"用作名词，指君位或职位的继承人。如"子嗣"。

196

嚣
（xiāo）

嚣，（众口喧哗）之声。语气从头上冒出。由昍、由頁会意。頁，表示头。

"嚣"的本义是喧哗，声音响而吵闹。如《说文》："嚣，嚣声也。气出头上。"《左传·成公十六年》："在陈而嚣。"《诗经·小雅·车攻》："选徒嚣嚣。"唐代柳宗元《捕蛇者说》："叫嚣乎东西，隳突乎南北。"

害羞。如《歧路灯》："店主起来作揖，说与谭绍闻道喜，绍闻嚣的耳朵稍都是红的。"

嚣张。如《宋讼》："秦恶其嚣而坑儒，师吏以重抑之。"

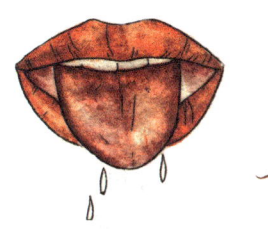   

舌
（shé）

"舌"是象形字。甲骨文下半部分表示嘴巴，上半部分像伸出来的舌头。小篆整齐化。隶变后楷书写作"舌"。

《说文·舌部》："舌，在口，所以言也、别味也。从干，从口，干亦声。凡舌之属皆从舌。"（舌，在口中，是用来说话、辨别滋味的器官。由干、口会意，干也表声。大凡舌的部属都从舌。）

"舌"的本义为舌头。引申指言语。如《论语·颜渊》："夫子之说君子也，驷不及舌。""驷不及舌"即"一言既出，驷马难追"。

干
甲骨文

金文

小篆

楷书

只
甲骨文

金文

小篆

隻
楷书

干
（ gān ）

"干"是象形字。甲骨文像叉子一类的猎具或武器。金文上部又加了一个大疙瘩。小篆的形体整齐化。隶变后楷书写作"干"。

《说文·干部》："干，犯也。从反入，从一。凡干之属皆从干。"（干，侵犯。由"入"字反过来、由一会意。大凡干的部属都从干。）

"干"的本义为武器。如《韩非子·五蠹》："执干戚舞，有苗乃服。"其中的"执干戚舞"即拿着武器跳舞，比喻以美德代替武力来感化制服敌人。

只
（ zhī ）

"只"是会意字。甲骨文从又（手），从隹（鸟），会一只手逮住了一只鸟之意。金文大致相同。小篆承接金文。隶变后楷书写作"隻"。汉字简化后写作"只"。

只，鸟一只。由"又"（手）持握着"隹"（鸟）会意。手里拿着一只鸟叫只，（拿着）两只鸟叫双。

"只"的本义为一只鸟，读作 zhī。引申为凡物之单者曰"只"，与"双"相对。如《公羊传·僖公三十三年》："匹马只轮无反者。"引申指孤独。如"形单影只"。又引申指单数、奇数。如《宋史·张泊传》："肃宗而下，咸只日临朝，双日不坐。"

商
（ shāng ）

　　"商"是会意字。甲骨文的下部是祭祀时所设的灵台，其上置薪，焚烧祭天。金文下面增加了一个"口"。隶变后楷书写作"商"。

　　《说文·向部》："商，从外知内也。从向，章省声。"（商，从外面估测里面的情况。从向，章省声。）

　　"商"的本义为焚柴祭天，后引申为星名。如杜甫《赠卫八处士》："人生不相见，动如参与商。""参商"即指参星与商星。又表示计议、商量。如"商榷"。又引申指买卖活动。如"经商"。

　　"商"又是古代五音之一。五音即"宫、商、角、徵、羽"。

古
（ gǔ ）

　　"古"是会意字。甲骨文从十（表示多），从口，会世世代代口口相传之意。金文变化不大。隶变后楷书写作"古"。

　　《说文·古部》："古，故也。从十、口。识前言者也。凡古之属皆从古。"（古，久远的年代。由十、口会意，表示众口相传，记识前代的言语和故事。大凡古的部属都从古。）

　　"古"的本义为古代，与"今"相对。引申为旧、原来。如晋代陶渊明《桃花源记》："俎豆犹古法，衣裳无新制。"其中的"俎豆"是古代祭祀、宴飨时盛食物用的两种礼器。

甲骨文

金文

小篆

楷书

千

甲骨文

金文

小篆

楷书

（ shí ）

"十"是指事字。甲骨文字形为"丨"，用一根树枝代表十。金文像结绳记数，用一个结表示十。小篆符号化，一点变成了一横。隶变后楷书写作"十"。

"十"的本义为数字十。汉字中的数字，以 到十为基础，其他的数字都是由此演化而来，无穷无尽，有了这十个数，就相当于拥有了全部，所以，"十"在中国是圆满的象征，因此"十"又引申为完备、完满。我们常说的"十全十美"就是非常典型的运用。古人还常用"十"来表示虚指、约数。

（ qiān ）

"千"是会意字。甲骨文从十，从人。金文稍讹。小篆进一步线条化，就很难看出本来的意义了。隶变后楷书写作"千"。

《说文·十部》："千，十百也。从十，从人。"（千，十个百。由十、由人会意。）

"千"的本义为数词。如"十百为千""盈千累万"。

泛指极多。如"千言万语""千方百计"。

姓氏的一种。

（ bó ）

"博"是会意兼形声字。金文和小篆皆从十，从
尃（分布）会意，尃兼表声。隶变后楷书写作"博"。

《说文·十部》："博，大通也。从十，从尃。尃，布也。"（博，广
大；精通。由十、由尃会意。尃是分布的意思。）

"博"的本义为大。如《管子·权修》："土地博大，野不可以无吏。"
引申指丰富、宽广、广博。如《论语·子罕》："博我以文，约我以
礼。"又引申指广泛、普遍。如《荀子·劝学》："君子博学而日参省乎
己，则知明而行无过矣。"

又引申指博弈，是古代一种赌输赢的棋类游戏，后泛指赌博。

（ shì ）

"世"是会意字。金文的形体是三个带圆点的
竖，就是古代的三十（卅）。在小篆中，三个小圆点
变成了一小横。隶变后楷书写作"世"。

《说文·卅部》："世，三十年为一世。从卅而曳长之。亦取其声也。"
（世，三十年叫一世。由"卅"字延长它的末笔而成，"卅"字延长末笔
成"乀"字。世也取乀表声。）

"世"的本义为三十年。如《论语·子路》："如有王者，必世而后
仁。"意思是，如果有王者兴起，也一定要三十年才能实现仁政。

引申指一辈一辈相承的。如"世袭""世交"。人的一生也可以称为
"一世"。

言

甲骨文

金文

小篆

楷书

诗

小篆

楷书

言
(yán)

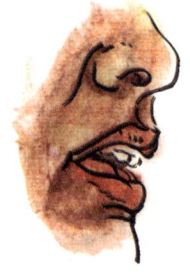  

"言"为会意字。甲骨文像口吹箫管乐器的样子。金文的形体与甲骨文基本一致。小篆线条化、整齐化。隶变后楷书写作"言"。

《说文·言部》:"言,直言曰言,论难曰语。从口,辛声。凡言之属皆从言。"(言,直接讲说叫言,议论辩驳叫语。从口,平声。大凡言的部属都从言。)

"言"的本义为吹奏乐器,也指所吹奏的乐器。引申为说。如"知无不言,言无不尽"。又指记载。如宋代沈括《梦溪笔谈》:"未尝有言之者。"

诗
(shī)

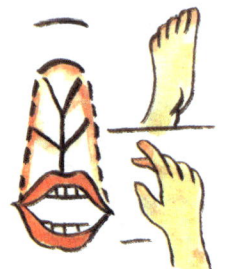  

诗,用言语表达心志的一种文学体裁。从言,寺声。

"诗"的本义是诗歌。如《尚书·舜典》:"诗言志,歌永言。"《说文》:"诗,志也。"晋代陶渊明《归去来兮辞》:"临清流而赋诗。"《国语·鲁语》:"诗所以合意,歌所以咏诗也。"

指《诗经》。如《论语·为政》:"诗三百,一言以蔽之,曰:思无邪。"《孟子·梁惠王上》:"诗云:'他人有心,予忖度之。'"

吟诗,作诗。如《洛阳伽蓝记》:"能造者其必诗,敢往者无不赋。"

比喻美妙而富有诗意的事物。如"诗情画意"。

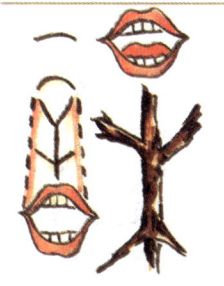

谋

（ móu ）

谋，考虑事情的难易叫谋。从言，某声。《说文》："虑难曰谋。"

"谋"的本义是考虑、策划。如《尚书·洪范》："聪作谋。"《诗经·小雅·巷伯》："谁适与谋。"《左传·僖公三十三年》："谋及子孙，可谓死君乎。"

商量。如《列子·汤问》："聚室而谋。"

谋求。如三国时诸葛亮《出师表》："亦宜自谋。"《资治通鉴·唐纪》："谋袭蔡州。"

计谋、谋略。如《论语》："小不忍则乱大谋。"《礼记·缁衣》："无以小谋败大作。"明代张溥《五人墓碑记》："非常之谋难于猝发。"

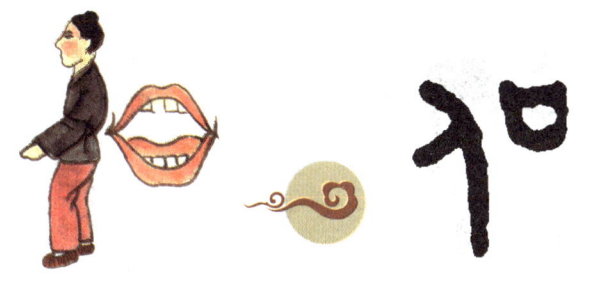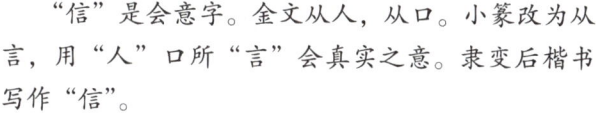

信

（ xìn ）

"信"是会意字。金文从人，从口。小篆改为从言，用"人"口所"言"会真实之意。隶变后楷书写作"信"。

《说文·言部》："信，诚也。从人，从言。会意。"（信，诚实。由人、由言会意。）

"信"的本义为语言真实。如《老子》："信言不美，美言不信。"引申泛指诚实有信用。

又引申指相信、信任。如《论语·公冶长》："听其言而信其行。"

相信则听从、任随，所以"信"又引申指听从、任随。成语"信马由缰"，就是放松缰绳，听凭马儿任意走。

诰

小篆

誥

楷书

诰

（ gào ）

"诰"是形声字，从言，告声。本义是告诉。《说文》："诰，告也。"

"诰"的本义是告诉，上告发下曰诰。如《说文通训定声》："按，上告下之义，古用诰，秦复造诏安当之。"《尚书·太甲下》："伊尹申诰于王。"《尚书·序》："雅告奥义。"《荀子·大略》："诰誓不及五帝。"

告诫、劝勉。如《国语·楚语上》："近臣谏，远臣谤，舆人诵，以自诰也。"

告诫、任命或封赏的文书。如《清会典事例》："一品至五品，皆授以诰命，六品至九品，皆授以敕命。"

誓

誓

金文

誓

小篆

誓

楷书

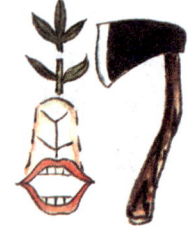

誓

（ shì ）

"誓"是形声兼会意字。金文从言，折声，折兼表斩截之意。隶变后楷书写作"誓"。

《说文·言部》："誓，约束也。从言，折声。"（誓，约束的言辞。从言，折声。）

"誓"的本义是古代出军时用言辞告诫、约束将士。如词语"誓师"，就是用言语告诫将士。一般是将出征的目的与意义告知将士，揭露敌人的罪恶，强调纪律与作风。

用作名词，指军中告诫、约束将士的言辞。引申为表示决心的话。如成语"信誓旦旦"。

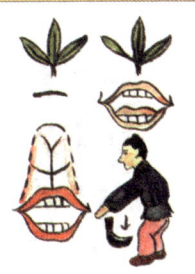

蔼

（ǎi）

蔼，形容臣子竭忠尽力的美好。从言，葛声。《诗经》说："尽力得好啊。周王的众多贤士！"

"蔼"的本义是树木生长繁茂。如《广雅》："蔼蔼，盛也。"《楚辞·宋玉·九辩》："离芳蔼之方壮兮，余萎约而悲愁。"

繁多的样子。如《尔雅》："蔼蔼、济济，止也。"《诗经·大雅·卷阿》："蔼蔼王多吉士，维君子使，媚于天子。"

态度和气、亲切。如《聊斋志异·王大》："笑语蔼然。"又如"态度和蔼"。

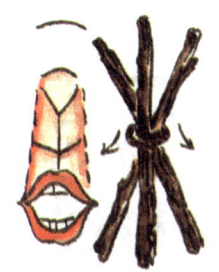

谏

（jiàn）

谏，直言劝谏。形声字。从言，柬声。《说文》："谏，证也。"

"谏"的本义是直言规劝。如《公羊传·庄公二十四年》："三谏不从。"《左传·僖公二年》："宫之奇之为人也，懦而不能强谏。"《战国策·赵策》："大臣强谏。"《史记·陈涉世家》："扶苏以数谏。"

匡正、挽回。如晋代陶渊明《归去来兮辞》："悟已往之不谏，知来者之可追。实迷途其未远，觉今是而昨非。"

通"间"。挑拨离间。如唐代皮日休《忧赋》："郭开受谏，李牧就诛。"

谏官。如唐代杜甫《晚出左掖》："避人焚谏草，骑马欲鸡栖。"

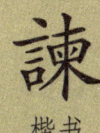

说

（shuō）

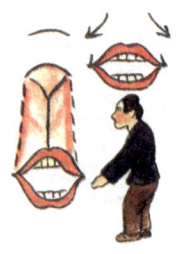  

说（yuè），喜悦。由言、兑会意。另一义说：说（shuō）是谈说的意思。

"说"的本义是高兴。如《论语·学而》："学而时习之，不亦说乎？"

谈说。如晋代陶渊明《桃花源记》："如得其船，便扶向路，处处志之。及郡下，诣太守，说如此。"唐代白居易《琵琶行》："低眉信手续续弹，说尽心中无限事。"

用言语开导、劝说。如《墨子·经上》："说所以明也。"

评论。如宋代辛弃疾《西江月·夜行黄沙道中》："稻花香里说丰年，听取蛙声一片。"

话

（huà）

话，会合善言。从言，昏声。《春秋左传》说："将善言写在竹帛上。"

"话"的本义是言语。如《说文》："话，合会善言也。"《诗经·大雅·板》："出话不然。"晋代陶渊明《归去来兮辞》："悦亲戚之情话。"唐代李朝威《柳毅传》："心诚之话。"

需要表达的内容。如"带个话儿"。

说、谈论。如《尔雅·释诂》："话，言也。"唐代孟浩然《过故人庄》："把酒话桑麻。"

说 說 小篆 說 楷书 话 話 小篆 話 楷书

（shè）

设，布列陈设。由言、由殳会意。殳是用来指使人的东西。

"设"的本义是布列陈设。如《说文》："设，施陈也。"《诗经·小雅·彤弓》："钟鼓既设。"清代蒲松龄《聊斋志异·促织》："入其舍，则密室垂帘，帘外设香几。"

开创、建立。如《诗经·商颂·殷武》："设都于禹之绩。"

布置、部署。如《史记》："赵亦盛设兵以待秦，秦不敢动。"

如果、假如。如清代徐珂《清稗类钞·战事类》："设以炮至，吾村不蒻粉乎？"

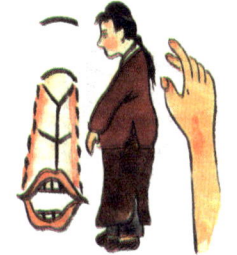   

（xiè）

"谢"是形声字。从言，射声。本义是离开，辞去。或者向人认错道歉。

"谢"的本义是向人道歉。如《史记·项羽本纪》："不可不蚤自来谢项王。"

辞去。如唐代王维《送张五归山》："当亦谢官去，岂令心事违。"

告辞、离开。如《史记·李将军列传》："广不谢大将军而起行。"

感谢、感激。如《三国演义》："休谢之。"《史记·项羽本纪》："哙拜谢，起，立而饮之。"

衰落、凋谢。如明代李渔《闲情偶寄·种植部》："花之既谢。"

讶
讶 小篆

訝 楷书

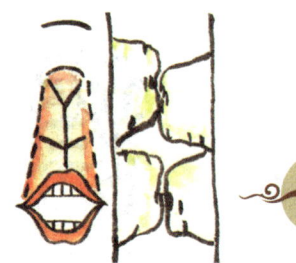
讶
（ yà ）

讶，用言辞欢迎宾客。从言，牙声。《周礼》说："（宾客）是诸侯。就有卿来迎接。"

"讶"的本义是迎接宾客。如《说文》："周礼曰，诸侯有卿讶发。按，乍接必以言，故从言，俗字作迓。周官有讶士，有掌讶。"《仪礼·聘礼》："厥明，讶宾于馆。"

惊讶、出乎意料。如《吕氏春秋·必己》："若夫道德，则不然，无讶无訾。"

责备、怪罪。如宋代苏轼《与郭功父》："本欲往见，以下痢乏力，未果，想未讶也。"

讷
讷 小篆

訥 楷书

讷
（ nè ）

"讷"是会意字。从言，从内。本义是有话难以说出来。

"讷"的本义是言语困难。如《说文》："讷，言难也。"《论语·里仁》："君子欲讷于言而敏于行。"《史记·李将军列传》："广讷口少言。"

说话结结巴巴。如《水浒全传》："只听得差拨口里讷出一句'高太尉'三个字来。"

形容人话少。如三国魏刘劭《人物志·体别》："能威能怀，能辨能讷。"

（jī）

讥,用隐含的语言从旁指责过失。从言,幾声。

"讥"的本义是旁敲侧击地指责过失。如《说文》:"讥,诽也。"《公羊传·隐公二年》:"此何以书讥。"

讽刺、嘲笑。如《战国策·齐策》:"谤讥于市朝。"

进谏、劝谏。如《广雅》:"讥,谏也。"《楚辞·天问》:"殷有惑妇,何所讥？"

责怪的话语。如宋代范仲淹《岳阳楼记》:"忧谗畏讥。"

（hòng）

讧,因胡乱争讼而导致溃乱。从言,工声。《诗经》说:"那些害人虫在内部争吵。"

"讧"的本义是溃败。如《说文》:"讧,溃也。"

引申为争吵、冲突。如《诗经·大雅·召旻》:"蟊贼内讧。"《袁可立晋秩兵部右侍郎夫妇诰》:"陆运水输,策远之肤功立奏;相机制变,讧内之巨患以消。"

争扰。如"讧乱"。

诈
讹 小篆
诈 楷书

让
讓 小篆
讓 楷书

（zhà）

诈是形声字。从言，乍声。从言，说明与言论有关。本义是欺诈。

"诈"的本义是欺诈。如《说文》："诈，欺也。"《尔雅》："诈，伪也。"《史记·廉颇蔺相如列传》："相如度秦王特以诈佯为予赵城，实不可得。"

伪装成、假冒。如《史记·陈涉世家》："诈自称公子。"《资治通鉴》："诈云欲降。"

用语言试探，让对方上当从而吐露实情。如《红楼梦》："谁不知道李十太爷是能事的！把我一诈，就吓毛了！"

（ràng）

"让"是形声字。从言，襄（xiāng）声。本义是责备。

"让"的本义是责备。如《说文》："让，相责让也。"《广雅》："让，责也。"《国语·周语》："让不贡。"

退让、谦让。如《尚书·尧典》："允恭克让。"《礼记·曲礼》："退让以明礼。"

把东西给别人。如《红楼梦》："薛家伏势倚情，偏不相让。"

古代的一种礼节。如《史记·项羽本纪》："大行不顾细谨，大礼不辞小让。"

音

（ yīn ）

甲骨文

金文

小篆

楷书

　　"音"是会意字。甲骨文像口吹箫管喇叭等乐器。金文和小篆与甲骨文大致相同。隶变后楷分别写作"音"和"言"。如今二字表意有明确分工。

　　《说文·音部》："音，声也。生于心，有节于外，谓之音。宫、商、角、徵、羽，声；丝竹金石匏土革木，音也。从言，含一。凡音之属皆从音。"［音，言语的声音。从心底产生，受口腔节制的，叫作音。宫、商、角、徵、羽（单独发出的），是乐声，（用丝、竹、金、石、匏、土、革、木（等乐器），是音乐。由"言"含"一"会意。大凡音的部属都从音。］

妾

（ qiè ）

甲骨文

金文

小篆

楷书

　　"妾"是会意字。甲骨文下部是一个跪着的女人的形象，其头顶上是一把平头铲刀之形。金文和小篆都由甲骨文演变而来。隶变后楷书写作"妾"。

　　《说文·辛部》："妾，有罪女子，给事之得接于君者。从产，从女。"（妾，有罪的女人，是能够被君主接触并为君主供职的女人。由产、女会意。）

　　"妾"的本义为有罪的女子。古代女子有罪则罚为女奴，故引申指女奴隶。如《尚书·费誓》："臣妾逋逃。"这里的"妾"即女奴隶。

　　因为古代陪嫁或偏房的地位犹如奴仆，故又引申指妻子之外另娶的女子。

奉

金文

小篆

奉
楷书

（fèng）

"奉"是会意字。金文像用双手捧着禾麦奉献给神祖的样子，会向神祖拜祭祷告、祈求丰收之意。小篆的字形线条化、复杂化。隶变后楷书写作"奉"。

《说文·收部》："奉，承也。从手，从収，丰声。"（奉，承受。由手、由収会意，丰声。）

"奉"的本义为捧禾祭献神祖。祭神时，要神情庄重，并用双手捧着祭品，所以引申为恭敬地捧着、拿着，此义后写作"捧"。

由祭祀神祖，又引申指给予、供养。如宋代苏洵《六国论》："奉之弥繁，侵之愈急。"像供奉神祖一样敬畏某项法则，就是严格遵守，所以还引申为遵守、遵循。如"奉公守法"。

丞

甲骨文

金文

小篆

丞
楷书

（chéng）

"丞"是会意字。甲骨文会双手从坑中救人之意。金文简化。小篆承接金文并整齐化。隶变后楷书写作"丞"。

《说文·收部》："丞，翊也。从収，从卩，从山。山高，奉承之义。"（丞，辅佐。由収、由卩、由山会意。山高，有向上奉承的意思。）

"丞"的本义是拯救。实际上是"拯"字的本字，念 zhěng。

引申为辅助。如《汉书·百官公卿表上》："掌丞天子助理万机。"意思是（相国、丞相）辅助皇帝处理政事。进而引申指辅佐帝王的最高官吏，也指各级长官的辅助官吏。如"丞相""府丞""县丞"等。

具
（jù）

　　"具"是会意字。甲骨文中间是"鼎"，下部为手，用手捧鼎会酒食具备之意。金文中间是"贝"。隶变后楷书写作"具"。

　　《说文·収部》："具，共置也。从収，从贝省。古以贝为货。"（具，供给设置。由収、由贝省会意。古时候用贝作钱财。）

　　"具"的本义是指准备饭菜酒席。引申泛指备办、准备。进而引申为具有、具备。如"别具匠心"、"独具慧眼"。后来引申为一般的用具，作名词的构词语素。如"玩具"。

　　还可以作量词，只用于"棺材""尸体"和某些器物。如"一具尸体"。

兴
（xīng）

　　兴，兴起。由舁、由同会意，同是表同心合力的意思。

　　"兴"的本义是兴起。如《说文》："兴，起也。"《诗经·卫风·氓》："夙兴夜寐。"《史记·陈涉世家》："大楚兴。"

　　开始发展。如宋代范仲淹《岳阳楼记》："百废具兴。"

　　成功。如《国语·楚语上》："教备而不从者，非人也。其可兴乎！"

　　发动。如《战国策·燕策》："不敢兴兵。"

　　蓬勃、兴旺。如《三国志·诸葛亮传》："汉室可兴。"《诗经·小雅·天保》："天保定尔，以莫不兴。"

要

（yāo）

要，身躯的中部。象人用两手叉着腰的样子。从臼，交省声。

"要"的本义是人的腰。如《墨子》："昔者，楚灵王好细要。"《楚辞》："户服艾以盈要兮，谓幽兰其不可佩。"《荀子·礼论》："故量食而食之，量要而带之。"

邀请。如晋代陶渊明《桃花源记》："便要还家，设酒杀鸡作食。"《史记·项羽本纪》："张良出，要项伯。"

求取。如《孟子·告子上》："今之人修其天爵，以要人爵。"

胁迫。如《左传·襄公九年》："明神洋蠲要盟。"《论语·宪问》："虽不要君，吾不信也。"

晨

（chén）

晨，早晨，天将明之时。由臼、由辰会意。辰表示时间。辰也表声。臼、夕会意表示夙，臼、辰会意表示晨：都是同一表意形式。大凡晨的部属都从晨。

"晨"的本义是早晨。如《说文》："晨，早昧爽也。"《尔雅》："晨，早也。"《诗经·小雅·庭燎》："夜乡晨。"《礼记·曲礼》："昏定而晨省。"《国语·晋语》："丙之晨。"明代刘基《苦斋记》："从者多艰其昏晨之往来。"

要
金文
小篆
楷书

晨
金文
小篆
楷书

农

（ nóng ）

农
小篆

農
楷书

"农"是会意字。从晨，囟声。本义是耕种。

"农"的本义是耕种。如《说文》："农，耕也。"《汉书·食货志》："辟土植谷曰农。"《汉书·文帝纪》："农，天下之大本也。"汉代晁错《论贵粟疏》："贫生于不足，不足生于不农。"

农业。如汉代晁错《论贵粟疏》："方今之务，莫若使民务农而已矣。"

农民。如《汉书·食货志上》："士农工商，四民有业。"《史记·货殖列传》："待农而食。"

革

（ gé ）

革
金文

革
小篆

革
楷书

"革"是象形字。金文像一张拉平的动物皮的俯视图：腿被分开了，最上面的是头和角。小篆加以简化，但变化不大。隶变后楷书写作"革"。

《说文·革部》："革，兽皮治去其毛，革更之。凡革之属皆从革。"（革，兽皮除去它的毛，改变它的样子。大凡革的部属都从革。）

"革"的本义为去毛的兽皮。如"皮革"。兽皮去毛而成革，所以又引申泛指免除或丢掉。如"革职"。又引申指变更、改变。如"革新"。

古代常用革做武士护身的甲胄，"兵革"原本指兵器和甲胄，后泛指军力或战争。如《战国策·秦策》："兵革大强，诸侯畏惧。"

靶
小篆

靶
楷书

靶
（bà）

"靶"是形声字。小篆从革，巴声。隶变后楷书写作"靶"。

《说文·革部》："靶，辔革也。从革，巴声。"（靶，缰绳上御人所把之革。从革，巴声。）

"靶"的本义为驾马人把握的缰绳的部位，读作 bà。引申指刀剑等物的柄，通"把"。

读作 bǎ，练习射箭或射击时特意设置的目标。如"靶场""靶子"。

鬻
小篆

鬻
楷书

鬻
（zhù）

"鬻"是会意兼形声字。小篆从米，从鬲（煮）会意，鬲兼表声。隶变后楷书写作"鬻"。

《说文·鬲部》："鬻，粥也。从鬲，米声。"（鬻，糜。从鬲，米声。）

"鬻"的本义为米粥，是"粥"的本字。

借作"鬻"（卖），指出售、以物换钱，读 yù，如《国语·齐语》："以其所有，易其所无，市贱鬻贵。"韦昭注："市，取也；鬻，卖也。"也指买。如"卖官鬻爵"。是指当权者出卖官职、爵位以聚敛财富。

幼小的样子。如"鬻子"。

（zhǎo）

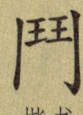

"爪"是象形字。甲骨文像一只朝下伸出的爪。金文像指尖朝上的手的形状。小篆由甲骨文演变而来，像鸟的脚趾和脚掌都向下的形状。隶变后楷书写作"爪"。

《说文·爪部》："爪，丮也。覆手曰爪。象形。凡爪之属皆从爪。"（爪，用爪抓持。一说：覆着手叫爪。象形。大凡爪的部属都从爪。）

读作 zhǎo 时，本义为手爪。也指鸟兽的脚趾。如宋代苏轼《和子由渑池怀旧》："泥上偶然留指爪，鸿飞那复计东西。"用作动词，指抓挠。如唐代柳宗元《种树郭橐驼传》："甚者爪其肤以验其生枯，摇其本以观其疏密。"此义后用"抓"来表示。

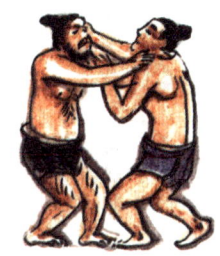

（dòu）

斗，两个士卒的手相对，兵器在后，像争斗的样子。大凡斗的部属都从斗。

"斗"是象形字。本义是两人搏斗，引申为争斗。如《说文》："斗，两士相对，兵杖在后，象斗之形。"清代徐珂《清稗类钞·战事类》："投身大敌，与之扑斗。"

较量、比赛。如《聊斋志异·促织》："试与他虫斗。"

古代天文用语，星球互相撞击。如《新唐书》："十四载二月，荧惑，太白斗于毕、昴、井、鬼间，至四月乃伏。"

让动物争斗。如："斗鸡走狗""斗蛐蛐"。

又
甲骨文

金文

小篆

楷书

父
甲骨文

金文

小篆

楷书

（yòu）

"又"是象形字。甲骨文像一只右手的样子。金文、小篆与甲骨文大体相同。隶变后楷书写作"又"。

《说文·又部》："又，手也。象形。三指者，手之列多略不过三也。凡又之属皆从又。"（又，手。象形。字形只见三个指头的原因是，表示手的一类字多是简略，不过三个。大凡又的部属皆从又。）

"又"的本义就是右手。后来有了"左右"的"右"字，这个"又"字就当更、再讲，作为副词用了。如唐代白居易《赋得古原草送别》："野火烧不尽，春风吹又生。"

（fù）

"父"是会意字。甲骨文左边的一条竖线像石斧一类的工具，右下是一只手，会手持工具之意。金文大体相同。隶变后楷书写作"父"。

《说文·又部》："父，矩也。家长，率教者。从又举杖。"（父，坚持规矩，是一家之长，是引导、教育子女的人。由"又"（手）举杖会意。）

"父"的本义为手持工具。手拿石斧从事艰苦的野外劳动的男子即为"父"，后引申指父亲。如唐代杜甫《赠卫八处士》："怡然敬父执，问我来何方。"引申作为男性长辈的通称。如"祖父""伯父"。

（ jí ）

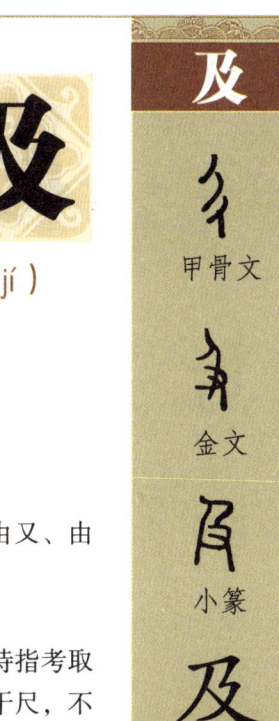

及

甲骨文

金文

小篆

楷书

　　"及"是会意字。甲骨文像一手从后面抓住一个人的样子。金文像一个弯腰的人被背后伸过来的一只右手捉住了腿。小篆承接金文而来。隶变后楷书写作"及"。

　　《说文·又部》："及，逮也。从又，从人。"（及，追上。由又、由人会意。）

　　"及"的本义就是追上或赶上。如"赶不及""企及"。

　　由追上引申为到或至。如"及第"指古代科举考试中选，特指考取进士。又引申为比得上。如唐代李白《赠汪伦》："桃花潭水深千尺，不及汪伦送我情。"

（ bǐng ）

秉

甲骨文

金文

小篆

楷书

　　"秉"是会意字。甲骨文像手拿一把禾稻。金文中禾在右边，手在左边。小篆承接金文，手满把攥住禾稻。隶变后楷书写作"秉"。

　　《说文·又部》："秉，禾束也。从又持禾。"（秉，禾一把。由"又"（手）持握"禾"会意。）

　　"秉"的本义是禾把、禾束。如《诗经·小雅·大田》："彼有遗秉。"意思是（收割后）那边田里还有遗落的禾把。

　　因为禾把是用手拿的，所以又引申指手拿着、手持。如《古诗十九首·生年不满百》："何不秉烛游？"

取

（qǔ）

甲骨文

金文

小篆

楷书

"取"是会意字。甲骨文左边是一只耳朵，右边是一只手（又），合起来表示用手割耳朵之意。金文的形体与甲骨文大致相同。小篆线条化。隶变后楷书写作"取"。

《说文·又部》："取，捕取也。从又，从耳。《周礼》：'获者取左耳。'《司马法》曰：'载献聝。'聝者，耳也。"（取，捕获。由又、由耳会意。《周礼》说："被捕获的野兽割取左耳。"《司马法》曰："献上聝。"聝，是割下的耳朵。）

"取"的本义为捕获到野兽或战俘时割下左耳。引申为拿。如"对面取人物"，是说当着面拿取别人的货物。

彗

（huì）

甲骨文

小篆

楷书

"彗"是象形兼会意字。甲骨文像扫帚的形状。隶变后楷书分别写作"彗"。

《说文·又部》："彗，扫竹也。从又持丰丰。"（彗，扫帚。由"又"持握"丰丰"会意。）

"彗"的本义是扫帚。引申为动词扫。如《后汉书·光武帝纪下》："高锋彗云。"意思是强大的武力就像是风扫残云一样。

"彗"又比喻像扫帚状围绕太阳运行的一种天体——"彗星"。当它接近太阳时，在背向太阳的方向形成长的光尾，形状像扫帚，所以也叫扫帚星。古人认为彗星的出现是不祥之兆。

（ yǒu ）

"友"是会意字。甲骨文和金文都是方向相同的两只右手靠在一起的样子，会志同道合地做一件事情之意。隶变后楷书写作"友"。

《说文·又部》："友，同志为友。从二又。相交友也。"（友，志趣相同为友。由两个"又"（手）字会意，表示相交为友的意思。）

"友"的本义是朋友。如《荀子·性恶》："择良友而友之。"前一个"友"是名词，当朋友讲；后一个"友"是动词，当结交讲。也就是说，要选择好的朋友和他结交。

还表示相好的、非常亲密的。如"友善""友爱"。

（ shǐ ）

"史"是会意字。甲骨文上部像捕捉禽兽的长柄网，下部是一只右手。金文与甲骨文的形体大致相同。小篆的形体承接金文而来。隶变后楷书写作"史"。

《说文·史部》："史，记事者也。从又持中；中，正也。凡史之属皆从史。"（史，记事的人。由"又"持握着"中"会意。中，是正的意思。大凡史的部属都从史。）

"史"的本义是指管理狩猎或记录猎获物的人。引申指古代掌管记载史事的官。如《左传·宣公二年》："董狐，古之良史也。"

又引申为记载历史的书称为"史"。如"历史书""史鉴"。

画

（huà）

画

小篆

畫

楷书

画，画分界限。（画）像田和四周的界画。聿，是用来画分界限的器具。大凡画的部属都从画。

"画"的本义是画分界线。如《说文》："画，界也，象田四界，聿所以画之。"《左传·襄公四年》："画为九州。"

绘画、画画。如清代全祖望《梅花岭记》："为蛇画足。"

筹划、谋划。如《说文》："画，计也，策也。"《资治通鉴》："助画方略。"

画作。如清代薛福成《观巴黎油画记》："画果真邪。"

计策、计划。如唐代柳宗元《封建论》："后乃谋臣献画，而离削自守矣。"

臣

甲骨文

（chén）

臣

金文

臣

小篆

臣

楷书

"臣"是象形字。甲骨文就像竖起来的一只眼睛。当人低头向上斜视时，眼睛便会竖起来。隶变后楷书写作"臣"。

《说文·臣部》："臣，牵也。事君也。象屈服之形。凡臣之属皆从臣。"（臣，受牵制的人，侍奉君王的人。像屈服的样子。大凡臣的部属都从臣。）

"臣"的本义就是奴隶（男奴）。由奴隶又可以引申为俘虏。如孔颖达在注解《礼记·少仪》时说："臣，谓征伐新获民虏也。"意思就是，在征战时所捉的俘虏叫"臣"。

殳

（ shū ）

殳

甲骨文

金文

小篆

楷书

　　"殳"是会意字。金文上部是手持一支武器的形象。小篆的形体与金文大致相同。隶变后楷书写作"殳"。

　　《说文·殳部》："殳，以杸殊人也。《礼》：'殳以积竹，八觚，长丈二尺，建于兵车，车旅贲以先驱。'从又，几声。凡殳之属皆从殳。"（殳，用杸隔离人。《周礼》说：'殳用积竹制成，八条棱，长一丈二尺，树立在兵车上，车上的先锋队拿着它在前面驰驱。'从又，几声。大凡殳的部属都从殳。）

　　"殳"的本义为一种武器，主要是撞击时用的，用竹子制成，长一丈二尺，头是棱形的，非常尖锐。

段

（ duàn ）

段
金文

段
小篆

段
楷书

　　"段"是会意字。金文从殳，从厂（山崖），从两点（敲下的石块），会手于山崖敲取石块之意。隶变后楷书写作"段"。

　　《说文·殳部》："段，椎物也。从殳，耑省声。"（段，用槌棰击物体。从殳，耑省声。）

　　"段"的本义为锤击。古时在石上用棒打干肉（并施加姜、桂皮等）。如"段脩"，意为经捶捣并加姜桂的干肉。

　　敲击就会断开，所以引申为断开。断开之物是整体中的部分，故而又引申为部分。如"第三段"。由此又引申指某些部门的基层机构。如"工段"。后来又特指女子的体态、动作。

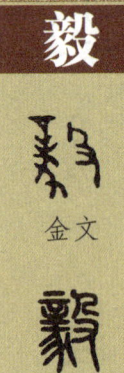

毅

金文

小篆

楷书

（ yì ）

"毅"是形声字。小篆从殳，豙声。隶变后楷书写作"毅"。

《说文·殳部》："毅，妄怒也。从殳，豙声。（毅，盛怒。从殳，豙声。）

"毅"的本义为刚强、果断、坚韧。如《论语·泰伯》："士不可以不弘毅，任重而道远。"引申指严酷、严厉。如《韩非子·内储说上》："弃灰之罪轻，断手之罚重，古人何太毅也？"

残忍、残酷。如《国语·楚语下》："强忍犯义，毅也。"

寸

甲骨文

金文

小篆

楷书

（ cùn ）

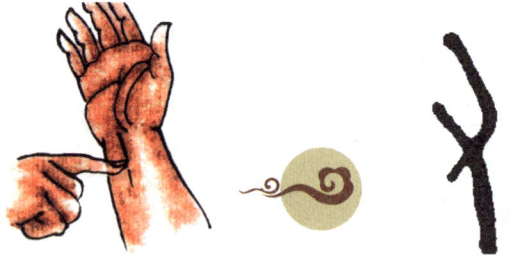

"寸"是指事字。甲骨文和金文像手的形状。在小篆的形体中，手下部左侧有一小横，指的是手腕一寸之处。隶变后楷书写作"寸"。

寸，十分。人手后退一寸，即动脉之处，叫作寸口。由又、一会意。大凡寸的部属都从寸。

"寸"的本义为长度单位，一寸约等于33.3毫米。"寸"这个长度单位相当微小，因此"寸"又用来形容极小或极短。如唐代孟郊《游子吟》："谁言寸草心，报得三春晖。"

此外，中国人习惯用长度单位及衡量事物的标尺来表示法度、常规。如"分寸"。

皮
（ pí ）

皮
金文

小篆

皮
楷书

"皮"是会意字。金文的左边是一把长柄平头的铲刀，刀柄的右侧还有一个铁环，右下侧是一只手。小篆只保留了手的部分。隶变后楷书写作"皮"。

《说文·皮部》："皮，剥取兽革者谓之皮。从又，为省声。凡皮之属皆从皮。"（皮，剥取兽皮叫作皮。从又，为省声。大凡皮的部属都从皮。）

"皮"的本义为兽皮。如《左传·僖公十四年》："皮之不存，毛将焉附？"由兽皮引申指物体的表面。如《史记·郦食其传》："以目皮相。"意思是，只从表面看。

整
（ zhěng ）

整
金文

整
小篆

整
楷书

"整"是会意兼形声字。小篆从攴，从束，从正，会以手整理捆束使整齐之意，正兼表声。隶变后楷书写作"整"。

《说文·攴部》："整，齐也。从攴，从束，从正，正亦声。"（整，整齐。由攴、由束、由正会意。正也表声。）

"整"的本义为整理、整顿。如《宋史·儒林传六·李道传》："虽处暗室，整襟危坐。"引申指有秩序、有条理。如"整洁"。

由整齐引申为完全无缺、齐备。如"化整为零""整天"。

又引申指修理、美化。如"整修""整形"。整理是一种纠治行为，故又引申指使吃苦头。如"整人""整蛊"。

赦

（ shè ）

　　"赦"是形声字。金文从攴，亦声。小篆改为赤声并整齐化。隶变后楷书写作"赦"。

　　《说文·攴部》："赦，置也。从攴，亦声。"（赦，舍弃，放置。从攴，亦声。）

　　"赦"的本义为舍弃、放置。引申指宽免罪过。如《史记·廉颇蔺相如列传》："臣从其计，大王亦幸赦臣。"

　　引申指宽容。如《论语·子路》："先有司，赦小过，举贤才。"

收

（ shōu ）

　　"收"是会意兼形声字。小篆从攴，从丩，会拘捕犯人之意，丩兼表声。隶变后楷书写作"收"。

　　"收"的本义为逮捕、拘押。引申指把散开的东西聚拢。如汉代贾谊《过秦论》："收天下之兵，聚之咸阳。"又引申指取得、占取、获得（利益）。如"坐收渔利""名利双收"。又指接受、容纳。如"美不胜收""收礼物"。还可引申指把属于自己的东西取回、收回。如"收回""收复"。进而指控制、约束。如"收心""收敛"。

牧
（ mù ）

　　"牧"是会意字。甲骨文像拿着木棍赶牛。金文将"牛"放在了左边。小篆是由金文演变而来。隶变后楷书写作"牧"。

　　《说文·攴部》："牧，养牛人也。从攴，从牛。《诗》曰：'牧人乃梦。'"（牧，养牛的人。由攴、牛会意。《诗经》说："牧人于是做起梦来。"）

　　"牧"的本义是放牧。如《周礼·牧人》："掌牧六牲。"

　　引申为统治、主管。如三国时刘备就曾经做过"豫州牧"。

教
（ jiào ）

　　"教"是会意字。甲骨文左为子，两个叉表示孩子在学算术，右边是一只手拿了一条教鞭。金文的形体与甲骨文相似。小篆线条化。隶变后楷书写作"教"。

　　《说文·教部》："教，上所施下所效也。从攴，从孝。凡教之属皆从教。"（教，在上位的施教，在下位的仿效。由攴、孝会意。大凡教的部属都从教。）

　　"教"的本义是教育、指导。如《礼记·学记》："教也者，长善而救其失者也。"

占

甲骨文

占 小篆

占 楷书

占（zhān）

"占"是会意字。甲骨文从卜，从口，会以口问卜之意。小篆与金文大致相同。隶变后楷书写作"占"。

《说文·卜部》："占，视兆问也。从卜，从口。"（占，察兆问疑。由卜、由口会意。）

"占"的本义指视龟甲之兆推知吉凶，读作zhān。如《仪礼·士丧礼》："占者三人。"引申指通过观察物象来推断吉凶。如"占卦"、"占星"。

引申指不起草、口述。如《西游记》第一百回："一夜无寐，口占几句俚谈，权表谢意。"

用

甲骨文

用 金文

用 小篆

用 楷书

用（yòng）

"用"是象形字。甲骨文像一只木桶，可见"用"是"桶"的初文。金文与甲骨文一脉相承。小篆的写法进一步线条化。隶变后楷书写作"用"。

《说文·用部》："用，可施行也。从卜，从中。卫宏说。凡用之属皆从用。"（用，可以施行。由卜、由中会意。是卫宏的说法。大凡用的部属都从用。）

"用"的本义为桶。桶是常用之物，所以引申为使用、采用。

器物可以使用，资源财货也可以使用，所以"用"后来又引申指可用的资源、财货。

（yáo）

"爻"是象形字。甲骨文像物与物相互交叉的样子。金文像三物互相交叉的样子。小篆承接甲骨文。隶变后楷书写作"爻"。

爻，交错。像《易》卦六爻相交。大凡爻的部属都从爻。

"爻"的本义为交叉蓍草或算筹进行占卜计算。交叉可以产生变化，故在《易》中，"爻"表示组成卦的符号。

"爻"为部首字。但真正属于"爻"部的字是很少的，有些汉字只是因为它们的楷书结构中含有"爻"的笔形而又难以归部，只好归入"爻"部。如"爽""肴"等。

甲骨文

金文

小篆

楷书

尔

（ěr）

尔，丽尔，犹如说空明。由门、由㸚会意，㸚表示孔格疏朗，尒声。尔与爽都从㸚，构形之意相同。

"尔"的本义是窗户上的花纹。如《诗经·小雅·采薇》："彼尔维何？维常之华。"

距离近。如《诗经·大雅·行苇》："戚戚兄弟，莫远具尔。"《仪礼·燕礼》："公降立于阼阶之东南，南乡尔卿。"

第二人称代词你，你们。如《孟子》："尔为尔，我为我。"宋代欧阳修《归田录》："尔安敢轻吾射。"

如此。如晋代陶渊明《饮酒》："问君何能尔。"

而已、罢了。如宋代欧阳修《归田录》："唯手熟尔。"

甲骨文

金文

小篆

楷书

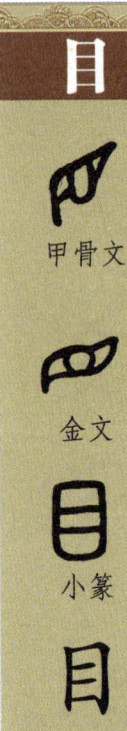

甲骨文

金文

小篆

楷书

目

（ mù ）

"目"是象形字。甲骨文和金文都象一只眼睛之形，周围是眼眶，两旁是眼角，中间是眼珠。小篆把眼睛竖了起来。隶变后楷书写作"目"。

《说文·目部》："目，人眼。象形。重，童子也。凡目之属皆从目。"（目，人的眼睛。象形。眶内的重划二，表示瞳仁。大凡目的部属都从目。）

"目"的本义为人的眼睛。

作动词，表示观看、注视。如"一目了然"。

盼

盼

小篆

楷书

盼

（ pàn ）

"盼"是会意兼形声字。小篆从目，从分，表示眼睛黑白分明，分兼表声。隶变后楷书写作"盼"。

《说文·目部》："盼，《诗》曰：'美目盼兮。'从目，分声。"（盼，《诗经》说："美目（流转），眼珠儿黑白分明啊。"从目，分声。）

"盼"的本义为眼睛黑白分明，比喻美目流转。如《文心雕龙·情采》："夫铅黛所以饰容，而盼倩生于淑姿。"又引申为看。如"顾盼生姿"。还引申出企望之意。如"盼望"。

（ xiāng ）

相

甲骨文

金文

小篆

楷书

　　"相"是会意字。甲骨文从木，从目，会用目来看树木之意。金文大体相同。小篆直接从甲骨文、金文演变而来。隶变后楷书写作"相"。

　　《说文·目部》："相，省视也。从目，从木。《易》曰：'地可观者，莫可观于木。'《诗》曰：'相鼠有皮。'"（相，察看。由目、木会意。《易经》说："地上可观的东西，没有什么比树木更可观了。"《诗经》说："察看那老鼠，一定有皮。"）

　　"相"的本义是细看、观察。如《左传·隐公十一年》："相时而动。"引申为相面。

（ kān ）

看

小篆

楷书

　　"看"是会意字。小篆从手，从目。人们向前看时，习惯把手放在额头上，以遮挡阳光，"看"的字形正是这一姿势的缩影。隶变后楷书写作"看"。

　　《说文·目部》："看，睎也。从手下目。"（看，望。由"手"下加"目"字会意。）

　　"看"的本义为远望。最常用的意义就是用眼睛去注视和观赏。

　　由注视引申指观察并加以估量、判断。如"看风使舵"。又引申指看待、对待。如"士别三日，刮目相看"。由远望引申指探望、访问。又引申指照看、料理和招待。如范成大《田家留客行》："木臼新春雪花白，急炊香饭来看客。"

眯

眯
小篆

眯
楷书

（ mí ）

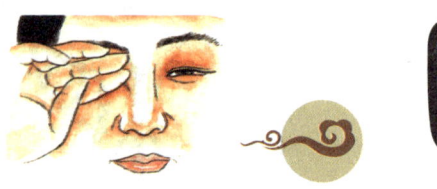

"眯"是形声字。从目，米声。本义是草入眼中，让视线模糊。

　　"眯"的本义是东西进入眼中。如《说文》："草入目中也。"《庄子·天运》："夫播穅眯目，则天地四方易位矣。"《淮南子·缪称》："故若眯而抚，若跌而据。"《淮南子·说林》："蒙尘而眯。"

　　又读作 mī。指眼皮微微闭合。如"眯缝着眼睛"。

　　小睡、在白天打个盹。如"眯一小会儿"。

眉

眉
甲骨文

眉
金文

眉
小篆

眉
楷书

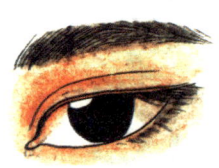

（ méi ）

"眉"是象形字。甲骨文下部是眼睛（横着的"目"）。金文更加形象：三根眉毛直接长在上眼皮上，眉下是"目"。小篆的形体线条化了。隶变后楷书写作"眉"。

　　《说文·眉部》："眉，目上毛也。从目，象眉之形，上像额理也。凡眉之属皆从眉。"（眉，眼上的眉毛。从目，冖像眉毛的形状，上面的乂像额上的纹理。大凡眉的部属都从眉。）

　　"眉"的本义为眉毛。如"蛾眉"，蚕蛾触须细长而弯曲，用来比喻女子美丽的眉毛。后来遂用"蛾眉"来借指女子美丽的容貌，或用作美女的代称。如白居易《长恨歌》："宛转蛾眉马前死。"

　　泛指在上面的。如书的正文上部叫"书眉"。

自
（ zì ）

自
甲骨文

自
金文

自
小篆

自
楷书

　　"自"是象形字。甲骨文像人的鼻子的形状。金文承之。小篆线条化，但下部已经看不出鼻孔的样子了。隶变后楷书写作"自"。

　　《说文·自部》："自，鼻也。象鼻形。凡自之属皆从自。"（自，鼻子。像鼻子的形状。大凡自的部属都从自。）

　　"自"的本义为鼻子。古人常用手指指自己的鼻子来表示自己，故用作第一人称代词，表示自己。如"自称"。又引申为亲自、自行。如"自立为王"。

百
（ bǎi ）

百
甲骨文

百
金文

百
小篆

百
楷书

　　"百"是指事字。甲骨文形体是在"白"字之上加"一"为指事符号，与"白"相区别。金文与甲骨文大致相同。小篆整齐化、符号化。隶变后楷书写作"百"。

　　百，十个十。由一、由白会意。数目，十个百是一贯。这样就能彰明不乱。

　　"百"的本义指十个十。如林嗣环《口技》："虽人有百手，手有百指，不能指其一端。"

　　引申指众多。如《孙子兵法》："知彼知己，百战不殆。"意思是说，既了解敌人也了解自己，多次作战也不会失败。

鼻

甲骨文

小篆

楷书

（ bí ）

"鼻"是会意兼形声字。小篆从自（鼻子），从畀（表示给予、付与），会用鼻子一呼一吸，自相给予之意，畀兼表声。隶变后楷书写作"鼻"。

《说文·鼻部》："鼻，引气自畀也。从自畀。凡鼻之属皆从鼻。"（鼻，引气以自助。由自、畀会意。大凡鼻的部属都从鼻。）

"鼻"的本义为用鼻子闻。后来当鼻子讲的"自"被引申义所专用，所以"鼻"被借用来表示鼻子。如"仰人鼻息"，意思是依赖别人的呼吸来生活。比喻依赖别人，不能自主。

动物出生时先露出鼻子，故引申为创始。如"鼻祖"。又引申为器物上面突出带孔的部分或零件。如"针鼻""门鼻"。

习

甲骨文

小篆

楷书

（ xí ）

习，鸟儿频频试飞。由羽、由白会意。大凡习的部属都从习。

"习"的本义是小鸟频频试飞。如《说文》："习，数飞也。"《礼记·月令》："鹰乃学习。"晋代左思《咏史》："习习笼中鸟，举翮触四隅。"

反复练习。如《论语·学而》："学而时习之，不亦说乎？"

熟悉。如《战国策·秦策》："不习于诵。"唐代韩愈《师说》："皆通习之。"《资治通鉴》："不习水战。"

学习。如《吕氏春秋·造父》："始习于大豆。"唐代韩愈《师说》："习其句读。"

习惯于。如宋代王安石《答司马谏议书》："人习于苟且非一日。"宋代苏轼《教战守》："习于钟鼓。"

羽

（ yǔ ）

"羽"是象形字。甲骨文、金文、小篆都像极了羽毛的样子。隶变后楷书写作"羽"。

《说文·羽部》："羽，鸟长毛也。象形。凡羽之属皆从羽。"（羽，鸟翅上的长毛。象形。大凡羽的部属都从羽。）

"羽"的本义是指鸟的翅膀。如"羽翼"。由于翅膀助鸟飞翔，故又引申指党徒。如"党羽"。

又引申指代羽扇、旌旗、箭。如卢纶《塞下曲》："平明寻白羽，没在石棱中。"其中"白羽"指白羽箭。

特指古代五音（宫、商、角、徵、羽）之一。

翦

（ jiǎn ）

"翦"是形声字，从羽前声。本义是初生的羽毛。另一义是箭羽。

"翦"的本义是初生的羽毛或箭羽。如《说文》："翦，羽初生也。一曰矢羽。"

修剪整齐。如《诗经·鲁颂·閟宫》："实始翦商。"《韩非子·五蠹》："茅茨不翦。"

收割、杀戮。如《礼记·文王世子》："不翦其类也。"

歼灭。如"翦除羽翼"。

削弱。如《左传·襄公十四年》："毋是翦弃。"《左传·哀公十一年》："卫人翦夏戊。"《左传·宣公十二年》："其翦以赐诸侯，使臣妾之。"

翱
小篆

翱
楷书

（áo）

"翱"是形声兼会意字。小篆从羽，皋声，皋兼表高之意。隶变后楷书分别写作"翱"和"翶"。如今规范化，以"翱"为正体。

《说文·羽部》："翱，翱翔也。从羽，皋声。"（翱，回旋飞翔。从羽，皋声。）

"翱"的本义为鸟展开翅膀一上一下扇动高飞的样子。常用作"翱翔"。

关于"翔"与"翱"的区别，《淮南子·俶真训》中说道："鸟之高飞，翼上下曰翱，直刺不动曰翔。"意思是说，在高空飞行的鸟，双翼上下扇动为"翱"，双翼直刺不动为"翔"。

翯
小篆

翯
楷书

（hè）

翯，鸟儿色白、肥壮而又有光泽的样子。从羽，高声。《诗经》说："白色的鸟儿肥壮而又有光泽。"

"翯"的本义是（鸟）白而肥泽。如《说文》："翯，鸟白色泽貌。"明代沈德符《万历野获编》："与凤同类……翯翯在文王之囿。"

洁白的样子。如《诗经·大雅·灵台》："白鸟翯翯。"明代沈德符《万历野获编》："三人俱春秋高，须眉翯然。"

隹

（ zhuī ）

隹 甲骨文

金文

小篆

楷书

"隹"是象形字。甲骨文就像鸟的样子。金文显得更加形象。小篆承接金文而来。隶变后楷书写作"隹"。

《说文·隹部》："隹，鸟之短尾总名也。象形。凡隹之属皆从隹。"（隹，短尾鸟的总名。象形。大凡隹的部属都从隹。）

"隹"本为短尾鸟的总称，"鸟"最初则作为长尾鸟的总称。

"隹"属部首字。凡由"隹"组成的字，大都与鸟等禽类有关。如"雕"、"雞"（鸡）、"雌"、"雄"。

雀

（ què ）

雀 甲骨文

金文

小篆

楷书

"雀"是象形字。甲骨文的形象就像一个鸟头，头顶上有一撮羽毛。小篆承接甲骨文。隶变后楷书写作"雀"。

《说文·隹部》："雀，依人小鸟也。从小、隹。读与爵同。"（雀，依人而宿的小鸟。由小、隹会意。音读与"爵"字同。）

"雀"本义指麻雀或山雀。如"螳螂捕蝉，黄雀在后"，是说螳螂正要捉蝉，却不知黄雀在后面正要吃它。现在用来比喻目光短浅，只想到算计别人，没想到别人正在算计自己。

雉

甲骨文

小篆

雉
楷书

雉
（zhì）

"雉"是会意兼形声字。甲骨文从隹（鸟），从矢，会用箭射取野鸡之意，矢兼表声。小篆整齐化。隶变后楷书写作"雉"。

《说文·隹部》："雉，有十四种。从隹，矢声。"（雉，有十四种。从隹，矢声。）

"雉"的本义为雉科部分鸟的通称，形状像鸡，种类很多。

在古代，"雉"还借为计算城墙面积的单位，长三丈、高一丈为一雉。

鸡

金文

小篆

雞
楷书

鸡
（jī）

鸡，知道时辰的家禽。形声字。从隹，奚声。

"鸡"的本义是一种家禽名。如《说文》："鸡，知时兽也。从隹，奚声。籀文从鸟。"《汉书·五行志》："鸡者，小兽，主司时起居人。"《礼记·月令》："食菽与鸡。"晋代陶渊明《桃花源记》："鸡犬相闻。"唐代孟浩然《过故人庄》："故人具鸡黍。"

（duó）

夺 小篆

夺 楷书

　　金文字形，上面象振翅欲飞的鸟，下面是手（又、寸），意思是：这只振翅欲飞的鸟，眼看着就要从手中失脱掉。

　　"夺"的本义是手中的鸟丧失了。如《说文》："夺，手持隹失之也。"《论语·子罕》："三军可夺帅也，匹夫不可夺志也。"

　　夺取。如《史记·廉颇蔺相如列传》："秦王度之，终不可夺。"《史记·项羽本纪》："夺项王天下者，必沛公也。"

　　冲开、冲出。如"夺门而出"。

　　率先得到。如高启《谢赐衣》："被泽徒深厚，惭无夺锦才。"

　　剥夺、罢免。如明代高启《书博鸡者事》："胁服夺其官。"

（yáng）

羊 甲骨文

羊 金文

羊 小篆

羊 楷书

　　"羊"是象形字。甲骨文象正面的羊头之形。金文将羊的眼睛简化为一条直道。小篆整齐化。隶变后楷书写作"羊"。

　　羊，吉祥。从丫，像（羊的）头、角、足、尾的形状。大凡羊的部属都从羊。

　　"羊"是最早被中国先民们驯化的动物之一。也是十二生肖之一。在中国文化里，羊代表着美好与吉利，"吉羊"就是"吉祥"。

　　古人以羊作为祭祀时的珍贵祭品。古人祭祀时所用的"太牢""少牢"之中均有羊。

羔

甲骨文

金文

小篆

楷书

美

甲骨文

金文

小篆

楷书

（ gāo ）

"羔"是会意字。甲骨文上部是羊，下部是火，会用火烤羊之意。金文与甲骨文相似。小篆线条化。隶变后楷书写作"羔"。

《说文·羊部》："羔，羊子也。从羊，照省声。"（羔，小羊。从羊，照省昭为声。）

"羔"的本义为初生的小羊。如《楚辞·招魂》中有"炮羔"一词，就是烤整羊的意思，而所烤的整羊往往是小羊。泛指幼小的动物或植物。如"鹿羔""骆驼羔"分别指幼小的鹿、幼小的骆驼。

（ měi ）

"美"是会意字。甲骨文像一个正面站立的人。金文中，人头上的饰物更为复杂了。小篆直接承接金文。隶变后楷书写作"美"。

《说文·羊部》："美，甘也。从羊，从大。羊在六畜主给膳也。美与善同意。"（美，味道甜美。由羊、由大会意。羊在六畜之中，为供给牺肉之主。"美"字与"善"字构形同意。）

"美"的本义为美丽。如"貌美如花"。由美丽引申为味道鲜美。如"美味的牛排"。又引申指才德或品质好。如"美德"。还引申指好事、善事。如"成人之美"。

双

（shuāng）

双，鸟两只。会意字，从"隹"，"又"（手）持握着它。

"双"的本义是两只鸟。如《说文》："双，隹二枚也。"《玉台新咏·古诗为焦仲卿妻作》："中有双飞鸟，自名为鸳鸯。"

成双的、一对儿。如《玉台新咏·古诗为焦仲卿妻作》："云有第三郎，窈窕世无双。"

偶数，与"单"相对。如《宋史·礼志》："唐朝故事，只日视事，双日不坐。"

数量上的两个。如《仪礼·聘礼》："凡献，执一双。"

匹敌、相媲美。如《史记·淮阴侯列传》："至如信者，天下无双。"

鸟

（niǎo）

鸟，长尾飞禽的总名。象形字。鸟的脚象匕字之形，从匕。大凡鸟的部属都从鸟。

"鸟"的本义是长尾飞禽的总名称。如《说文》："鸟，长尾禽总名也。"《易经·小过卦》："飞鸟遗之音。"《书·君奭》："我则鸣鸟不闻。"《诗经·小雅·菀柳》："有鸟高飞。"《诗经·大雅·生民》："鸟乃去矣。"

像鸟一样。如"鸟窜"。

鸟形的。如"鸟篆"。

鸣
甲骨文

小篆

楷书

（ míng ）

鸣，鸟的叫声。由鸟、由口会意。《说文》："鸣，鸟声也。"

"鸣"的本义是鸟叫。如《诗经·大雅·卷阿》："凤凰鸣矣。"《诗经·齐风·鸡鸣》："鸡既鸣矣，朝既盈矣。"晋代陶渊明《归园田居》："狗吠深巷中，鸡鸣桑树巅。"

发出声响。如《诗经·小雅·车攻》："萧萧马鸣。"唐代柳宗元《三戒》："驴一鸣。"宋代苏轼《石钟山记》："虽大风不能鸣也。"

震惊。如唐代王维《老将行》："愿得燕弓射天将，耻令越甲鸣吾君。"

乌

小篆

楷书

（ wū ）

乌，孝顺的乌。像乌鸟形。孔子说："乌，舒气自呼的意思。"取乌的声音用来帮助语气，所以借它来作"乌呼"的乌字。大凡乌的部属都从乌。

"乌"的本义是一种鸟的名称，乌鸦。如《楚辞·屈原·涉江》："燕雀乌鹊。"

古代神话传说中对太阳的称呼。如"乌飞兔走"。

浅黑色。如《三国志·邓艾传》："身披乌衣，手执耒耜，以率将士。"又如"乌云"。

怎么、哪里。如《吕氏春秋·明理》："乌闻至乐？"《文选·左思·吴都赋》："乌闻梁岷核陟方之馆？"

毕
（ bì ）

毕
小篆

畢
楷书

毕，田猎用的长柄网。从华，华像毕网的形状，毕比华微小。有人说，上面的田是由的讹变，由表声。

"毕"的本义是田猎所用的网。如《说文》："畢，田网也。"《国语·齐语》："田守毕弋。"《汉书·扬雄传》："其余荷垂天之毕。"

猎取、网取。如《诗经·小雅·鸳鸯》："鸳鸯于飞，毕之罗之。"

完结、结束。如《史记·项羽本纪》："若入前为寿，寿毕，请以舞剑。"宋代沈括《梦溪笔谈·活板》："此印者才毕，则第二板已具。"

用尽。如《列子·汤问》："吾与汝毕力平险。"

全部、所有。如《战国策·齐策》："责毕收。"

弃
（ qì ）

弃
甲骨文

棄
小篆

棄
楷书

弃，抛掉。由"收"（双手）推着"华"去抛弃；又，从云，云是迸递之子。

"弃"的本义是扔掉，抛弃。如《说文》："弃，捐也。"《左传·僖公二十二年》："天之弃商也久矣。"宋代苏洵《六国论》："举以予人，如弃草芥。"清代徐珂《清稗类钞·战事类》："敌弃炮仓皇遁。"

废除、废弃。如《左传·昭公二十九年》："水官弃矣。"

忘记、遗忘。如《尔雅》："弃，忘也。"《左传·昭公十三年》："其庸可弃乎？"

离开。如《战国策·秦策》："子弃寡人。"

幺

（yāo）

幺
金文

8
小篆

幺
楷书

"幺"是象形字。金文像一小束丝的样子。小篆与金文的形体相似。隶变后楷书写作"幺"。

《说文·幺部》："幺，小也。象子初生之形。凡幺之属皆从幺。"（幺，小。像婴儿刚刚出生的样子。大凡幺的部属都从幺。）

"幺"的本义为小。如宋代苏轼《异鹊》："家有五亩园，幺凤集桐华。"

因为一是最小的整数，所以至今人们还称"一"为幺。"幺"也指排行最末的。如在湘西及四川一带称幼子为"幺儿"。

受

（shòu）

受
甲骨文

受
金文

受
小篆

受
楷书

"受"是会意兼形声字。甲骨文上下为两只手，中间是一条船，是一手"授"、一手"受"的意思，会一方给予、一方接受之意。金文中间部分讹为"舟"，舟兼表声。小篆线条化。隶变后楷书写作"受"。

《说文·受部》："受，相付也。从受，舟省声。"（受，互相交付。从受，舟省声。）

"受"的本义为互相交付。引申为给予。后增加义符"扌"，突出了手给之意，于是给予之意就由"授"来代替。

"受"也当接受讲。如《三国志·吴书·吴主传》："权辞让不受。"意思是孙权辞让不接受。

争

争

(zhēng)

“争”是会意字。甲骨文、金文都像两手争夺一物的样子。小篆线条化。隶变后楷书写作“爭”。汉字简化后写作“争”。

“争”的本义就是争夺，指把东西拽过来归为己有。如《墨子·公输》：“杀所不足而争所有余，不可谓知。”引申为夺取、争取。如“争先恐后”、“力争上游”。

还引申为言语之争，有争论、争辩的意思。

甲骨文

金文

小篆

爭

楷书

殊

殊

(shū)

“殊”是形声字。小篆从歹，朱声。隶变后楷书写作“殊”。

《说文·歺部》：“殊，死也。从歺，朱声。汉令曰：‘蛮夷长有罪，当殊之。’”（殊，杀死。从歹，朱声。汉朝的法令说：“蛮夷戎狄之长有罪，判决杀死他们。”）

“殊”的本义为斩首。如《汉书·高帝纪》：“其赦天下殊死以下。”泛指死。如《史记·淮南衡山列传》：“太子即自刭，不殊。”意思是太子就自杀了，但是没死。

小篆

殊

楷书

残

残 小篆

残 楷书

残
（cán）

残，伤害。形声字。从歹，戋声。从"歹"表示与死亡有关。

"残"的本义是伤害。如《仓颉篇》："残，伤也。"《诗经·大雅·民劳》："废为残贼。"《战国策·齐策》："则汝残矣。"《左传·宣公二年》："残名以逞。"

毁坏、破坏。如《荀子·荣辱》："家室立残，亲戚不免于刑戮。"

凋落。如唐代李商隐《无题》："东风无力百花残。"

凶残、狠毒。如《汉书·隽不疑传》："故不疑为吏，严而不残。"

残废。如汉代司马迁《报任安书》："顾自以为身残处秽，动而见忧。"

残留、残存。如《庄子·马蹄》："故纯朴不残，孰为牺尊？"

死

甲骨文

金文

小篆

死 楷书

死
（sǐ）

"死"是会意字。甲骨文从歹（即歺，表示枯骨），从人，像人跪坐在枯骨旁边，会人死之意。金文的构形基本与甲骨文相同。小篆整齐化。隶变后楷书写作"死"。

《说文·死部》："死，澌也，人所离也。从歹，从人。凡死之属皆从死。"（死，精气穷尽，是人们形体与魂魄相离的名称。由歹、人会意。大凡死的部属都从死。）

"死"的本义为生命终止。后来扩大到指所有的动植物失去生命。死去的东西就不再动了，因此不灵活的、固定不动、呆板的东西也称为"死"。如"死心眼儿""死水"。死与生不可调和，故又引申为势不两立。如"死敌""死对头"。

肾
（ shèn ）

肾，属水的脏器。从肉，臤声。

肾是指位于脊椎动物体腔内脊柱近旁的一对内脏器官，主要功能是排出尿液、尿酸和其他代谢的排泄物。如《说文》："肾，水藏也。从肉，臤声。"《素问·六节藏象论》："肾者，主蛰封藏之本，精之处也。其华在发，其充在骨。"

指外肾，即睾丸。如"肾水"。

指性功能。如"肾亏"。

胃、沙囊。如"鸭肾"。

肺
（ fèi ）

"肺"是形声字。小篆从肉（月），市声。隶变后楷书写作"肺"。

《说文·肉部》："肺，金藏也。从肉，市声。"（肺，属金的脏器。从肉，市声。）

"肺"的本义为人和某些高等动物的呼吸器官。如《春秋·元命苞》："肺有金之精，制割立断。"《淮南子·精神》："肺为气。"《素问·刺禁论》："肺藏于右。"清代方苞《左忠毅公逸事》："吾师肺肝，皆铁石所铸造也。"

比喻内心。如"肺腑之言"，就是出于内心真诚的话。

脾

脾 小篆

脾 楷书

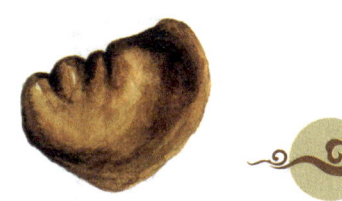

（ pí ）

"脾"是形声字。小篆从肉（月），卑声。隶变后楷书写作"脾"。

《说文·肉部》："脾，土藏也。从肉，卑声。"（脾，属土的脏器。从肉，卑声。）

"脾"的本义为脾脏，是贮血和产生淋巴与抗体的重要器官，有调节新陈代谢的作用。引申指人的性情。如《红楼梦》第八十四回："都像宝丫头那样心胸儿、脾气儿，真是百里挑一的。"

肝

肝 小篆

肝 楷书

（ gān ）

"肝"是形声字。小篆从肉（月），干声。隶变后楷书写作"肝"。

《说文·肉部》："肝，木藏也。从肉，干声。"（肝，属木的脏器。从肉，干声。）

"肝"的本义为肝脏。如清代方苞《左忠毅公逸事》："吾师肺肝，皆铁石所铸造也。"肝、胆连用，用以比喻真挚的心意。如《史记·淮阴侯列传》："臣愿披腹心，输肝胆，效愚计，恐足下不能用也。"

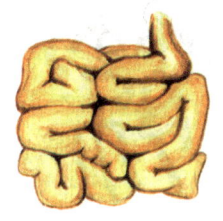   

肠
（ cháng ）

肠，大小肠。形声字。从肉，昜声。本义是人或动物的一种消化器官。

"肠"的本义是消化器官大小肠。如《说文》："大小肠也。从肉昜声。"

指动物的肠子或肠子制成的食品。如"肥肠"。

指人的内心或情怀。如"热心肠"。

代指肚子。如《北齐书·琅邪王俨传》："琅邪王年少，肠肥脑满，轻为举措。"

脂
（ zhī ）

"脂"是形声字。小篆从肉（月），旨声。隶变后楷书写作"脂"。

"脂"的本义为有角动物（如牛羊）所含的油脂。如《礼记·内则》："脂膏以膏之。"孔颖达疏："凝者为脂，释者为膏。"泛指人或动植物体内所含的油性物质。如《诗经·卫风·硕人》："肤如凝脂。"

又比喻人民的血汗与财富。如"民脂民膏"。又特指胭脂。如五代李煜《乌夜啼》："胭脂泪，留人醉，几时重。"

肠
腸
小篆
腸
楷书

脂
脂
小篆
脂
楷书

筋

（ jīn ）

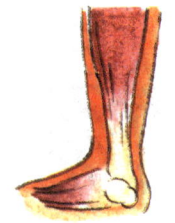  

"筋"是会意字。小篆从力，从肉（月），从竹（俗多用竹皮勒东西），会像竹一样能勒东西的有力之肉之意。隶变后楷书写作"筋"。

筋，肉中的筋。由力、由肉、由竹会意。竹，多筋的物体。大凡筋的部属都从筋。

"筋"的本义为附在骨头或肌腱上的韧带。如"筋肉"。引申指可以看见的皮下静脉血管。如"青筋暴露"。也指肌肉。

还指像筋的东西。如"橡皮筋儿"。

植物的脉络也称"筋"。如"这菜筋多嚼不烂"。

刀

（ dāo ）

"刀"是象形字。甲骨文和金文都像刀尖向上、刀刃向左的一把刀。小篆的刀尖弯曲得夸张。隶变后楷书写作"刀"。

《说文·刀部》："刀，兵也。象形。凡刀之属皆从刀。"（刀，兵器。象形。大凡刀的部属都从刀。）

"刀"的本义为古代兵器名。如"刀枪""大刀"。后来引申泛指用于切割砍削的有锋刃的工具。如"剪刀""木工刀"。

也泛指所有像刀的东西。如"冰刀"。

利
（lì）

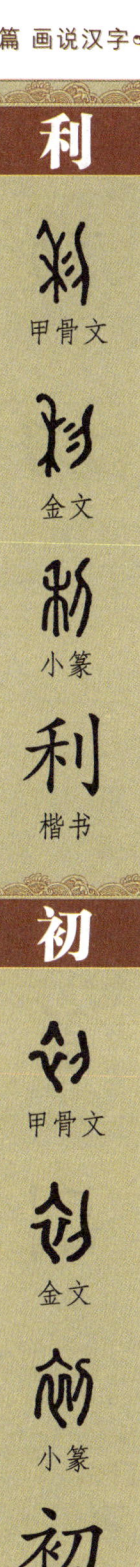
　　"利"是会意字。甲骨文从刀，从禾，会用刀收割禾谷之意。金文、小篆与甲骨文大致相同。隶变后楷书写作"利"。

　　利，锋利。从刀。和顺协调然后有利，所以从和省。《易经》说："利益，是由于义的顺。"

　　"利"的本义为割禾，引申泛指锋利、刀口快。如《韩非子·难一》："矛之利，于物无不陷也。"又引申指快捷、灵便。如《荀子·劝学》："假舆马者，非利足也，而致千里。"

初
（chū）

　　"初"是会意字。甲骨文从刀，从衣，会裁衣开始之意。金文和小篆都是由甲骨文演变而来。隶变后楷书写作"初"。

　　《说文·刀部》："初，始也。从刀，从衣。裁衣之始也。"（初，开始。由刀、由衣会意。裁割衣服的开始。）

　　"初"的本义为裁衣之始。泛指开始、第一个。如"年初"。

　　又指开始的一段时间。如"初生"。又引申指最低的等级。如"初级读本"。

切

（qiē）

"切"是会意兼形声字。小篆从刀，从七，会用刀砍断之意，七兼表声。隶变后楷书写作"切"。

《说文·刀部》："切，刌也。从刀，七声。"（切，切断。从刀，七声。）

"切"的本义为用刀把东西截断、分开，读作 qiē。引申指加工珠宝玉器。如《论衡·量知》："切磋琢磨，乃成宝器。"

引申比喻学问、道德上互相观摩，取长补短。如《诗经·卫风·淇奥》："有匪君子，如切如磋，如琢如磨。"

小篆

切

楷书

副

（pì）

"副"是形声字。小篆从刀，畐声。隶变后楷书写作"副"。

副，剖分。从刀，畐声。《周礼》说："剖开牲的肢体来祭祀。"

"副"的本义指剖分、破开，读作 pì。如《诗经·大雅·生民》："不坼不副（胞衣没有破裂），无菑无害。"引申表示相称、相配，读作 fù。如"名不副实""名副其实"。

又引申指居第二位的、辅助的。如"副职""副手"。

用作量词，指相配成对后成套的。如"一副耳环"。也指一张。如"一副嘴脸"。

小篆

副

楷书

刊
（ kān ）

"刊"是形声字。小篆从刀，干声。隶变后楷书写作"刊"。

《说文·刀部》："刊，剟也。从刀，干声。"（刊，削。从刀，干声。）

"刊"的本义为削砍。如《尚书·益稷》："予乘四载，随山刊木。"引申指雕刻。如班固《封燕然山铭》："乃遂封山刊石，昭铭盛德。"

古代书刻在竹简上，刻错了就要削去，故引申指修改、删定。

如今泛指排版印刷。如"刊登"。

删
（ shān ）

删即刊削去不要的文字，从册（书简），从刀。隶变后楷书写作"删"。

《说文·刀部》："删，剟也。从刀册。册，书也。"（删，删削。由刀、册会意。册，表示简牍。）

"删"的本义为刊削，也就是砍除、删除的意思。如《汉书·律历志上》："删其伪辞。"

选录、摘录。如《尚书·孔序》："删诗为三百篇。"《汉书·艺文志》："今删其要，以备篇籍。"

刊

小篆

刊

楷书

删

甲骨文

删

小篆

删

楷书

刮
（ guā ）

"刮"是形声字。小篆从刀，昏声。隶变后楷书写作"刮"。

《说文·刀部》："刮，掊把也。从刀，昏声。"（刮，刮摩。从刀，昏声。）

"刮"的本义为用刀子等紧贴着物体表面移动，削去物体表面上的东西。如"刮骨去毒"。引申指擦拭。如"士别三日，当刮目相待"。

又引申指用片状物等紧贴着物体表面移动，把浆糊、泥等涂在物体表面。如"刮泥子"。风从表面吹过与刮相似，故又引申指（风）吹。如"刮风"。

制
（ zhì ）

"制"是会意字。小篆从刀，从未（枝条繁茂之树），因为树木长大成材后就可以裁断、切割、制作用品，以此会裁割之意。隶变后楷书写作"制"。

《说文·刀部》："制，裁也。从刀，从未。未，物成有滋味，可裁断。一曰：止也。"（制，裁断。由刀、未会意。未，树木老成，即有滋味，可以裁断。另一义说：制是禁止。）

"制"的本义指裁割。引申泛指裁制、制作。如《诗经·豳风·东山》："制彼裳衣。"意思就是制作裤子和上衣。修剪树枝可限制树疯长，故又引申指限定、约束、掌控、制服。如"克敌制胜"。

（左侧栏）

刮

小篆

刮
楷书

制

金文

小篆

制
楷书

券 （ quàn ）

小篆

券
楷书

"券"是形声字。小篆从刀，龹声。隶变后楷书写作"券"。

《说文·刀部》："券，契也。从刀，龹声。券别之书，以刀判契其旁，故曰契券。"（券，契据。从刀，龹声，契券的文书。用刀分刻契券的旁边，所以叫作契券。）

"券"的本义为古代用于买卖或债务的契据。书于简牍，常分为两半，契约双方各执其一，以为凭证，如现在的合同。如《战国策·齐策》："使吏召诸民当偿者，悉来合券。"

耒 （ lěi ）

金文

小篆

耒
楷书

"耒"是象形字。金文左上方是一只手，右边是一个像杈形的农具，会手握农具劳动之意。隶变后楷书写作"耒"。

《说文·耒部》："耒，手耕曲木也。从木推丰。凡耒之属皆从耒。"（耒，手耕时期的曲木。由"木"推着表示草芥的"丰"会意。大凡耒的部属都从耒。）

"耒"的本义是一种耕田用的曲木，是战国时期使用的手耕农具。如《汉书·郦食其传》："农夫释耒。"就是说农民放下手中的耒。又引申为一种像犁的农具，称为"耒耜"。"耒耜"是我国最原始的翻土工具，后世也把各种耕地用的农具都称为"耒耜"。

甲骨文

金文

角

小篆

角

楷书

衡

金文

小篆

衡

楷书

角 （jiǎo）

"角"是象形字。甲骨文像割下来的一只兽角。金文的形状跟甲骨文相似。小篆整齐化。隶变后楷书写作"角"。

角，禽兽的角。象形。小篆"角"字与"刀""鱼"二字有相似的地方。大凡角的部属都从角。

"角"的本义为兽角，此时读作 jiǎo。如"鹿角"。由此引申为形状像兽角的事物。兽角之形应用到数学上，指几何学中的角。如"三角形"。由此又引申指角落。如"屋角""拐角"。伸入水域的陆地的尖端或延长部分也称为"角"。如"好望角"。

衡 （héng）

衡，牛好举角抵触，横绑大木在牛的角上，（以防抵触）。由角、由大会意，行声。《诗经》说："设置那绑在牛角上的横木。"

"衡"的本义是绑在牛角上的横木。如《说文》："衡，牛触，横大木其角。"《诗经·鲁颂》："秋而载尝，夏而福衡。"

指车辕前端的横木。如《庄子·马蹄》："加之以衡扼。"

秤杆、秤。如《韩非子·扬权》："衡不同于轻重。"

称量。《孟子·惠王上》："衡，加重于其一旁，必捶。"《庄子·胠箧》："为之权衡以称之，则并与权衡而窃之。"

衡量、评定。如《淮南子·主述训》："衡之于左右。"

解

（jiě）

     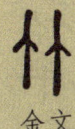

"解"是会意字。从刀，从牛，从角。表示用刀把牛角剖开。本义是分解牛。

"解"的本义是分解牛。如《说文》："解，判也，从刀，判牛角。"

引申为剖开，分解。如《吕氏春秋·仲夏》："鹿角解。"《庄子·养生主》："解牛之时。"

解体、散开。如《广雅》："解，散也。"《汉书》："恐天下解也。"

解除、解决。如《战国策·燕策》："解燕国之围。"清代全祖望《梅花岭记》："颜太师以兵解。"

解释、说明。如唐代韩愈《师说》："师者，所以传道受业解惑也。"

竹

（zhú）

"竹"是象形字。金文像两枝下垂的竹叶。小篆承之。隶变后楷书写作"竹"。

《说文·竹部》："竹，冬生草也。象形。下垂者，箁箬也。凡竹之属皆从竹。"（竹，经冬不死的草。象形。两边下垂的笔画，表示笋壳。大凡竹的部属都从竹。）

"竹"的本义就是竹子。竹子是古代制作乐器的重要材料，故而"竹"可指代管乐器。还可指代竹简。如"罄竹难书"。

解 小篆
解 楷书
竹 甲骨文
竹 金文
竹 小篆
竹 楷书

简

簡
小篆

簡
楷书

（jiǎn）

简，用于书写的狭长竹片。从竹，間声。

"简"的本义是古代书写文字的狭长竹片。如《诗经·小雅·出车》："畏此简书。"《礼记·王制》："执简记。"《左传·襄公二十五年》："南史氏闻太史尽死，执简以往。"

书籍、信札。如《盐铁论·大论》："呻吟槁简，诵死人之语。"

简单、简易。如《礼记·乐记》："繁文简节之音作。"宋代沈括《梦溪笔谈》："未为简易。"宋代苏轼《石钟山记》："郦元之简。"

简化、使简单。如"精简机构"。

箪

簞
小篆

箪
楷书

（dān）

箪，圆形的盛饭和盛衣的竹器。从竹，單声。汉朝律令说，箪是小竹筐。古代文献说："用箪盛着饭食，用壶盛着酒浆。"

"箪"的本义是盛饭或衣服的圆形竹器。如《说文》："箪，笥也。从竹，单声。"《汉律令》："箪，小筐也。"《礼记·曲礼》："苞苴箪笥。"《仪礼·士冠礼》："栉实于箪。"《左传·宣公二年》："箪食与肉。"《孟子·告子上》："一箪食，一豆羹，得之则生，弗得则死。"

盛东西的小筐。如《左传·哀公二十年》："与之一箪珠，使问赵孟。"

箱
（ xiāng ）

　　"箱"是形声字。小篆从竹，相声。隶变后楷书写作"箱"。

　　《说文·竹部》："箱，大车牝服也。从竹，相声。"（箱，大车的车箱。从竹，相声。）

　　"箱"的本义为车箱。古代居室前堂两旁的房屋，其形制犹如车之厢，故又引申指厢房，正房前面两侧的房屋。

　　还引申指用竹木等制成方形器具。如"书箱"。又指形状或功用像箱子的东西。如"风箱"。

　　用作量词，指一个箱子所装的量。如"一箱宝石"。

策
（ cè ）

　　"策"是会意兼形声字。小篆从竹从束（带刺的荆棘）会意，束兼表声。隶变后楷书写作"策"。

　　《说文·竹部》："策，马箠也。从竹，束声。"（策，马鞭。从竹，束声。）

　　"策"的本义为竹制的马鞭。如贾谊《过秦论》："振长策而御宇内。"大意是挥动马鞭，驾驭四海。引申指驾驭。如韩愈《马说》中有"策之不以其道"，意思是说驾驭马而不能因其本性而加以驾驭。作动词用，表示鞭打。

　　由鞭打引申为督促、激励。如"鞭策"。

笙

笙
小篆

笙
楷书

（ shēng ）

"笙"是形声字，从竹，生声。笙，十三簧。形状像凤鸟的身躯。笙，是正月之音。这时万物生长，所以叫它笙。

笙是一种乐器。大的叫作巢，小的叫作和。据说古时候，一个名叫随的人制作了笙。

"笙"的本义是簧管乐器，由十三根长短不同的竹管制成。如《仪礼·乡射礼记》注："三人吹笙，一人吹和。盖小者。"又如:《诗经·小雅·鹿鸣》："我有嘉宾，鼓瑟吹笙。"

笛

笛
小篆

笛
楷书

（ dí ）

"笛"是形声兼会意字。小篆从竹，由声，由兼表声之所由出之意。隶变后楷书写作"笛"。

《说文·竹部》："笛，七孔筩（同筒）也。从竹，由声。羌笛三孔。"（笛，七孔竹管乐器。从竹，由声。羌地的笛管有三孔。）

"笛"的本义为用竹子制成的横吹管乐器。有一个吹孔，六个用以变换音调的气孔。如唐代李白《春夜洛城闻吹笛》："谁家玉笛暗飞声，散入春风满洛城。"

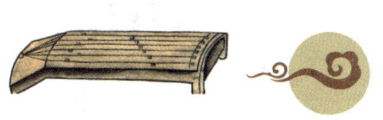 

筝
（zhēng）

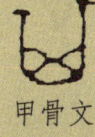筝

箏
小篆

筝
楷书

"筝"是形声字。小篆从竹，争声。隶变后楷书写作"筝"。

《说文·竹部》："筝，鼓弦竹身乐也。从竹，争声。"（筝，拨弦的、像筑身的乐器。从竹，争声。）

"筝"的本义为古代弦乐器，形似瑟。战国时已流行于秦地，故又称"秦筝"。

用作"风筝"，指一种传统的娱乐玩具。风筝起源于中国，是古代哲学家墨翟制造的。

箕
（jī）

箕

甲骨文

其
金文

箕
小篆

箕
楷书

"箕"是象形字。甲骨文象簸箕之形。金文的形体与甲骨文大体相同。小篆另加义符"竹"。隶变后楷书写作"箕"。

《说文·箕部》："箕，簸也。从竹；甘，象形，下其丌也。凡箕之属皆从箕。"（箕，簸箕。从竹；甘，象簸箕之形；下面的丌是它的垫座。大凡箕的部属都从箕。）

"箕"的本义为簸箕，是竹子编的扬米去糠的器具，前为敞口有舌，后有半圆之帮可持。

典
（diǎn）

"典"是会意字。甲骨文像双手郑重地捧献典册之状。金文发生讹变，把手变为"丌"形之物。小篆承接金文而来。隶变后楷书写作"典"。

《说文·丌部》："典，五帝之书也。从册在丌上，尊阁之也。庄都说：典，大册也。"（典，五帝的画册。由"册"在"丌"上会把典册高高地搁架在丌上之意。庄都说：典是大册。）

"典"的本义指重要的文献、书籍。如成语"数典忘祖"。引申为仪典。如"开国大典"。

左
（zuǒ）

"左"是会意字。甲骨文像左手的样子。金文下部又加上了"工"，左手执工具，会辅助、帮助干活之意。小篆形体与金文大致相同。隶变后楷书写作"左"。

《说文·左部》："左，手相左助也。从ナ工。凡左之属皆从左。"（左，用手相辅佐、帮助。由ナ、工会意。大凡左的部属都从左。）

"左"的本义是辅助。此义后来"佐"。

"左"后来借用指"左右"的"左"。如宋代姜夔《扬州慢》："淮左名都，竹西佳处，解鞍少驻初程。"又引申为不正、邪辟。如"旁门左道"。

左侧栏（从上至下）：

典
甲骨文

典
金文

典
小篆

典
楷书

左
甲骨文

左
金文

左
小篆

左
楷书

（ gōng ）

"工"是象形字。甲骨文、金文都象古人夯筑墙时用的夯杵之形。小篆线条化，就看不出字的原型了。隶变后楷书写作"工"。

《说文·工部》："工，巧饰也。象人有规、矩也。与巫同意。凡工之属皆从工。"（工，巧于文饰。像人手中有规、矩的样子。与"巫"字从工的构形意义相同。大凡工的部属都从工。）

"工"的本义为古人夯筑墙时用的夯杵。引申指手持工具干活的人。如《论语·卫灵公》："工欲善其事，必先利其器。"进而引申指精巧、精致。如"工奇"，指精巧奇特。

（ wū ）

"巫"是象形字。甲骨文金文中的"⊢"和"I"形，很像古代的度量工具，也有人认为像古代女巫所用的道具。隶变后楷书写作"巫"。

《说文·巫部》："巫，祝也。女能事无形，以舞降神者也。象人两袖舞形。"（巫，巫祝。女人中能奉侍神祇，并能凭借歌舞使神祇降临的人。像人两袖起舞的样子。）

"巫"的本义为能以舞降神的人。商代时，巫的地位较高。周时分男巫、女巫，司职各异，同属司巫。后来"巫"则特指女巫。如白行简《三梦记》："窦梦至华岳祠，见一女巫。"

甘

甲骨文

曰

小篆

甘

楷书

（ gān ）

"甘"是指事字。甲骨文从口，从一，会嘴里含着美味的食物之意。小篆承接甲骨文的形体并整齐化。隶变后楷书写作"甘"。

《说文·甘部》："甘，美也。从口含一；一，道也。凡甘之属皆从甘。"（甘，美味。由"口"含"一"会意；一，表示味道。大凡甘的部属都从甘。）

"甘"的本义为味美。如《诗经·邶风·谷风》："谁谓荼苦，其甘如荠。"

甜美的东西招人喜欢，喜欢就会乐意、情愿，故后来又引申表示甘心情愿。如"甘愿受罚"。

曰

甲骨文

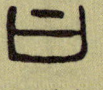

金文

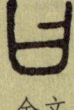

小篆

曰

楷书

（ yuē ）

"曰"是指事字。甲骨文下部为口，上面一横表示说话时从口中出来的气。金文与甲骨文相似。小篆承接金文。隶变后楷书写作"曰"。

《说文·曰部》："曰，词也。从口，乙声，乙像口气出也。凡曰之属皆从曰。"（曰，语助词。从口，乙声，乙像口上有气冒出。大凡曰的部属都从曰。）

"曰"的本义就是说。如《孙子兵法·计篇》："孙子曰：'兵者国之大事。'"

宁
（ nìng ）

宁，表示宁愿的词。形声字。从丂，盥声。

"宁"的本义是宁可、宁愿。如《说文》："宁，愿词也。"《诗经·小雅·伐木》："宁适不来。"《史记·廉颇蔺相如列传》："均之二策，宁许以负秦曲。"宋代司马光《训俭示康》："不逊也宁固。"

难道。如《诗经·郑风·子衿》："子宁不来。"《史记·陈涉世家》："王侯将相宁有种乎？"《史记·货殖列传》："宁有政教。"清代袁枚《祭妹文》："宁知此为归骨所。"

平
（ píng ）

"平"是会意字。金文从亏（于，指气受阻碍而能越过），从八（分），会气越过而能分散，语气自然平和舒顺之意。隶变后楷书写作"平"。

《说文·亏部》："平，语平舒也。从亏，从八。八，分也。爰礼说。"（平，语气平直舒展。由亏、由八会意。八，表示分匀。是爰礼的说法。）

"平"的本义是语气平和舒顺。引申泛指平坦、不倾斜。如"平原""平衡"等。又引申为安好、宁静。远离家乡的人给家人"报平安"，说的就是告诉家里人自己安好。

宁

甲骨文

金文

小篆

楷书

平

金文

小篆

楷书

喜

（xǐ）

"喜"是会意字。甲骨文从壴（鼓），从口。会击鼓欢笑之意。隶变后楷书写作"喜"。

《说文·喜部》："喜，乐也。从壴，从口。凡喜之属皆从喜。"（喜，快乐。由壴、由口会意。大凡喜的部属都从喜。）

"喜"的本义为欢悦、高兴。如成语"闻过则喜"。引申为喜好。如唐代杜甫《天末怀李白》："文章憎命达，魑魅喜人过。"

还用来表示值得庆贺的事。如报告成功或立功消息的文书就叫"喜报"。

彭

（péng）

"彭"是会意字。甲骨文像一面架起的鼓，右边三点表示鼓声，会击鼓发出的声音之意。隶变后楷书写作"彭"。

《说文·壴部》："彭，鼓声也。从壴，彡声。"（彭，鼓声。从壴，彡声。）

"彭"的本义是鼓声。引申指像鼓声的声音。如张舜民《打麦》："打麦打麦，彭彭魄魄。""彭彭"指的就是打麦时的声音。

行进时也会发出彭彭的声音，故又引申为行进的样子。如《诗经·大雅·烝民》："四牡彭彭，八鸾（鸾铃，借指马）锵锵。"

现在"彭"主要用作姓。

左侧竖栏：

喜
甲骨文
金文
小篆
楷书

彭
甲骨文
金文
小篆
楷书

（ gǔ ）

鼓

"鼓"是会意字。甲骨文像一只手拿着鼓槌敲打鼓的样子。金文是左手拿槌敲击右边的鼓。小篆承接金文而来。隶变后楷书写作"鼓"。

"鼓"的本义是一种打击乐器。如《说文》："鼓，郭也。春分之音。"《诗经·邶风·击鼓》："击鼓其镗。"

指鼓声。如宋代辛弃疾《永遇乐·京口北固亭怀古》："可堪回首，佛狸祠下，一片神鸦社鼓。"

敲击、弹奏。如唐代李白《梦游天姥吟留别》："虎鼓瑟兮鸾回车，仙之人兮列如麻。"

（ dòu ）

豆

"豆"是象形字。甲骨文像古代高足食器。金文的形体与甲骨文相似，其上部多了一横，表示器中装有东西。小篆承接金文。隶变后楷书写作"豆"。

《说文·豆部》："豆，古食肉器也。从口，象形。凡豆之属皆从豆。"（豆，古代吃肉盛用的器皿。从口，象形。大凡豆的部属都从豆。）

"豆"的本义为一种盛肉的容器。如《孟子·告子上》："一箪食，一豆羹，得之则生，弗得则死。"引申为一种容量单位。又转化为重量单位，一豆相当于一两的一百四十四分之一。

战国以后，豆从盛肉的器具逐渐转变成为祭祀的器具。汉代以后，"豆"就用来表示农作物中的大豆了。

虞

（ yú ）

金文

小篆

楷书

　　"虞"是会意兼形声字。金文从虍，从吴，会头戴虎头面具的人边舞边歌娱乐之意，吴兼表声。小篆整齐化。隶变后楷书写作"虞"。

　　《说文·虍部》："虞，驺虞也。白虎黑文，尾长于身。仁兽，食自死之肉。从虍，吴声。"（虞，驺虞。白色的老虎，黑色的花纹，尾巴比身体长。是仁爱的野兽，吃自死之兽的肉。从虍，吴声。）

　　"虞"的本义，《说文》中解释虞为一种仁兽，从金文字形看来，可视为人戴着兽头面具娱乐歌舞。引申为歌舞娱乐。引申指欢乐、愉悦，使愉悦、使欢乐。

虎

（ hǔ ）

甲骨文

金文

小篆

楷书

　　"虎"是象形字。甲骨文是头朝上、尾朝下、腿朝左的一只虎，身上有花纹。金文的形体更为简约。小篆整齐化，就不太像虎了。隶变后楷书写作"虎"。

　　《说文·虎部》："虎，山兽之君。从虍，虎足像人足。象形。凡虎之属皆从虎。"（虎，山中野兽的君长。从虍，虎的足像人的足。象虎蹲踞之形。大凡虎的部属都从虎。）

　　"虎"的本义就是指老虎，进而引申为勇敢和坚强。如"虎将"。

　　古代调兵遣将的兵符被做成虎形，称为"虎符"。

　　"虎"是个部首字。凡由"虎"组成的字，大都与老虎有关。如"彪"。

（biāo）

"彪"是会意字。金文像一只虎，其右的三道撇是虎背上的三道花纹。小篆已经看不出老虎的形状了。隶变后楷书写作"彪"。

《说文·虎部》："彪，虎文也。从虎，彡象其文也。"（彪，老虎的花纹。从虎，彡像虎身上的花纹。）

"彪"的本义是虎身上的斑纹。引申比喻文采焕发。所谓"彪炳"就是光华灿烂、耀眼夺目的样子。

由文采焕发又引申指身体魁伟健壮。如"彪形大汉"。

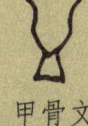

（mǐn）

"皿"是象形字。甲骨文形似古代有底座的盘、盂等饮食用的器皿之形。金文基本上与甲骨文相同。小篆承接甲骨文、金文，并整齐化。隶变后楷书写作"皿"。

《说文·皿部》："皿，饭食之用器也。象形。与豆同样。凡皿之属皆从皿。"（皿，盛饭食的用器。象形。与"豆"字构形同样。大凡皿的部属都从皿。）

"皿"的本义为碗碟杯盘之类的饮食用器具。如司马光《训俭示康》："臣家贫，客至无器皿、肴、果，故就酒家觞之。"

益

甲骨文

金文

小篆

楷书

（ yì ）

"益"是会意字。甲骨文从皿，"皿"上有很多"水"，会水太多而流出盆外之意。金文与甲骨文基本相同。小篆整齐化。隶变后楷书写作"益"。

《说文·皿部》："益，饶也。从水、皿。皿，益之意也。"（益，富饶有余。由"水"在"皿"上会意。皿，是水满溢出来的意思。）

"益"的本义为水满溢出、流出，此义后加义符"水"（氵），写作"溢"。

泛指水涨，引申指增加、增长。如"益寿延年"。

用作名词，指好处、利益。如"权益"。

用作副词，指更加、渐渐。如"老当益壮"。

尽

甲骨文

小篆

楷书

（ jìn ）

尽，器物中空。会意，从皿，妻声。

"尽"的本义是器物中空。如《说文》："盡，器中空也。"

完，没有了。如《广韵》："尽，竭也，终也。"《礼记·哀公问》："固民自尽。"《孟子》："尽信书，不如无书。"晋代陶渊明《桃花源记》："林尽水源。"唐代柳宗元《捕蛇者说》："以尽吾齿。"

全力以赴完成。如《荀子·荣辱》："农以力尽田，贾以察尽财，百工以巧尽械器。"

全部，都。如《资治通鉴·唐纪》："虚实尽知。"

（guàn）

盥

甲骨文

金文

小篆

楷书

"盥"是会意字。甲骨文的字形像一只手伸向器皿中，手上还有水点，会在盆中洗手之意。金文改为双手，但意义不变。小篆直接由金文演化而来，并整齐化。隶变后楷书写作"盥"。

《说文·皿部》："盥，澡手也。从臼水临皿。"［盥，洗手。由表示两手的"臼"承"水"临于"皿"（盘）上会意。］

"盥"的本义为在盘上承水洗手。又特指古代洗手的器皿。如庾信《周安昌公夫人郑氏墓志铭》："承姑奉盥，训子停机。"

泛指洗、洗涤。如白居易《冷泉亭记》："眼耳之尘，心舌之垢，不待盥涤，见辄除去。"

主

（zhǔ）

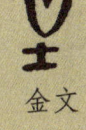

主

甲骨文

金文

小篆

楷书

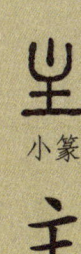

"主"是象形字。是"炷"的本字。甲骨文下部像灯碗、灯座，上部像点燃的火苗。小篆与甲骨文大致相同。隶变后楷书写作"主"。

《说文·丶部》："主，灯中火主也。从呈，象形。从丶，丶亦声。"（主，灯中的火炷。从呈，象灯盏、灯架之形；从丶，丶也表声。）

"主"的本义是指灯头火焰。此义后来写作"炷"。灯头火焰是灯的中心主体，故引申指最主要的、最基本的。进而引申指主人、君主、首领，也可以作为天子或王侯的女儿的简称。

又由主体引申为对事物所持的见解、意见。如"主意""主张"。

丹
（ dān ）

"丹"是指事字。甲骨文像一口矿井，井中的一小横像矿井中的矿石丹砂。金文中，一小横变为一点。小篆线条化。隶变后楷书写作"丹"。

《说文·丹部》："丹，巴越之赤石也。象采丹井，一象丹形。凡丹之属皆从丹。"（丹，巴郡、南越出产的朱砂。像采掘朱砂的井，一，象朱砂之形。大凡丹的部属都从丹。）

"丹"的本义为丹砂、朱砂，是一种含汞的红色矿物。如《史记·陈涉世家》："乃丹书帛曰'陈胜王'，置入所罾鱼腹中。"

井
（ jǐng ）

"井"是象形字。甲骨文像一个方口的水井。金文在井的中心加了一个圆点儿，表示从井里打水的水桶。小篆的形体线条化了。隶变后楷书写作"井"。

《说文·井部》："井，八家一井。象构韩（交木构成井口）形，罋之象也。古者伯益初作井。凡井之属皆从井。"（井，八家共汲一井，井像四周构架的木栏形，是汲瓶的样子。古时候，一个叫伯益的人最先造了井。大凡井的部属都从井。）

"井"的本义是水井。如《击壤歌》："凿井而饮，耕田而食。"有水井的地方必有人家。故"井"引申指乡里。如离开家乡叫"离乡背井"。

（ jí ）

即
甲骨文
金文
小篆
楷书

"即"是会意字。甲骨文左边是一件食器，盛满了食品；右边是跪坐着一个人，正要饱餐。金文与甲骨文大致相同。小篆线条化。隶变后楷书写作"即"。

《说文·皂部》："即，即食也。从皂，卪声。"（即，人就食。从皂，卪声。）

"即"的本义是人就食。如《仪礼·公食礼》："席末取粮即稻。"是说宴会将行结束时，吃些稻米粮食。就食须走近食物，故引申为走近、靠近。如"若即若离"。

（ chàng ）

鬯
甲骨文
金文
小篆
楷书
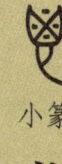

鬯，用黑黍酒和郁金香草酿在一起，使它芬芳条畅，用以降神。从凵，凵，是盛饭食的器具；中间像米；匕，是取食的勺子。《易经》说："不丧失勺子里的鬯酒。"大凡鬯的部属都从鬯。

"鬯"的本义是用郁金香草和黑黍酿成的酒。如《周礼·鬯人》："共介鬯。"《礼记·曲礼》："凡挚子鬯。"

代指宗庙祭祀。如《汉书·宣帝纪》："荐鬯之夕。"

弓囊。如《诗经·郑风·大叔于田》："抑鬯弓忌。"

旺盛、繁茂。如《汉书·郊祀志》："草木鬯茂。"

饴

饴
小篆

飴
楷书

（ yí ）

"饴"是形声字。从食，台（yí）声。用麦芽制成的糖。

"饴"的本义是饴糖，如《说文》："饴，米煎也。"《广雅》："饴，畅也。"

《礼记·内则》："枣栗饴蜜。以甘之。"《论衡·本性》："甘如饴蜜。"

一种糖果。如"高粱饴"。

古同"贻"，赠送。

甜。如"饴饵"。

养

養
小篆

養
楷书

（ yǎng ）

养，供给养护。形声字。从食，羊声。

"养"的本义是养护、供养。如《说文》："养，供养也。"《荀子·礼论》："殳能生之不能养之。"《韩非子·五蠹》："不食力而养足。"《玉台新咏·古诗为焦仲卿妻作》："养公姥。"

饲养，喂养。如《聊斋志异·促织》："驯养一虫。"

生养。如唐代张籍《筑城词》："家家养男当门户。"

保养，调养。如宋代苏轼《教战守》："养其身。"

（bǎo）

饱，吃饱。与"饥"相对。形声字。从食，包声。

"饱"的本义是吃饱。如《说文》："饱，厌也。"《广雅》："饱，满也。"《诗经·小雅·楚茨》："既醉既饱。"唐代韩愈《杂说》："食不饱，力不足。"

充足、丰足。如《文心雕龙·事类》："有学饱而才馁，有才富而学贫。"

满足。如《诗经·大雅·既醉》："既醉以酒，既饱以德。"

足足地。如"饱餐一顿"。

（jī）

饥，五谷不熟叫饥。形声字。从食，幾声。

"饥"的本义是五谷不熟。如《说文》："饥，谷不熟为饥。"《墨子·七患》："五谷不熟谓之饥。"《诗经·小雅·雨无正》："降丧饥馑。"《孟子·梁惠王下》："凶年饥发，君之民老弱转乎沟壑。"

吃不饱、饿。如《孟子·梁惠王上》："黎民不饥不寒。"唐代白居易《卖炭翁》："牛困人饥日已高。"唐代柳宗元《捕蛇者说》："饥渴而顿踣。"

饱

甲骨文

小篆
饱
楷书

饥

小篆
饑
楷书

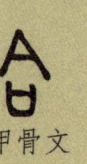

合
甲骨文

金文

小篆

合
楷书

会

甲骨文

會
小篆

會
楷书

（hé）

"合"是象形字。甲骨文像盛饭的食器，会器盖与器体相扣合、闭合之意。金文和小篆的形体与甲骨文的形体相类似。隶变后楷书写作"合"。

《说文·亼部》："合，合口也。从亼，从口。"（合，两口相合。由亼、由口会意。）

"合"的本义为扣合、闭合。如《战国策·燕策》："鹬啄其肉，蚌合而钳其喙。"

引申表示聚合、会合。如《论语·宪问》："（齐）桓公九合诸侯。"

（huì）

会，会合。由亼、由曾省会意。曾，表示增益。大凡会的部属都从会。

"会"的本义是会合。如《说文》："会，合也。"《诗经·小雅·车攻》："会同有绎。"《诗经·小雅·杕杜》："会言近止。"《仪礼·聘礼》："会诸其币。"宋代范仲淹《岳阳楼记》："迁客骚人，多会于此。"

见面。如《玉台新咏·古诗为焦仲卿妻作》："留待作遗施，于今天会因。"《史记·廉颇蔺相如列传》："与燕王会境上。"

应当。如唐代杜甫《望岳》："会当凌绝顶。"

时机。如"适逢其会"。

一定。如唐代李白《行路难》："长风破浪会有时。"

内
（ nèi ）

内
甲骨文

内
金文

内
小篆

内
楷书

"内"是会意字。甲骨文上为房屋之形，下为人，会人进入房内之意。金文与甲骨文相似。小篆承接金文并整齐化。隶变后楷书写作"内"。

《说文·入部》："内，入也。从冂，自外而入也。"（内，进入。从冂，入表示从外面进入。）

"内"的本义指进入。如《史记·项羽本纪》："交戟之卫士欲止不内。"

引申泛指纳入、交入。

缶
（ fǒu ）

缶
甲骨文

缶
金文

缶
小篆

缶
楷书

"缶"是会意字。甲骨文上面是杵，下面是一个器皿，会以杵制作陶瓦器之意。金文线条化。小篆整齐化。隶变后楷书写作"缶"。

《说文·缶部》："缶，瓦器。所以盛酒浆。秦人鼓之以节歌。象形。凡缶之属皆从缶。"（缶，陶器。用来盛酒浆的器皿。秦地人敲击着它来为唱歌打拍子。象形。大凡缶的部属都从缶。）

"缶"的本义为盛酒浆的瓦器，小口大腹。也有铜制的缶，盛行于春秋战国时期。古人制作瓦器时，常常边拍打边唱歌，"缶"遂演变为瓦质的打击乐器。

缸

缸
小篆

缸
楷书

（gāng）

"缸"是形声字。小篆从缶，工声。隶变后楷书写作"缸"。

《说文·缶部》："缸，瓦也。从缶，工声。"（缸，陶器，从缶，工声。）

"缸"的本义为大口而无颈的陶器。如"鱼缸"。引申泛指像缸的器物。如"汽缸"。又引申指用沙子、陶土等混合而成的质料制成的器物，多涂釉子。如"缸瓦"。

像缸的器物。如"烟灰缸"。

罄

罄
小篆

罄
楷书

（qìng）

"罄"是形声兼会意字。小篆从缶，殸声，殸兼表示空之意，因为器物中空才便于发声。隶变后楷书写作"罄"。

《说文·缶部》："罄，器中空也。从缶，殸声。殸，古文罄字。《诗》云：'瓶之罄矣。'"（罄，器皿中空。从缶，殸声。殸，古文"罄"字。《诗经》说："瓶里已是空空的了。"）

"罄"的本义为器物中空无一物。如"瓶罄罍耻"，比喻休戚相关，彼此利害一致。又引申指用尽、用完。如"罄竹难书"，指用完南山的竹子做简册，也写不完（隋炀帝的）罪状。

矢
（ shǐ ）

矢
甲骨文

金文

小篆

楷书
矢

　　"矢"是象形字。甲骨文、金文就像箭的样子。小篆线条化，形象已经变得抽象。隶变后楷书写作"矢"

　　《说文·矢部》："矢，弓弩矢也。从入，象镝栝羽之形。古者夷牟初作矢。凡矢之属皆从矢。"（矢，弓弩用的箭。从入，像箭头、箭末扣弦处、箭羽的样子。古时候，名叫夷牟的人最早制作箭。大凡矢的部属都从矢。）

　　"矢"的本义是箭。引申指直。如"矢口否认"是说不含糊地一口否认。

高
（ gāo ）

高
甲骨文

金文

小篆

楷书
高

　　"高"是象形字。甲骨文象台观楼阁上下重屋之形，表示崇高。金文、小篆整齐化，变得不太像楼阁了。隶变后楷书写作"高"。

　　《说文·高部》："高，崇也。象台观高之形。从冂、口，与仓、舍同意。凡高之属皆从高。"（高，崇高。像台观高耸的样子。由冂、由口会意，与"仓"字、"舍"字下部从口的构形原则相同。大凡高的部属都从高。）

　　"高"的本义为上下距离大，离地面远。引申指由上至下的距离、高度。又引申指在一般标准或平均程度之上的，擅长的。如"曲高和寡"。

亭

（tíng）

甲骨文
金文
小篆
亭
楷书

"亭"是形声字。金文的字形像一座用以观察敌情的瞭望台。小篆从高，丁声。隶变后楷书写作"亭"。

《说文·高部》："亭，民所安定也。亭有楼，从高省，丁声。"（亭，人们安定的处所。亭上有楼，由"高"省去"回"会意，丁表声。）

"亭"的本义为瞭望亭——古代设在边塞观察敌情的岗亭。如"亭候"就是用作瞭望的岗亭。引申指古代设在道旁供行人停留食宿的处所。进而引申泛指山林、路边等供人休息的有顶无墙的小型建筑物。如刘禹锡《陋室铭》："南阳诸葛庐，西蜀子云亭。"

央

（yāng）

甲骨文
金文
小篆
央
楷书

"央"是会意字。甲骨文像一个人（大）站在物体（冂）当中。金文和小篆都直接由甲骨文演变而来。隶变后楷书写作"央"。

《说文·冂部》："央，中央也。从大在冂之内。大，人也。央写原则相同。一曰久也。"（央，中央。"大"字在"冂"字内；大，就是正立的人。央、写二字构形同意。另一义说：央是久。）

"央"的本义为中心。如《诗经·秦风·蒹葭》："溯游从之，宛在水中央。"引申指恳求、请求。如《水浒传》第三十回："但是人有些公事来央浼他的，武松都对监相公说了，无有不依。"

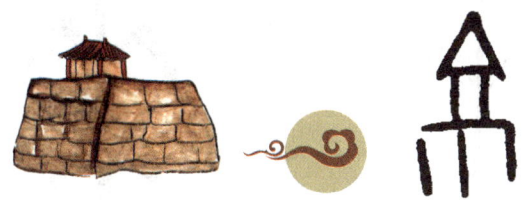

京
（ jīng ）

"京"是象形字。甲骨文像一个人工建筑起来的土堆，在土堆上有个瞭望塔，用以观敌情、察民事。金文与甲骨文大体相同，小篆线条化、整齐化。隶变后楷书写作"京"。

《说文·京部》："京，人所为绝高丘也。从高省，丨象高形。凡京之属皆从京。"［京，人工筑起的最高的丘。从高字省，（丨象高的样子）。大凡京的部属都从京。］

"京"的本义为人工堆积而成的高大土丘，是古代军事工事的一种。

厚
（ hòu ）

"厚"为形声字。甲骨文上部为"厂"，像山崖；下部为"早"，像一个敞口尖底的酒坛，从厂从早会意，早也兼表声。金文下部更像一个尖底的酒坛形。小篆整齐化，线条化。隶变后楷书写作"厚"。

《说文·厂部》："厚，山陵之厚也。从早，从厂。"（厚，山陵的高厚。由早、厂会意。）

"厚"的本义为山陵厚。如《荀子·劝学》："不临深溪，不知地之厚也。"由此引申泛指扁平物体上下两面之间距离大，与"薄"相对。

由厚的东西又可以引申为深、重。如成语"无可厚非"。

京

甲骨文

金文

小篆

楷书

厚

甲骨文

金文

小篆

楷书

来

甲骨文

小篆

來

楷书

来
（lái）

来，周地所接受的优良麦子——来和辫。一根麦杆两颗麦穗，像麦芒麦刺的形状。（来是）上天赐来的，所以用作往来的来字。

　　"来"的本义是麦子。如《说文》："來，周所受瑞麥來辫也。"《诗经·周颂·臣工》："於皇来牟。"

　　未来，将来。如清代梁启超《饮冰室合集·文集》："来日方长。"晋代陶渊明《归去来兮辞》："知来者之可追。"

　　到来。与"去""往"相对。如《尔雅》："来，至也。"《诗经·小雅·采薇》："我行不来。"《论语》："有朋自远方来。"

麦

甲骨文

小篆

麥

楷书

麦
（mài）

麦，有芒刺的谷。秋天种下，厚厚地埋着，所以叫它作麦。麦，属金。金旺就生长，火旺就死亡。从来，因麦是有穗的谷物；从夂。

　　"麦"的本义就是麦子。如《说文》："麦，芒谷。"《诗经·鄘风·桑中》："爰采麦矣。"《诗经·鄘风·载驰》："芃芃其麦。"《聊斋志异·狼三则》："野有麦场。"《儿女英雄传》第三三回："及至他问我丈人多少地，应收多少高粱麦子谷子，我丈人不用打算盘，说的数目却又合那算法本子上不差上下。"老舍《骆驼祥子》二："祥子的新车刚交半岁的时候，正是麦子需要春雨的时节。"

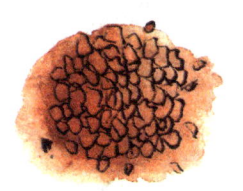

（fū）

麸
小篆

麩
楷书

麸，小麦的碎屑和麦皮。从麥，夫声。

"麸"的本义是小麦的碎屑和皮屑。如《说文》："麸，小麦屑皮也。从麦，夫声。"《本草纲目》："灭诸瘢痕：春夏用大麦麸，秋冬用小麦麸，筛粉，和酥傅之。"《儿女英雄传》第三三回："赶到磨出面来，喂牲口的麸子也有了。"

泛指碎屑。如"麸金""麸炭"。

（xià）

夏

甲骨文

金文

小篆

夏
楷书

"夏"是象形字。甲骨文像一个手持斧钺、高壮威武的武士。金文上为头，中间为躯干，两边是手，下为足，仍然像一个高大的人。小篆发生了讹变。隶变后楷书写作"夏"。

"夏"的本义是威武壮大之人。也有人认为"夏"的初形是人手舞足蹈的样子。总之，由这种有活力、强大的意义后来引申指"中国之人"。"中国"原指中原地区，与四周少数部族相对，也叫"华夏"或"诸夏"。又引申指事物壮大兴盛。房屋高大也称为"夏"，此义后来写作"厦"。

韦

（wéi）

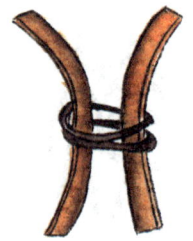

甲骨文

小篆

楷书

韦，相违背。从舛，口（wéi）声。兽皮的熟皮，可用来缠束矫正弯曲相违之物，所以借用为皮韦的"韦"字。大凡韦的部属都从韦。

"韦"的本义是违背。如《说文》："韦，相背也……经传多以违为之。"《汉书·礼乐志》："五音六律，依韦响昭。"

熟皮。《周礼·司服》："凡兵事韦弁服。"《国语·晋语》："韦藩木楗以过于朝。"《左传·僖公三十二年》："乘韦先牛十二。"

量词。如《汉书·成帝纪》："是日大风，拔甘泉畤中大木十韦以上。"

古国名豕韦的简称。春秋时卫地。故址在今河南省滑县境内。如《诗经·商颂·长发》："韦顾既伐，昆吾夏桀。"

久

（jiǔ）

小篆

楷书

久，从后面支拒着，像人的两腿后面有抵拒的东西。《周礼》说："（把矛戟的柄）支拒在两墙之间，看它是否弯曲。"大凡久的部属都从久。

"久"是"灸"的古字，意思是灸灼。如《睡虎地秦墓竹简》："其腹有久故瘢二所。"《说文》："久，以后灸之，象人两胫后有距也。"《仪礼·既夕礼》："皆木桁，久之。"

支撑。如《周礼·庐人》："久诸墙以观其桡也。"

堵住。如《仪礼·士丧礼》："幂用疏布久之。"

等候。如《银雀山汉墓竹简》："轩骄之兵，则恭敬而久之。"

长久停留。如《公羊传·庄公八年》："为久也。"《左传》："寡君以为盟主之故，是以久子。"

木
（ mù ）

木
甲骨文

木
金文

木
小篆

木
楷书

　　"木"是象形字。甲骨文和金文都像一棵树的形状：上边是伸展的树枝，下面是树根。小篆整齐化。隶变后楷书写作"木"。

　　《说文·木部》："木，冒也。冒地而生。东方之行。从中，下像其根。凡木之属皆从木。"（木，冒覆。冒覆土地而生长。代表东方。上从中，下面像它的根。大凡木的部属都从木。）

　　"木"的本义为树木。如唐代杜甫《登高》："无边落木萧萧下，不尽长江滚滚来。"引申为木本植物的通称。如宋代周敦颐《爱莲说》："水陆草木之花，可爱者甚蕃。"

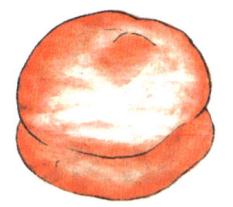

柿
（ shì ）

柿
小篆

柿
楷书

　　"柿"是形声字。小篆从木，𣎴声。隶变后楷书写作"柿"，俗作"柿"。如今规范化，以"柿"为正体。

　　《说文·木部》："柿，赤实果。从木，𣎴声。"（柿，赤心果。从木，𣎴声。）

　　"柿"的本义是柿树，属落叶乔木。叶子为椭圆形或倒卵形，背面有绒毛，花黄白色。结出的浆果为扁圆形或圆锥形，呈橙黄色或红色，可以吃。

　　又指这种植物的果实。如"柿饼"。

小篆

桃

楷书

桃

（táo）

"桃"是形声字。小篆从木，兆声。隶变后楷书写作"桃"。

《说文·木部》："桃，果也。从木，兆声。"（桃，果木名。从木，兆声。）

"桃"的本义是树名，即桃树。如《诗经》中有"桃之夭夭，灼灼其华"之句。古人在赞美、祝贺婚姻时常说"既和周公之礼，又符桃夭之诗"即典出于此。又指桃子。传说桃子是仙家的果实，吃了可以长寿，被认为是福寿吉祥的象征，故桃又有"仙桃""寿果"的美称。

甲骨文

杜

金文

杜

小篆

杜

楷书

杜

（dù）

"杜"是形声字。甲骨文从木，土声。金文线条化。小篆整齐化。隶变后楷书写作"杜"。

《说文·木部》："杜，甘棠也。从木，土声。"（杜，甘棠。从木，土声。）

"杜"的本义为杜树。是一种落叶乔木，果实圆而小，味涩，可食，俗称"杜梨"。

用作动词，指关门、封闭。如《史记·李斯列传》："杜私门，蚕食诸侯，使秦成帝业。"引申指杜绝、制止。如"防微杜渐"指在坏思想、坏事或错误刚冒头时就加以制止，不让它继续发展下去。

椅
（ yī ）

"椅"是形声字。小篆从木，奇声。隶变后楷书写作"椅"。

《说文·木部》："椅，梓也。从木，奇声。"（椅，梓树一类。从木，奇声。）

"椅"的本义为树木名，即山桐子，读作 yī。

大约在宋代时，"椅"代替"倚"表示椅子。古代人都是席地而坐，没有椅子。椅源于魏晋和隋朝，初名胡床或马扎。直至唐明宗时才形成有靠背的椅子。宋代出现交椅，是至高无上的权力的象征。成语"正襟危坐"就是源于历代皇帝在交椅上的坐姿。

杨
（ yáng ）

杨，是一种落叶乔木的树木名。从木，易声。

"杨"的本义是对杨柳科杨属植物的泛称。如《说文》："杨，杨木也。"《尔雅》："杨，蒲柳。"明代李时珍《本草纲目·木二·柳》："杨枝硬而扬起，故谓之杨。"清代朱骏声《说文通训定声》："杨，枝劲脆而短，叶圆阔而尖；柳，叶长而狭，枝软而韧。

姓氏的一种。

柳
（ liǔ ）

　　"柳"是形声字。甲骨文从木，卯声。金文大致相同，但木移至左边。小篆整齐化。隶变后楷书写作"柳"。

　　"柳"的本义是指一种柳属的落叶乔木或灌木，枝细长下垂，叶狭长。如陆游《游山西村》："山重水复疑无路，柳暗花明又一村。"

　　垂柳纤细柔软，多用以形容女子的腰肢。如宋代马子严《海棠春》："柳腰暗怯花风弱。"

　　姓氏的一种。

柳

甲骨文

金文

小篆

楷书

松
（ sōng ）

　　"松"是形声字。金文从木，公声。小篆将金文中偏旁的位置调换。隶变后楷书写作"松"。

　　"松"的本义为松树。古籍中，常见"松乔"一词，是指古代传说中的仙人赤松子和王乔。后世大都借"松乔"指那些隐遁或长寿之人。如《旧唐书·魏徵传》："可以养松乔之寿。"

　　头发乱的样子。如唐代陆龟蒙《自怜赋》："首蓬松以半散，支棘瘠而枯踈。"

　　不紧。如唐代王建《宫词》："蜂须蝉翅薄松松，浮动搔头似有风。"

松

金文

小篆

楷书

（bǎi）

柏 金文

柏 小篆

柏 楷书

"柏"是形声字。金文从木，白声。小篆规范化。隶变后楷书写作"柏"。

《说文·木部》："柏，鞠也。从木，白声。"（柏，鞠树，从木，白声。）

"柏"的本义为柏树，是一种常绿树，可供观赏和材用，分布于欧、亚和北美暖温带、亚热带地区。如《论语·子罕》："岁寒，然后知松柏之后凋也。"

在汉代，御史府中要列植柏树，所以人们就把"柏台"作为御史台的别称。

   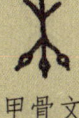

（běn）

本 甲骨文

本 金文

本 小篆

本 楷书

"本"是指事字。甲骨文上部是"木"（树）的枝干，下部是根部，三个小圆圈是指事符号，表示这里是树木的根部所在。金文、小篆基本延续了甲骨文的写法。隶变后楷书写作"本"。

《说文·木部》："本，木下曰本。从木，一在其下。"（本，树木下部叫本。从木，记号"一"标志在树木的下部。）

"本"的本义是指草木的根或靠近根部的茎干。如《国语·晋语》："伐木不自其本，必复生。"引申指事物的根本、基础。如《论语·学而》："君子务本，本立而道生。"

甲骨文

金文

小篆

楷书

朱

末

金文

小篆

楷书

朱
（zhū）

"朱"是指事字。甲骨文的字形像一棵大树，中间的一小横是指事符号，指明这棵树木的树心是红色的。金文与甲骨文大致相同。隶变后楷书写作"朱"。

"朱"的本义是指松柏一类的红心树木。引申指红色。后世都用"朱"的引申义。

古代的"朱门"本指红漆大门。而这种红漆大门是古代公侯贵族住宅的大门，是尊贵和特权的象征，所以人们就以"朱门"代表豪门。如杜甫《自京赴奉先县咏怀五百字》："朱门酒肉臭，路有冻死骨。"

末
（mò）

"末"是指事字。金文在"木"的上面加了一个小横作为指事符号，表示这个字指的是树梢。小篆把表示指事的符号延长了。隶变后楷书写作"末"。

"末"的本义是树梢。如《左传·昭公十一年》："末大必折。"引申指不重要的东西。如成语"舍本逐末"，就是丢掉主要的，追逐次要的。

泛指物体的尖端。如《孟子·梁惠王》："明足以察秋毫之末，而不见舆薪。"

还引申指尽头、最后。如杜甫《天末怀李白》："凉风起天末，君子意如何。"

果
（ guǒ ）

　　"果"是象形字。甲骨文下部是树（木），树梢上结满了果实。金文进一步形式化。小篆直接从金文简化而来。隶变后楷书写作"果"。

　　《说文·木部》："果，木实也。从木，像果形，在木之上。"（果，树木的果实。从木，⊗像果的形状，在"木"的上面。）

　　"果"的本义为植物的果实。如《管子·四时》："九暑乃至，时雨乃降，五谷百果乃登。"

　　又表示事物的结局。如"前因后果"，其中的"果"就是指结局。

枉
（ wǎng ）

　　"枉"是形声字。小篆从木，王声。隶变后楷书写作"枉"。

　　《说文·木部》："枉，邪曲也。从木，王声。"（枉，斜曲。从木，王声。）

　　"枉"的本义为弯曲、不正。如成语"矫枉过正"，是指把弯的东西扳正，结果又歪到了另一边。比喻纠正错误超过了应有的限度。

　　引申指邪曲、不正直。如《论语·颜渊》："举直错诸枉，能使枉者直。"意思是，把正直的人提拔出来，使其位于邪恶的人之上，能够使邪恶的人变得正直。

枯

小篆

楷书

枯
（ kū ）

"枯"是形声兼会意字。小篆从木（表示与草木有关），古声，古兼表死去之意。隶变后楷书写作"枯"。

《说文·木部》："枯，槀也。从木，古声。《夏书》曰：'唯箘辂枯。'木名也。"（枯，枯槀。从木，古声。《夏书》说："菌竹、辂竹和枯木。"枯，树木名。）

"枯"的本义为草木失去水分而萎缩变干。如唐代白居易《赋得古原草送别》："离离原上草，一岁一枯荣。"

杳

甲骨文

小篆

楷书

杳
（ yǎo ）

"杳"是会意字。甲骨文的上部是树木，根部是日，会太阳已经落下去，天色昏暗之意。小篆的字形与甲骨文基本一样。隶变后楷书写作"杳"。

《说文·木部》："杳，冥也。从日在木下。"（杳，幽暗。由"日"在"木"下会意。）

"杳"的本义是昏暗。如《管子·内业》："杳乎如入于渊。"

由幽暗引申为极远。如战国时宋玉《对楚王问》："翱翔乎杳冥之上。"

由极远又引申为寻不到踪影。如宋代林景熙《仙坛寺西林》："古坛仙鹤杳，野鹿自成群。"

楣
（méi）

楣
小篆

楣
楷书

"楣"是形声兼会意字。小篆从木，眉声，眉兼表檐之意。隶变后楷书写作"楣"。

《说文·木部》："楣，秦名屋㮰联也。齐谓之檐，楚谓之梠。从木，眉声。"（楣，秦地叫屋上的㮰联（作楣）。齐地叫作檐，楚地叫作梠。从木，眉声。）

"楣"的本义为屋檐口椽端的横板。如明代袁宏道《十景园小集》："苍藤蔽檐楣，楚楚干云势。"

也叫门楣，即门框上的横木。如宋代陆游《夏雨叹》："蜗舍入门楣触额，黄泥壁作龟兆坼。"

枕
（zhěn）

枕
小篆

枕
楷书

"枕"是会意兼形声字。小篆从木，冘声，冘兼表像人担担子的情状之意。隶变后楷书写作"枕"。

《说文·木部》："枕，卧所荐首者。从木，冘声。"（枕，睡卧时用来垫着脑袋的用具。从木，冘声。）

"枕"的本义为枕头。如成语"高枕无忧"，意思是垫高了枕头睡觉，无忧无虑。

引申为像枕头一样横垫在下面的东西。如铺铁轨用的"枕木"。

还引申为靠近。如《汉书·严助传》："会稽东接于海，南近诸越，北枕大江。"

杼

杼 小篆

杼 楷书

杼
（zhù）

"杼"是会意兼形声字。小篆从木从予会意，予兼表声。隶变后楷书写作"杼"。

《说文·木部》："杼，机之持纬者。从木，予声。"（杼，织布机上夹持纬纱的构件。从木，予声。）

"杼"的本义为古代织布机上持纬的梭子。如成语"断杼择邻"，出自汉代刘向的《列女传·母仪传》，说的是孟子的母亲将刚刚织好的布剪断，以此为喻，来告诫孟子不要荒废学业。"机杼"还用来比喻诗文的构思和布局。如"独出机杼"。

棚

棚 小篆

棚 楷书

棚
（péng）

"棚"是形声字。小篆从木，朋声。隶变后楷书写作"棚"。

《说文·木部》："棚，栈也。从木，朋声。"（棚，即栈。从木，朋声。）

"棚"的本义为我国的一种传统的楼阁，供远眺、游憩、藏书、供佛等用。如《隋书·柳彧传》："高棚跨路，广幕陵云。"

后来引申指用竹、木搭成的，上面覆盖有草、席等的篷架或小屋。如清代蒲松龄《聊斋志异》："姑妄言之姑听之，豆棚瓜架雨如丝。"

柄
（ bǐng ）

"柄"是形声字。甲骨文从木，丙声。小篆字形变化不大，只是将位置作了调整。隶变后楷书写作"柄"。

《说文·木部》："柄，柯也。从木，丙声。"（柄，斧头的把。从木，丙声。）

"柄"的本义为斧子的把儿。如"斧柄"。泛指器物的把儿。如"刀柄"。

也指植物的花叶或果实与枝茎相连的部分。如"花柄""叶柄"。

楫
（ jí ）

"楫"是形声字。小篆从木，咠声。隶变后楷书写作"楫"。

"楫"的本义是短的船桨。如《韵会》："棹，短曰楫，长曰棹。"后来泛指船桨。如"盐梅舟楫"，意思是盐和梅调和，舟和楫配合。比喻辅佐的贤臣。

又引申指船。

用作动词，指划水。如明代费信《星槎胜览》："一手附舟傍，一手楫水而至岸也。"意思是一只手扶在船沿上，一只手划水，这样到达岸边。

休
（xiū）

甲骨文

金文

小篆

楷书

"休"是会意字。甲骨文、金文、小篆都像一个人依傍树木休息。隶变后楷书写作"休"。

《说文·木部》："休，息止也。从人依木。庥，休或，从广。"（休，休息。由"人"依傍着"木"会意。庥，休的或体，从广。）

"休"的本义是人依靠在树下休息。人休息时会停止活动，故引申为停止、终止、结束。古代丈夫把妻子赶回娘家叫"休妻"，即停止夫妻婚姻关系。

桎
（zhì）

小篆

楷书

"桎"是形声字。小篆从木，至声。隶变后楷书写作"桎"。

《说文·木部》："桎，足械也。从木，至声。"（桎，束缚脚的刑具。从木，至声。）

"桎"的本义为脚镣。如《周礼·秋官·掌囚》："中罪桎梏。"郑玄注："在手曰梏，在足曰桎。"意思是，锁在手上的手铐叫作"梏"，锁在脚上的脚镣叫作"桎"。古代"桎""梏"常常连用，泛指刑具。如《后汉书·钟离意传》："意遂于道解徒桎梏。"意思是，钟离意于是在路上解下了囚徒的刑具。

（dōng）

东，动。从木。官溥说，由"日"在"木"中会意。大凡东的部属都从东。

"东"的本义是方向之一。如《说文》："东，动也。"《淮南子·天文训》："东方木也。"宋代辛弃疾《清平乐·村居》："大儿锄豆溪东，中儿正织鸡笼。"

特指东西方向，与南北向相对。如"东亩"。

东道主的简称。如"东主"。

春天。如"东君"。

向东。如宋代苏轼《念奴娇·赤壁怀古》："大江东去，浪淘尽，千古风流人物。"

小篆

楷书

林

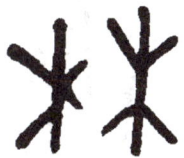

（lín）

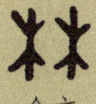

甲骨文

"林"是会意字。甲骨文像两棵树。金文的形体和甲骨文基本一样。小篆整齐化。隶变后楷书写作"林"。

"林"的本义为成片的树木。如陶渊明《桃花源记》："忽逢桃花林，夹岸数百步。"引申指林业。如常说的"农、林、牧、渔"就是这种用法。

又泛指野外或退隐的地方。如"林下人"。

后来比喻同类的人或事物聚集在一起。如成语"林林总总"形容多得成群。"林林"形容众多的样子，"总总"形容众多而杂乱的样子。

金文

小篆

楷书

麓

（lù）

麓，甲骨文
金文
小篆
楷书

"麓"是会意兼形声字。甲骨文是两个"木"字当中有一只鹿在跑。金文的字形已经看不出是鹿了。小篆将甲骨文的"林"字移到"鹿"的头上。隶变后楷书写作"麓"。

《说文·林部》："麓，守山林吏也。从林，鹿声。一曰：林属于山为麓。《春秋传》曰：'沙麓崩。'"（麓，守山林的小官。从林，鹿声。另一义说：树林连属于山叫麓。《春秋左氏传》说："沙山山脚崩塌。"）

"麓"的本义是鹿奔林中。引申为山脚下。如"岳麓书院"，这个"岳麓"就是指南岳衡山的山脚下。

森

（sēn）

森，甲骨文
小篆
楷书

"森"是会意字。甲骨文就是一排三棵树的样子，会树木丛生成为森林之意。小篆字形规范化。隶变后楷书写作"森"。

《说文·林部》："森，木多貌。从林，从木。读若曾参之参。"（森，树木众多的样子。由林、由木会意。音读像"曾参"的"参"字。）

"森"的本义是树木丛生。如《清稗类钞·冯婉贞》："去村四里有森林，阴翳蔽日，伏焉。"由繁密引申指森严、严整。如唐代杜甫《李潮八分小篆歌》："况潮小篆逼秦相，快剑长戟森相向。"

又引申为阴沉、幽暗。如"阴森森"。

才
（ cái ）

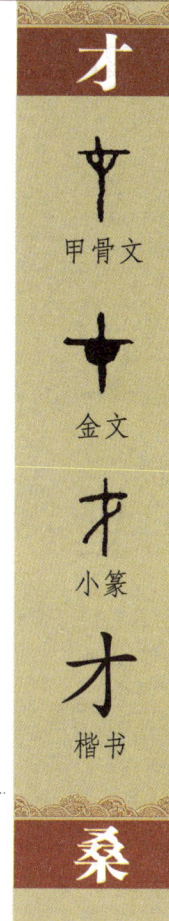

才
甲骨文

十
金文

才
小篆

才
楷书

　　"才"是象形字。甲骨文上面一横表示土地，下面像草木的茎（嫩芽）刚刚出土而枝叶尚未出土的样子。金文、小篆线条化。隶变后楷书写作"才"。

　　才，草木初生的样子。由"丨"向上面贯穿"一"，表示草木发芽抽苗将生枝叶；一，表示地面。大凡才的部属都从才。

　　"才"的本义为草木初生。引申指木料或木料之质性，人或物的质性、资质，通"材"。如汉代贾谊《过秦论》："才能不及中人，非有仲尼、墨翟之贤，陶朱、猗顿之富。"

桑
（ sāng ）

桑
甲骨文

甲骨文

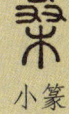
小篆

桑
楷书

　　"桑"是象形字。甲骨文上部为树冠，长着桑叶；下部是树根。小篆上部的树枝和桑叶线条化为三个"又"。隶变后楷书写作"桑"。

　　《说文·叒部》："桑，蚕所食叶木。从叒、木。"（桑，蚕儿所吃的桑叶树。由叒、木会意。）

　　"桑"的本义为养蚕的桑树。如《诗经·豳风·七月》："遵彼微行，爰求柔桑。"

　　用作动词，指采桑或种桑养蚕。如唐代孟浩然《过故人庄》："开轩面场圃，把酒话桑麻。"

之

业
甲骨文

业
金文

业
小篆

之
楷书

出

业
甲骨文

业
金文

业
小篆

出
楷书

（ zhī ）

"之"是指事字。甲骨文下部一条横线表示这个地方，横线上部是一只脚趾朝上的脚，表示从这里出发的意思。金文、小篆大致相同。隶变后楷书写作"之"。

《说文·之部》："之，出也。象草过中，枝茎益大，有所之。一者，地也。凡之之属皆从之。"（之，长出。像草经过了中的阶段，枝和茎渐渐长大，有滋长而出的样子。一，表示地。大凡之的部属都从之。）

"之"的本义是往或到。如《汉书·高帝纪》："十一月，沛公引兵之薛。"

（ chū ）

"出"是会意字。甲骨文的下部是一条上弯的曲线，表示这是一个门口或土坑口；上部是一只脚，表示走出。金文大致相同，小篆整齐化。隶变后楷书写作"出"。

《说文·出部》："出，进也。象草木益滋，上出达也。凡出之属皆从出。"（出，长进。像草木渐渐滋生，向上长出来。大凡出的部属都从出。）

"出"的本义是出去、外出。后来多指出去、出来，和"进""入"相对。如"出神入化""出生入死"。又引申为拿出、交纳。如"出力""入不敷出"。

卖
（mài）

卖，出卖物货。会意字。由出、由買会意。

"卖"的本义是把货物售出，与"买"相对。如《说文》："卖，出物货也。"贾谊《论积贮疏》："岁恶不入，请卖爵子。"明代刘基《卖柑者言》："有卖果者。"唐代白居易《卖炭翁》："卖炭翁，伐薪烧炭南山中。"

背叛。如"出卖"。

炫耀。如《红楼梦》："我们姑娘年轻媳妇子，也难卖头卖脚的，倒还是舍看我这付老脸去碰一碰。"

用尽。如"卖力气"。

賣
小篆

賣
楷书

生
（shēng）

"生"是象形字。甲骨文、金文都像一棵植物在地上生长出来的样子。小篆整齐化。隶变后楷书写作"生"。

《说文·生部》："生，进也。象草木生出土上。凡生之属皆从生。"（生，长进。像草木从土上生出。大凡生的部属都从生。）

"生"的本义为草木生长出土。引申指生育、发生、产生。如"无事生非""无中生有"。

由生长引申指生存、存活。如《史记·廉颇蔺相如传》："今两虎共斗，其势不俱生。"进而引申为生存的期限。如"一生""毕生"。

甲骨文

金文

小篆

生
楷书

丰

甲骨文

金文

小篆

豐
楷书

丰

(fēng)

“丰”是会意字。甲骨文像一器物中盛着的样子，下面是豆（古代盛器），会盛有贵重物品的礼器之意。小篆整齐化。隶变后楷书写作“豐”。汉字简化后写作“丰”。

《说文·生部》：“丰，草盛丰也。从生，上下达也。”［丰，草木丰盛。从生，（“生”的中竖向下延伸）表示上下通达。］

“丰”的本义是丰盛、茂盛。如三国时曹操《观沧海》：“树木丛生，百草丰茂。”引申指农作物收成好。如宋代辛弃疾《西江月》：“稻花香里说丰年。”进而引申指丰厚、富裕、富饶。

华

小篆

華
楷书

华

(huā)

华，花朵。会意字。由艸、由𠌶会意。大凡华的部属都从华。

“华”的本义是花，花朵。如《说文》：“华，荣也。”《尔雅·释草》：“木谓之华，草谓之荣。”《诗经·周南·桃夭》：“桃之夭夭，灼灼其华。”宋代王安石《游褒禅山记》：“今言华如华实之华者。”

轻浮柔弱的脉象。如《素问》：“脉至如华者，令人善恐。”

开花。如《淮南子·时则训》：“桃李始华。”

从中间剖开。如《尔雅》：“瓜曰华之。”《礼记·曲礼》：“为国君者华之。”

（ cháo ）

巢
甲骨文

巢
金文

巢
小篆

巢
楷书

　　"巢"是象形字。甲骨文下部像一棵树木，上部
为鸟巢的形状。小篆上部像巢上有三只鸟的样子，
表示鸟栖于树窝上。隶变后楷书写作"巢"。

　　《说文·巢部》："巢，鸟在木上曰巢，在穴曰窠。从木，象形。凡
巢之属皆从巢。"（巢，鸟在树上的窝叫巢，在洞中的窝叫窠。从木，象
鸟在巢中之形。大凡巢的部属都从巢。）

　　"巢"的本义就是鸟巢。如"鸠占鹊巢"。由鸟巢又引申指其他动物
的巢穴。上古人住的地方也被称为"巢"。又指敌人或盗贼盘踞的地方。
如"老巢"。

（ shù ）

束
甲骨文

束
金文

束
小篆

束
楷书

　　"束"是会意字。甲骨文从木，从口（表捆缚），
会捆绑木柴之意。金文、小篆变得线条化了。隶变
后楷书写作"束"。

　　《说文·束部》："束，缚也。从口、木。凡束之属皆从束。"（束，
捆缚。由口、木会意。大凡束的部属都从束。）

　　"束"的本义是捆绑。如《易经·贲卦》："束帛戋戋。"意思是很多
捆起来的丝织物"帛"码放在那里。引申为收拾或整理好。如"束囊"
是收拾行装，"束担"是收拾行李。

橐

橐
小篆

橐
楷书

（tuó）

"橐"是形声字。从橐省，石声。本义是袋子。

"橐"的本义是口袋。如《说文》："橐，囊也。"《左传·僖公二十八年》："宁子职纳橐饘焉。"《诗经·大雅·公刘》："乃裹糇粮，于橐于囊。"《战国策·秦策》："负书担橐。"《史记·田敬仲完世家》："田乞盛阳生橐中，置坐中央。"《汉书·赵充国传》。"卬家将军以为（张）安世本持橐簪笔，事孝武帝数十年。"清代张廷玉《明史》："橐金数千。"

通"托"，依附。如《韩非子·五蠹》："重争士橐。"

古代的一种鼓风吹火器。如"橐以牛皮"。

囗

囗
甲骨文

○
金文

囗
小篆

囗
楷书

（wéi）

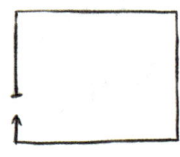

"囗"是象形字。读作wéi。甲骨文、金文和小篆的形体看起来都像是一圈围墙。隶变后楷书写作"囗"，"围"的古字。

《说文·囗部》："囗，回也。象回帀之形。凡囗之属皆从囗。"（囗，回绕。像回转一周的样子。大凡囗的部属都从囗。）

"囗"的本义为环绕，即将四周拦挡起来。

"囗"是部首字，在古代，凡是表示周围有界限或捆缚之义的字大都从"囗"。如"围""困""囚"。

回 （huí）

甲骨文

金文

小篆

楷书

"回"是象形字。甲骨文象流水回旋之形。金文仍然是水旋转之形。小篆的形体整齐化，变为大口套住小口。隶变后楷书写作"回"。

"回"的本义为旋转、回旋。如"迂回"。由旋转引申表示掉转。如"回头"。又引申指回来、返回。如唐代李白《将进酒》："君不见黄河之水天上来，奔流到海不复回。"

"回"还引申指改变。如唐代柳宗元《与韩愈论史官书》："道苟直，虽死不可回也；如回之，莫若亟去其位。"

囷 （qūn）

小篆

楷书

"囷"是会意字。小篆从囗，从禾，会装有粮食的圆形谷仓之意。隶变后楷书写作"囷"。

"囷"的本义为圆形谷仓。古代圆形的谷仓叫作"囷"，方形的谷仓叫作"仓"。"囷仓"泛指贮藏粮食的仓库。

因为囷是圆形的，所以曲折回旋亦可称"囷囷"。如唐代杜牧《阿房宫赋》："盘盘焉，囷囷焉，蜂房水涡，矗不知其几千万落。"意思是盘旋地、曲折地，密接如蜂房，回旋如水涡，不知矗立着几千万座（宫室）。

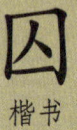

甲骨文

小篆

楷书

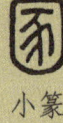

甲骨文

金文

小篆

楷书

（qiú）

"囚"是会意字。甲骨文像一个四方的围墙中有个朝右而立的人，人周围有三个点儿表示汗水或灰尘。隶变后楷书写作"囚"。

《说文·口部》："囚，系也。从人在口中。"（囚，拘禁。由"人"在"口"中会意。）

"囚"的本义为拘禁、囚禁。如"被囚"。如《尔雅》："囚，拘也。"《诗经·鲁颂·泮水》："在泮献囚。"汉代司马迁《报任安书》："韩非囚秦。"

用作名词，表示犯人、被俘获的敌人。如"死囚"。

（hùn）

"圂"是会意字。甲骨文从口（围），从豕（猪），会猪圈之意。金文大体相同。小篆整齐化。隶变后楷书写作"圂"。

《说文·口部》："圂，厕也。从口，象豕在口中也。会意。"（圂，猪圈。从口，像猪在圈围之中。会意。）

"圂"的本义为猪圈。如《汉书·五行志》："燕王宫永巷中豕出圂，坏都灶。"古代习惯将猪圈与厕所相连，故也指厕所。如《南史·范缜传》："（花）自有关篱墙落于粪溷之中。"后来由于"圂"作了偏旁，此义便用"溷"来表示。

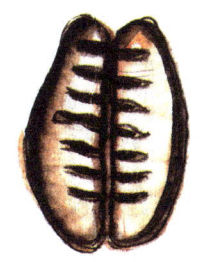   

贝
（bèi）

贝

贝，海中有甲壳的软骨动物。在陆上叫猋，在水中叫蜬。象贝壳之形。古时候，以贝壳为财富，以龟甲为珍宝。

"贝"的本义是海中有甲壳的软骨动物，海贝。

对牡蛎、蛤或其他软体动物中腹足类和瓣鳃类的统称。

贝壳制作的物品。如"贝雕"。

古代用的货币。如《汉书·食货志》："大贝四寸八分以上。"

贝形的花纹。如"贝胄"。

对印度贝多或贝多罗树的简称。如"贝多叶"。

甲骨文

小篆

贝
楷书

贿
（huì）

贿

贿，财物。形声字。从贝，有声。

"贿"的本义是财物。如《尔雅》："贿，财也。"《诗经·卫风·氓》："以尔车来，以我贿迁。"《仪礼·聘礼》："贿用束纺。"《左传·襄公二十四年》："先诸侯之贿，聚于公室。"

赠送财物。如《左传·宣公九年》："孟献子聘于周，王以为有礼，厚贿之。"《左传·襄公二十年》："宋人重贿之。"

用财物买通别人。如《陈书·后主沈皇后传》："政刑弛紊，贿货公行。"

受贿。如宋代司马光《训俭示康》："居官必贿。"

小篆

贿
楷书

307

财

财 小篆

财 楷书

财

（cái）

财，人们所宝贵的东西。形声字。从贝，才声。

"财"的本义是财物。如《说文》："财，人所宝也。"《广雅》："财，货也。"《周礼·太宰》："以九赋敛财贿。"《礼记·坊记》："先财而后礼。"《礼记·聘义》："此轻财而重礼之义也。"《韩非子·说难》："暮而果大亡其财。"

财富、财产。如《史记·魏公子列传》："终不以监门困故而受公子财。"《荀子·成相》："务本节用财无极。"

通"才"，仅仅。如《汉书·李陵传》："财令陵为助兵。"

赏

赏 小篆

赏 楷书

赏

（shǎng）

赏，奖赐有功的人。形声字。从贝，尚声。

"赏"的本义是赏赐有功之人。如《说文》："赏，赐有功也。"《墨子经》："赏，上报下之功也。"《左传·襄公二十八年》："善人富谓之赏。"三国诸葛亮《出师表》："宜付有司论其刑赏。"《史记·项羽本纪》："未有封侯之赏。"

赏玩。如晋代陶渊明《移居》："奇文共欣赏，疑义相与析。"宋代姜夔《扬州慢》："杜郎俊赏，算而今重到须惊。"

称赞、赞赏。如《左传·襄公十四年》："善则赏之。"

赏赐的东西。如《战国策·齐策》："群臣吏民能面刺寡人之过者，受上赏。"

宾
（ bīn ）

宾，所敬重的宾客。形声字。从貝，宮声。

"宾"的本义是受人尊敬的客人，贵客。如《说文》："宾，所敬也。"《礼记·乡饮酒义》："宾者，接人以义者也。"《仪礼·乡饮礼》："谋宾介。"《诗经·小雅·鹿鸣》："我有嘉宾，鼓瑟吹笙。"

通"傧"，迎客人。如《尚书·舜典》："宾于四门。"《尚书·尧典》："寅宾出日，平秩东作。"《列子·黄帝》："宾者以告列子。"宋代王安石《伤仲永》："稍稍宾客其父。"

服从、归顺。如《史记·五帝本纪》："诸侯咸来宾从。"

买
（ mǎi ）

买，购进。由网、贝会意。《孟子》说："登上独立的高地（窥视），（企图）网罗买卖的好处。"

"买"的本义是购进。如《说文》："买，市也。"《庄子·逍遥游》："请买其方百金。"《礼记·曲礼》："买妾不知其姓，则卜之。"

雇用，租用。如清代彭端淑《为学一首示子侄》："买舟而下。"

收买、买通。

引起。如《战国策·韩策》："此所谓市怨而买祸者也。"

求取、追逐。如"买笑""买名"。

邑
（yì）

"邑"是会意字。甲骨文会人居住的地方之意。金文大致相同。小篆整齐化。隶变后楷书写作"邑"。

邑，国。从口；先王的制度，（公、侯、伯、子、男）尊卑（不同），有（不同）大小的（疆域），所以从卩。大凡邑的部属都从邑。

"邑"的本义是国都。如《诗经·商颂·殷武》："商邑翼翼。"后来一般的市镇也可以称作"邑"。如宋代苏洵《六国论》："秦以攻取之外，小则获邑，大则得城。"也指封地。如《晏子春秋》："景公赐晏子邑，晏子辞。"

郡
（jùn）

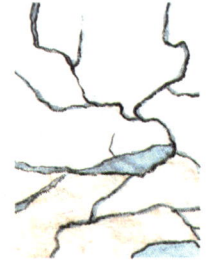

郡，周朝的制度：天子土地纵横千里，分成百县，每县有四个郡。所以《春秋左传》说："（能战胜敌人的人，）下大夫受封郡。"就是这个意思。到秦朝初年全国设置三十六个郡，用来监督它下属的县。从邑，君声。

"郡"的本义是古代制定的行政区域。如《说文》："郡，周制，天子地方千里，分为百县，县有四郡，故春秋传曰，上大夫受县，下大夫受郡是也。至秦初置三十六郡，以监其县。"晋代陶渊明《桃花源记》："及郡下。"宋代范仲淹《岳阳楼记》："谪守巴陵郡。"清代周容《芋老人传》："从郡城就童子试归。"

侧栏：邑 甲骨文 金文 小篆 楷书　郡 小篆 楷书

都
（ dū ）

"都"是形声字。金文从邑，者声。隶变后楷书写作"都"。

《说文·邑部》："都，有先君之旧宗庙曰都。从邑，者声。"（都，有已故君王的旧宗庙的城邑叫都。从邑，者声。）

"都"的本义为大城市，读作 dū。如"通都大邑""都市"。又特指有先王宗庙的城邑。如《左传·庄公二十八年》："凡邑有宗庙先君之主曰都，无曰邑。"

又特指邦国的都城。如三国时诸葛亮《出师表》："兴复汉室，还于旧都。"

郑
（ zhèng ）

郑，京兆尹郡的县名。周厉王的儿子友的封地。从邑，奠声。西周灭亡的时候，郑（武公）迁徙到溱水、洧水一带，今天的新郑就是这个地方。

"郑"的本义是周代诸侯国的名称。如《说文》："郑，京兆县，周厉王子友所封。从邑，奠声。宗周之灭，郑徙缯洧之上，今新郑是也。"《左传·僖公三十三年》："郑穆公使视客馆。"

原指春秋战国时郑国的民间音乐，后指与雅乐相对的俗乐。如《惟皇诚德赋》："改华服以就紫，变雅音而入郑。"

姓氏的一种。

（shào）

邵，晋邑也。形声字。从邑，召声。

"邵"的本义是古代的地名。如《说文》："邵，晋邑也。"《左传·襄公二十三年》："戍郫邵。"

古州名。相当于今福建省邵武等地。

古郡名。相当于今湖南省邵阳市及新邵、邵阳等县地。

水名，邵水。发源龙山，西流会桐江、檀江，在湖南省宝庆县东注入资水。

姓氏的一种。

左侧竖栏：
邵
金文
小篆
楷书

日
甲骨文
金文
小篆
楷书

（rì）

"日"是象形字。甲骨文、金文中的"日"字，都是一个圆圈中间有一个小黑点。后来为了便于书写，日的轮廓被改作方形，中间的一点改作了一横。

《说文·日部》："日，实也。太阳之精不亏。从口、一。象形。凡日之属皆从日。"（日，光明盛实。太阳的精华不亏损。由口、一会意。象形。大凡日的部属都从日。）

"日"的本义就是太阳。如《诗经·卫风·伯兮》："其雨其雨，杲杲出日。"

（ mèi ）

金文

小篆

楷书

"昧"是形声兼会意字。金文从日，未声，未兼表繁茂蔽日之意。小篆整齐化。隶变后楷书写作"昧"。

昧，昧爽，将明之际。从日，未声。另一义说：昧是昏暗。

"昧"的本义为天接近明而尚未明。如《尚书·牧誓》："时甲子昧爽，王朝至于商郊牧野，乃誓。"引申指心中不明、昏惑。如"愚昧"、"蒙昧"。又引申指愚蠢、糊涂。如"愚昧"。

"昧"作动词时，表示违背。如"昧心"。

还表示冒着、冒犯。如《史记·秦始皇本纪》："丞相臣斯昧死言。"

（ xù ）

小篆

楷书

"旭"是形声字。小篆从日，九声，表示太阳初出。隶变后楷书写作"旭"。

旭，太阳刚出来的样子。从日，九声。音读像"勖"字。另一义说：旭是阳光明亮。

"旭"的本义为太阳初升的样子。如《诗经·邶风·匏有苦叶》："雍雍鸣雁，旭日始旦。"

用作动词，指天亮。如晋代陶渊明《归园田居》："欢来苦夕短，已复至天旭。"

用作名词，指初出的太阳、晨曦。如"旭日"。

旰

小篆

旰

楷书

旰

(gàn)

旰，晚也。从日，干声。《春秋传》曰：“日旰君劳。”

“旰”的本义是天晚。如《说文》：“旰，晚也。”《左传·昭公十二年》：“日旰君勤。”《左传·襄公十四年》：“日旰不召，而射鸿于囿。”

因事忙而晚食，又用来比喻国事繁忙。如《白氏长庆集·杭州刺史谢上表》：“当陛下旰食宵衣之日，是微臣输肝写胆之时。”

昃

甲骨文

金文

小篆

昃

楷书

昃

(zè)

“昃”是会意字。甲骨文从日，从（倾斜的）人，表示太阳西斜了。金文更加形象地表现了“日”在“人”的右侧。小篆外部又增加“厂”。隶变后楷书写作“昃”。

《说文·日部》：“昃，日在西方时。侧也。从日，仄声。《易》曰：‘日厢之离。’”（昃，太阳在西方的时候。偏侧在一边了。从日，仄声。《易经》说：“太阳偏西时的山神兽。”）

“昃”的本义为太阳西斜。如《易经·丰卦》：“日中则昃，月盈则食（蚀）。”

昌
（ chāng ）

"昌"是会意字。小篆从日，从曰（开口说话），会光明正大的善言之意。隶变后楷书写作"昌"。

昌，美善的言辞。由日、曰会意。另一义说：昌是太阳的光明。《诗经》说："东方明亮了。"

"昌"的本义为光明正大的美善之言。如杨炯《老人星赋》："献仙寿兮祝尧，奏昌言兮拜禹。"意思是，祝尧帝长寿，用美善之言拜大禹。

引申指美好。如《诗经·齐风·猗嗟》："猗嗟昌兮，颀而长兮。"意思是，多么俊美啊！身材高高的呀！

"昌"还引申指兴盛。如"昌盛""昌隆"。

暑
（ shǔ ）

"暑"是形声兼会意字。小篆从日，者声，者（烧煮）兼表热之意。隶变后楷书写作"暑"。

"暑"的本义是炎热。如"酷暑难当"就是炎热得难以忍受之意。由此引申指炎热的季节——夏季。如"寒来暑往"，其中的"寒"和"暑"指的就是冬天和夏天。

又用作节气名。如"小暑"（每年的 7 月 7 日或 8 日）、"大暑"（每年的 7 月 23 日或 24 日）。

昔

甲骨文

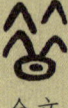

金文

苔

小篆

昔

楷书

昔

（ xī ）

"昔"是会意字。甲骨文从日，下部像洪水泛滥的样子，表示古代洪水泛滥的日子。小篆从金文演变而来。隶变后楷书写作"昔"。

《说文·日部》："昔，干肉也。从残肉，日以晞之。与俎同意。"（昔，干肉。仌表示残余、零星的肉，日表示用太阳来晒干它。与"俎"字从"仌"的构形意义相同。）

"昔"本义指洪水泛滥的古老日子。引申为从前。如《盐铁论·非鞅》："昔商君相秦也。"

旦

甲骨文

金文

旦

小篆

旦

楷书

旦

（ dàn ）

"旦"是会意字。甲骨文上为日，下为地平面。金文像太阳刚跃出海面，正与水相连。小篆下部变成了地平线。隶变后楷书写作"旦"。

《说文·旦部》："旦，明也。从日见一上。一，地也。凡旦之属皆从旦。"（旦，天明。由"日"出现在"一"之上会意。一，表示地。大凡旦的部属都从旦。）

"旦"的本义为日出天亮。如《孟子·离娄下》："幸而得之，坐以待旦。"

旌（jīng）

旌，木辂车上竖建着旌旗，剪下鸟羽附箸在饰有旄牛尾的旗杆上端，是用以激励士卒精锐前进的一种旗帜。从㫃，生声。

"旌"的本义是古代用鸟羽附在旄牛尾竿头的旗子。如《说文》："旌，游车载旌析羽。"

古代对旗子的总称。如《资治通鉴》："旌麾南指，刘琮束手。"

古代使者所持的旌节。如《金瓶梅》："王婆道：'眼望旌节至，耳听到消息。'"

表彰、表扬。如明代张溥《五人墓碑记》："旌其所为。"

右侧栏：旌 / 小篆 / 旌 楷书

旅（lǚ）

"旅"是会意字。甲骨文从㫃（旗帜），从从（众人相随），用众人聚集在旗下会军旅之意。小篆整齐化。隶变后楷书写作"旅"。

《说文·㫃部》："旅，军之五百人为旅。从㫃，从从；从，俱也。"（旅，军队里五百人的单位叫作旅。由从、㫃会意；从，许多人在一起的意思。）

"旅"的本义是一种军队编制单位。古代五百人为一旅。泛指军队。如"军旅"。由军队出征在外引申为寄居在外。如"羁旅"。

右侧栏：旅 / 甲骨文 / 金文 / 小篆 / 旅 楷书

晶

晶
（ jīng ）

甲骨文

小篆

楷书

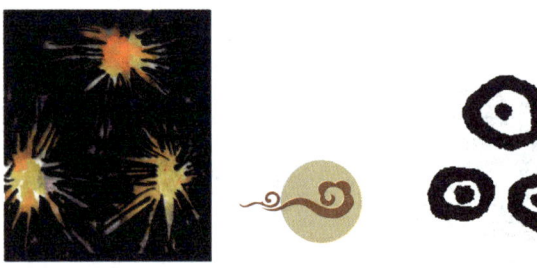

"晶"是会意字。甲骨文表示三个太阳堆在一起，会光亮之意。小篆与甲骨文大体相同。隶变后楷书写作"晶"。

《说文·晶部》："晶，精光也。从三日。凡晶之属皆从晶。"（晶，精华的光亮。由三个"日"字会意。大凡晶的部属都从晶。）

"晶"的本义为光亮、明亮。如宋之问《明河篇》："八月凉风天气晶，万里无云河汉明。"

在古文中，"晶"还特指月亮。如"晶轮""晶盘""晶蟾"等。

"晶"也作为水晶的简称。如"茶晶"。

星

星
（ xīng ）

甲骨文

金文

小篆

楷书

星，万物的精华，在天上就成了众多的星。从晶，生声。另一说：（晶）像（众星之）形。从口，古时候〇再加注一点在它的中间，所以与"日"字混同。

"星"的本义是天上的星星。如《尚书·尧典》："日月星辰。"《尚书·洪范》："四曰星辰。"《荀子》："列星随旋，日月递昭。"

天文。如汉代司马迁《报任安书》："文史星历，近乎卜祝之间。"

用以表示等级高低。如"五星级饭店"。

形容多而分布较散。如"星罗棋布"。

（ yuè ）

月

甲骨文

金文

小篆

楷书

　　"月"是象形字。甲骨文、金文描摹的都是一轮缺月的形状。小篆的形体变得不太像月亮的样子了。隶变后楷书写作"月"。

　　《说文·月部》："月，缺也。太阴之精。象形。凡月之属皆从月。"（月，亏缺。太阴的精华。象形。大凡月的部属都从月。）

　　"月"的本义是月亮。如李白《静夜思》："举头望明月，低头思故乡。"又被用来形容颜色或形状像月亮一样的事物。如"月亮门"。

　　农历按照月相变化的一个时间段，月份。如《庄子·养生主》："族庖月更刀。"宋代苏洵《六国论》："日削月割。"

（ míng ）

明

甲骨文

金文

小篆

朙

楷书

　　明，清晰明亮。由月、由囧会意。大凡明的部属都从明。

　　"明"的本义是明亮，清晰。如《说文》："明照也。"《诗经·齐风·鸡鸣》："东方明矣。"《诗经·小雅·大东》："东有启明。"唐代李白《秋浦歌》："不知明镜里，何处得秋霜。"唐代杜甫《春夜喜雨》："江船火独明。"

　　清楚、明白。如《战国策·赵策》："明谓左右。"宋代王安石《答司马谏议书》："名实已明。"

　　明显、分明。如《荀子·成相》："君法明，伦有常。"

夕

（xī）

甲骨文 ♪

金文 ♪

小篆 ♪

楷书 夕

　　"夕"是象形字。在甲骨文和金文中，"夕"字与"月"字几乎一模一样。小篆的"夕"比"月"字少了一笔，表示月儿尚未露出全貌。隶变后楷书写作"夕"。

　　《说文·夕部》："夕，莫也。从月半见。凡夕之属皆从夕。"（夕，傍晚。由月字现出一半来表意。大凡夕的部属都从夕。）

　　"夕"的本义就是指黄昏、傍晚。如《诗经·王风·君子于役》："日之夕矣，牛羊下来。"引申指代夜晚。如成语"朝乾夕惕"，形容终日勤奋工作，戒勉不已。

外

（wài）

金文 卟

小篆 外

楷书 外

　　"外"是会意字。金文从夕，从卜。古人占卜一般是在早晨，如果在夜里占卜，则表明边疆有事。小篆承接金文。隶变后楷书写作"外"。

　　《说文·夕部》："外，远也。卜尚平旦，今夕卜，于事外矣。"（外，疏远。占卜崇尚平明日出之时，今在夜晚占卜，就卜筮之事而言已经是例外了。）

　　"外"的本义指外面、外部。引申为自己所在地以外的地方。如"外地""外省"。母亲、妻子、姐妹或儿女方面的亲属也以"外"称之。如"外祖父"。又引申为关系疏远的人。如"外人""见外"。

（ duō ）

甲骨文

金文

小篆

楷书

"多"是会意字。甲骨文、金文、小篆都是两个重叠的"夕"字。隶变后楷书写作"多"。

《说文·多部》："多，重也。从重夕。夕者，相绎也，故为多。重夕为多，重日为叠。凡多之属皆从多。"（多，重复。由重叠的"夕"字构成。夕的意思是相抽引而无穷尽，所以叫"多"。重叠夕字叫多，重叠日字叫叠。大凡多的部属都从多。）

"多"的本义为多出，与"少"相对，后来又引申为余。如"二百多"。

（ sù ）

小篆

楷书

粟，谷子。由卤、由米会意。孔子说："粟可借表连续不断的意思。"

"粟"的本义是谷子，即小米。如《说文》："粟，嘉谷实也。"《旧唐书·食货志下》："其粟麦粳稻之属各依土地，贮之州县。"

去皮壳之前的谷粒。如《明史·海瑞传》："迁淳安知县。布袍脱粟，令老仆艺蔬自给。"

对粮食的统称。如汉代贾谊《论积贮疏》："苟粟多而财有余，何为而不成？"唐代韩愈《杂说》："马之千里者，一食或尽粟一石。"

齐

甲骨文

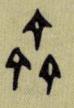

小篆

楷书

（qí）

齐，禾麦吐穗，其上平整。象形。大凡齐的部属都从齐。

"齐"的本义是禾麦吐穗。如《说文》："齐，禾麦吐穗上平也。"《礼记·曲礼》："立如齐。"

整齐。如《国语·周语》："其君齐明衷正。"《国语·楚语》："为齐敬也。"唐代杜牧《阿房宫赋》："气候不齐。"

平等。如《史记·平准书》："齐民无藏盖。"

齐全。如《红楼梦》："各屋子里丫头们将灯火俱已点齐。"

整治。如近代梁启超《少年中国说》："修身齐家治国平天下。"

片

甲骨文

小篆

楷书

（piàn）

"片"是指事字。甲骨文字形像劈开的木片。隶变后楷书写作"片"。

片，已剖的木。由小篆"木"字的右半会意。大凡片的部属都从片。

"片"的本义为劈开树木之类，读作 piàn。如"片批"，是一种切肉的刀法，刀略倾斜，切之使肉成片状。泛指平而薄的东西。如唐代杜甫《寄杨五桂州谭》："梅花万里外，雪片一冬深。"又用于延伸的平面或广阔区域。如唐代王之涣《凉州词》："一片孤城万仞山。"还可用于景色、气象等。如"一片丰收的景象"。

（dǐng）

"鼎"是象形字。甲骨文、金文象一个大腹、有足、两耳的器物之形。隶变后楷书写作"鼎"。

《说文·鼎部》："鼎，三足两耳，和五味之宝器也。凡鼎之属皆从鼎。"（鼎，三只脚，两只耳朵，是调和各种味料的珍贵的器物。大凡鼎的部属都从鼎。）

"鼎"的本义是古代烹煮用的器物。鼎是青铜器中最重要的器种之一，是用以烹煮肉和盛贮肉类的器具。

"鼎"是个部首字，凡由"鼎"组成的字都与鼎器有关。如"鼐"。

（hé）

"禾"是象形字。甲骨文、金文都像一棵成熟了的谷子，沉甸甸的谷穗弯垂着。小篆线条化，与甲骨文、金文的形体大体相同。隶变后楷书写作"禾"。

《说文·禾部》："禾，嘉谷也。二月始生，八月而孰，得时之中，故谓之禾。禾，木也。木王而生，金王而死。从木，从禾省。禾象其穗。凡禾之属皆从禾。"（禾，美好的谷子。二月开始发芽生长，到八月成熟，得四时中和之气，所以叫它禾。禾是木属。春天木旺就生长，秋天金旺就死去。由木、由禾省会意。下垂的人像它的谷穗。大凡禾的部属都从禾。）

稼
小篆

稼
楷书

稼
（jià）

"稼"是形声字。小篆从禾，家声。隶变后楷书写作"稼"。

《说文·禾部》："稼，禾之秀实为稼，茎节为禾。从禾，家声。一曰：稼，家事也。一曰：在野曰稼。"（稼，禾的穗实叫稼，秸秆叫禾。从禾，家声。一说：稼，就像嫁女之事。一说：在田野中的作物叫稼。）

"稼"的本义是成熟的禾穗。如《诗经·豳风·七月》："十月纳禾稼。"后泛指庄稼、田中的作物。由成熟的庄稼引申指种植，从事农业劳动。

穆

甲骨文

金文

穆
小篆

穆
楷书

穆
（mù）

"穆"是象形字。金文像一棵向下弯垂的禾，禾穗饱满，已经成熟。小篆发生了伪变。隶变后楷书写作"穆"。

《说文·禾部》："穆，禾也。从禾，㣇声。"（穆，禾名。从禾，㣇声。）

"穆"的本义是一种禾谷的名称。

五谷丰登是一件美好的事，"穆"由此引申指美好、和谐。如"穆如清风"。

"穆"还可以表示恭敬、严肃的意思。如《礼记·曲礼下》："天子穆穆。""穆"还是周代一种划分辈分的方法。

（yí）

移
小篆

移
楷书

"移"是会意兼形声字。小篆从禾，从多，会众禾在风中婀娜摆动之意，多兼表声。隶变后楷书写作"移"。

移，禾（从风而）婀娜摆动。从禾，多声。另一义说：移是禾名。

"移"的本义为禾谷柔弱摆动的样子。引申移秧，即移植秧苗。后扩大用在其他的事物上，泛指移植。如"移花接木"。

又泛指移动、改变。如《孟子·滕文公下》中有一句著名的话，"富贵不能淫，贫贱不能移，威武不能屈，此之谓大丈夫。"这里的"移"，就是指改变。

（gǎo）

稿
小篆

稿
楷书

"稿"是会意兼形声字。小篆从禾从高会意，高兼表声。隶变后楷书写作"稾"，俗作"稿"。如今规范化，以"稿"为正体。

"稿"的本义是谷类植物未经处理的茎秆。如《资治通鉴》："今又盛寒，马无稿草。"

引申指还需加工的诗文、图案草底。如"草稿"。如今也指写成的文章或画成的画图等。如《史记·屈原贾生列传》："怀王使屈原造为宪令，屈原属草稿未定，上官大夫见而欲夺之，屈原不与。"

秧
（yāng）

"秧"是形声字。小篆从禾，央声。隶变后楷书写作"秧"。

　　"秧"的本义是水稻密集的幼苗。如"稻秧"。在田间插秧时唱的劳动歌曲叫"秧歌"，也指流行于北方农村的一种用锣鼓伴奏的歌舞活动。

　　由水稻的幼苗引申指植物的幼苗。如"树秧"。还指某些植物的茎。如"西瓜秧"。

　　又指某些饲养的初生小动物。如"鱼秧"。

稔
（rěn）

"稔"是形声字。小篆从禾，念声。隶变后楷书写作"稔"。

　　稔，百谷成熟。从禾，念声。《春秋左氏传》说："少不止五年。"

　　"稔"的本义是庄稼成熟。如"恶稔贯盈"，这里的"稔"是指成熟，"贯盈"是指穿满了绳索，指到了极点。这个成语意思是罪恶积蓄成熟，像钱串已满。形容作恶多端，末日来临。

　　"稔"还可以表示熟悉、知道。如"熟稔"，就是十分熟悉。

秋
（qiū）

秋
甲骨文

小篆

秋
楷书

　　"秋"是象形字。甲骨文像一个蟋蟀的形状。金文加上了义符"禾"，表示庄稼。隶变后楷书写作"秋"。

　　《说文·禾部》："秋，禾谷孰也。从禾，龜省声。"（秋，百谷成熟。从禾，龜省声。）

　　"秋"的本义是收成、收获。如范成大《颜桥道中》："处处田畴尽有秋。"

　　收获的季节在秋天，所以"秋"又引申指秋天。如"秋收冬藏"。由秋天又可以引申指年。如"一日不见，如隔三秋"。

秦
（qín）

秦
甲骨文

金文

小篆

秦
楷书

　　"秦"是会意字。甲骨文从廾（双手）持午（杵）舂禾，会舂捣收打禾麦之意。金文与甲骨文大体相同。小篆承接金文，但下部只保留了一个"禾"字。隶变后楷书写作"秦"。

　　《说文·禾部》："秦，伯益之后所封国。地宜禾。从禾、舂省。一曰：秦，禾名。"（秦，伯益的后裔所封的国名。此地适宜禾谷生长。由禾、由舂省去臼会意。另一义说：秦，禾名。）

　　"秦"的本义是粮食。后来引申为春秋时代的国名，即秦国。

　　现在的陕西省中部平原地区在春秋战国时期为秦国的地盘，所以这片地区也称"秦"。如"秦声"，指陕、甘一带的戏曲音乐。

程 （chéng）

"程"是形声字。小篆从禾（表示与谷物有关），呈声。隶变后楷书写作"程"。

《说文·禾部》："程，品也。十发为程，十程为分，十分为寸。从禾，呈声。"（程，程品。十根毛发并排起来叫一程，十程叫一分，十分叫一寸。从禾，呈声。）

"程"的本义为十根头发直径的长度为一程，后用作度量衡的总称。用作动词，指称量、计量。如"计日程功"。

黍 （shǔ）

"黍"是象形字。甲骨文就像黍的形象，金文右边是禾，左边脱落的颗粒代表黍籽粒。小篆把位置做了调整。隶变后楷书写作"黍"。

《说文·黍部》："黍，禾属而黏者也。以大暑而穜，故谓之黍。从禾，雨省声。凡黍之属皆从黍。"（黍，禾一类而性黏的谷物。因在大暑时成熟，所以叫作黍。从禾，雨省声。大凡黍的部属都从黍。）

"黍"的本义是黍子。是一种一年生草本植物。如《诗经·魏风·硕鼠》："无食我黍"。又指用黄米做成的饭。如《论语·微子》："杀鸡为黍而食之。"意思是说，杀鸡做饭来款待别人。

香

（ xiāng ）

甲骨文

小篆

楷书

"香"是会意字。甲骨文似小麦之形，会小麦成熟后的馨香之意。小篆从黍，从甘。隶变后楷书写作"香"。

《说文·香部》："香，芳也。从黍，从甘。《春秋传》曰：'黍稷馨香。'凡香之属皆从香。"（香，芬芳。由黍、甘会意。《春秋左氏传》说："黍、稷气味芬芳。"大凡香的部属都从香。）

"香"的本义是指五谷之香。后来泛指一般的香味。

又比喻睡得好。如"她睡得很香"。

米

（ mǐ ）

米

甲骨文

小篆

楷书

"米"是象形字。甲骨文字形像一株谷穗上结满了沉甸甸的米粒，中间一长横是穗中的茎秆。小篆整齐化。隶变后楷书写作"米"。

《说文·米部》："米，粟实也。象禾实之形。凡米之属皆从米。"（米，米粟的籽实。像禾子实的形状。大凡米的部属都从米。）

"米"的本义是粟米，脱壳后为小米。引申泛指粮食作物籽实脱壳后的部分。如"玉米"。"不为五斗米折腰"，比喻为人清高，有骨气，不为利禄所动。

糟
小篆

糟
楷书

糟
（zāo）

"糟"是形声字。小篆从米，曹声。隶变后楷书写作"糟"。

《说文·米部》："糟，酒滓也。从米，曹声。"（糟，带滓的酒。从米，曹声。）

"糟"的本义是没有过滤清而带滓的酒。引申指以酒或酒糟腌制的食品。如"糟豆腐"。酒糟品质不好，所以又引申指粗恶的食物。如"糟食"。

用作形容词，指事物败坏、糟糕。

用作动词，指糟蹋。

粉
小篆

粉
楷书

粉
（fěn）

"粉"是形声兼会意字。小篆从米，分声，分兼表分细之意。隶变后楷书写作"粉"。

《说文·米部》："粉，傅面者也。从米，分声。"（粉，傅布在脸上的粉末。从米，分声。）

"粉"的本义是米细末。也指谷类、豆类作物籽实的细末。如《尚书·益稷》上说："藻、火、粉米。"又引申指细末状的物质。如"粉尘"。

还可以指妆饰用的脂粉。

臼
（ jiù ）

甲骨文

金文

小篆

楷书

臼
⼭
⼫
臼

　　"臼"是象形字。甲骨文、金文都像一个舂米用的石臼。小篆的形体与甲骨文、金文基本相同。隶变后楷书写作"臼"。

　　《说文·臼部》："臼，舂也。古者掘地为臼，其后穿木石。象形。中米也。凡臼之属皆从臼。"［臼，舂米的臼。古时候在地上掘坎成臼，后来挖穿木头或石头（作臼）。像臼的形状，中间像米的形状。大凡臼的部属都从臼。］

　　"臼"的本义为舂米的石臼。泛指舂捣的器具。如"杵臼"。又比喻形状像臼的东西。如"臼齿。"

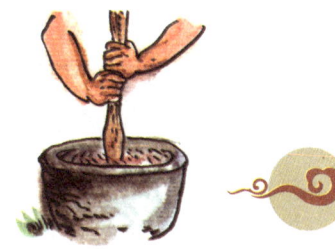

春
（ chōng ）

甲骨文

金文

小篆

楷书

　　"舂"是象形字。甲骨文上部为两只手，中间竖线表示杵，下部像臼，两点代表米。金文字形变化不大。小篆直接从金文变来。隶变后楷书写作"舂"。

　　《说文·臼部》："舂，捣粟也。从廾持杵临臼上。午，杵省也。"（舂，舂捣粟米一类物。由"廾"（双手）持握着"午"在"臼"上会意。午，是"杵"的省略。）

　　"舂"的本义是指捣去谷物外皮的动作，即舂米。如唐代李白《宿五松山下荀媪家》："田家秋作苦，邻女夜舂寒。"

舀
(yǎo)

"舀"是会意字。金文形体就像一只手到一个器皿中去舀取东西的样子。小篆承接金文。隶变后楷书写作"舀"。

《说文·舀部》："舀,抒臼也。从爪、臼。《诗》曰:'或簸或舀。'"（舀,从臼里舀出来。由爪、臼会意。《诗经》说:"时而簸去糠皮,时而把米从臼里舀出来。"）

"舀"的本义就是舀取。如"舀水"。

现在,凡是从"那里"舀到"这里",都可称为"舀"。

麻
(má)

"麻"是会意字。金文从厂（山崖）,但其内挂着的不是"林",而是纤麻,会于崖下劈麻晾麻之意。小篆改为从广（敞屋）,会在屋檐下晾麻之意。隶变后楷书写作"麻"。

《说文·麻部》："蕯,与林同。人所治,在屋下。从广,从林。凡麻之属皆从蕯。"（蕯,与"林"字意义相同。是人们刮治的植物,在敞屋之下。由广、由林会意。大凡麻的部属都从蕯。）

"麻"的本义就是可做绳索、纺织的大麻。引申为麻布丧服。如"披麻戴孝"。

左侧栏目：

舀
金文
舀 小篆
舀 楷书

麻
金文
麻 小篆
麻 楷书

瓜
(guā)

瓜

金文

瓜
小篆

瓜
楷书

　　"瓜"是象形字。金文像长长的瓜蔓，中间有一个已经成熟还结在蔓上的大瓜。小篆线条化。隶变后楷书写作"瓜"。

　　《说文·瓜部》："瓜，㼌也。象形。凡瓜之属皆从瓜。"（瓜，草本植物的果实。象形。大凡瓜的部属都从瓜。）

　　"瓜"是一类植物的总称，可以分为很多种类，其中有水果，也有菜蔬。如"西瓜"。引申指状如瓜的器物。如"金瓜"（一种作仪仗的武器）、"瓜皮帽"。有一个很著名的典故"瓜代"，指的是接职继任。

家
(jiā)

家

甲骨文

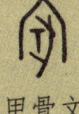
金文

小篆

家
楷书

　　"家"是会意字。甲骨文表示"屋内有豕（猪）"为"家"。（古代生产力低下，人们多在屋子里养猪，所以房子里有猪就成了人家的标志。）隶变后楷书写作"家"。

　　《说文·宀部》："家，居也。从宀，豭省声。"（家，居处的地方。从宀，豭省声。）

　　"家"的本义指人家，引申泛指家庭。如晋代陶渊明《桃花源记》："便要还家，设酒杀鸡作食。"

　　引申为住宅、房屋。如《史记·平原君虞卿列传》："平原君家楼临民家。"

室

甲骨文

金文

小篆

室
楷书

向

甲骨文

金文

向
小篆

向
楷书

室
（shì）

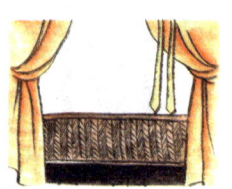

"室"是会意兼形声字。甲骨文从宀（房屋），从至，会人至而息止之意，至也兼表声。金文、小篆与甲骨文大致相同。隶变后楷书写作"室"。

《说文·宀部》："室，实也。从宀，至声。至，所止也。"（室，内室。由宀、由至会意。至表示止息之地。）

"室"的本义指人所息止的堂内的房间，即堂后之正室。如《易·系辞》："上古穴居而野处，后世圣人易之以宫室。"泛指房屋、住宅。如陶渊明《归园田居》："户庭无尘杂，虚室有余闲。"

向
（xiàng）

"向"是象形字。甲骨文象屋墙上有窗户之形。金文和小篆承接甲骨文，变化不大。隶变后楷书写作"向"。

《说文·宀部》："向，北出牖也。从宀，从口。如《诗》曰：'塞向墐户。'"（向，朝北开出的窗子。由宀、由口会意。《诗经》说："塞住朝北的窗子，用泥巴涂住门缝。"）

"向"的本义为北开的窗户。所以引申泛指窗户。如"闭户塞向"，指把门和窗户关上。

宇
（ yǔ ）

"宇"是形声字，金文从宀（房屋），于声。小篆整齐化。隶变后楷书写作"宇"。

《说文·宀部》："宇，屋边也。从宀，于声。如《易》曰：'上栋下宇。'"（宇，屋的边檐。从宀，于声。《易经》说："上有栋梁下有屋檐。"）

"宇"的本义为房檐。如《易经·系辞》："后世圣人易之以宫室，上栋下宇，以待风雨。"

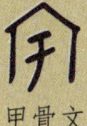

宇
甲骨文

金文

小篆

楷书

宏
（ hóng ）

"宏"是形声字。小篆从宀（房屋），厷声。隶变后楷书写作"宏"。

《说文·宀部》："宏，屋深响也。从宀，厷声。"（宏，房屋幽深而有回响。从宀，厷声。）

"宏"的本义指房屋深广，说话有回声。引申泛指广大。如"宏伟"。又引申指胸襟开阔、度量大、见识广博。如"宏论"即是见识广博的言论。

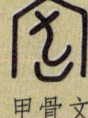

宏
甲骨文

小篆

楷书

安 (ān)

"安"是个会意字。甲骨文从女，从宀（房子），由女子坐在房中，会平安、安适之意。金文、小篆与甲骨文形体大致相同。隶变后楷书写作"安"。

《说文·宀部》："安，静也。从女在宀下。"（安，安宁。由"女"在"宀"下会意。）

"安"的本义是平安、安适。如《论语·学而》："君子居无求安，食无求饱，敏于事而慎于言。"又引申指安定、坦然。如《论语·季氏》："不患寡而患不均，不患贫而患不安。"

实 (shí)

实，富裕。由宀、由贯会意。贯，表示货贝。

"实"的本义是富裕。如《说文》："实，富也。"《小尔雅》："实，满也，塞也。"《素问·调经论》："有者为实，故凡中质充满皆曰实。"汉代贾谊《论积贮疏》："管子曰：'仓廪实而知礼节。'"

诚实。如《广雅》："实，诚也。"《韩非子·主道》："虚则知实之情。"

广大。如《诗经·小雅·节南山》："节彼南山，有实其猗。"

坚实、强硬。如《孙子兵法·虚实篇》："兵之形，避实而击虚。"

果实、种子。如《诗经·周颂·载芟》："实函斯活。"宋代沈括《梦溪笔谈》："用实者成实时采。"

336

甲骨文

小篆

楷书

（ bǎo ）

宝，表示家里藏有珍宝。由宀、由玉、由贝会意，缶声。

"宝"的本义是珍宝。如《说文》："宝，珍也。"《诗经·大雅·桑柔》："稼穑维宝。"《诗经·大雅·崧高》："以作尔宝。"《论语》："怀其宝。"《史记·廉颇蔺相如列传》："和氏璧天下人所共传宝也。"

对孩子的爱称。如"小宝贝儿"。

珍爱、重视。如《韩非子·解老》："吾有三宝，持而宝之。"

与佛教有关的事物。如"皈依三宝"。

甲骨文

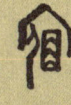
金文

小篆

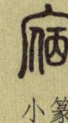
楷书

（ sù ）

"宿"是会意字。甲骨文从宀（房屋），从人，从西（席），会人躺在席上于屋内睡觉之意。金文大致相同。小篆整齐化。隶变后楷书写作"宿"。

《说文·宀部》："宿，止也。从宀，佰声。"（宿，止宿。从宀，佰声。）

"宿"的本义指夜晚睡觉、住宿，读作sù。如《乐府诗集·木兰辞》："旦辞爷娘去，暮宿黄河边。"引申为夜。如《齐民要术·水稻》："净淘种子，渍经三宿。"

寓

金文

小篆

寓

楷书

寒

金文

小篆

寒

楷书

（ yù ）

"寓"是形声字。金文、小篆皆从宀，禹声。隶变后楷书写作"寓"。

《说文·宀部》："寓，寄也。从宀，禹声。"（寓，寄居。从宀，禹声。）

"寓"的本义为寄居、寄住。如《孟子·离娄下》："无寓人于我室，毁伤其薪木。"

用作名词，指住所、住处。如"公寓"、"客寓"等。

由寄居又引申指投寄、寄递。如现在常说的"邮寄""寄信"等。又引申指寄托、寄存。

（ hán ）

"寒"是会意字。金文形体从宀，从人、茻（众草）、冫（冰），会天寒地冻之意。小篆继承金文。隶变后楷书写作"寒"。

《说文·宀部》："寒，冻也。从人在宀下，以茻荐覆之，下有仌。"（寒，冷冻。由"人"在"宀"下，用草垫着盖着，下有"仌"来会意。）

"寒"的本义指寒冷。如《史记·刺客列传》："风萧萧兮易水寒。"引申指战栗恐惧。如"胆寒"。又引申指贫困。古时将家境贫困或门第卑微的读书人称为"寒士""寒门"。

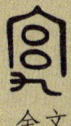

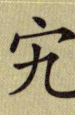
宄，奸诈。起自外部，为盗；起自内部，为宄。从宀，九声。音读像"轨"字。

"宄"的本义是从内部作乱或偷盗。如《说文》："宄，奸也。"《虞书》："冦贼奸宄。"《广韵》："宄，内盗也。"《尚书·牧誓》："俾暴虐于百姓，以奸宄于商邑。"《国语·晋语六》："乱在内为宄，在外为奸。御宄以德，御奸以刑。"

发动内乱或偷盗的人。如《汉书·辛庆忌传》："奸宄不得萌动而破灭。"《国语》："毁则者为贼，掩贼者为藏，窃宝者为宄，用宄之财者为奸。"

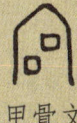

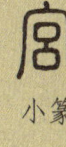
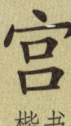
"宫"是会意字。甲骨文外形像围墙，内部的两个"口"像围墙内的若干房屋。金文、小篆继承了甲骨文。隶变后楷书写作"宫"。

《说文·宫部》："宫，室也。从宀，躳（躬）省声。"（宫，室。从宀，躬省声。）

"宫"的本义指有围墙的房屋，后泛指房屋。秦汉以后特指君王居住的地方。如王建《宫词》："宫人早起笑相呼，不识阶前扫地夫。"

"宫"亦可当宗庙讲。如《诗经·召南·采蘩》："于以用之？公侯之宫。"

339

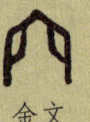

穴

金文

小篆

楷书

穴
（ xué ）

"穴"是象形字。小篆像古人居住的半地下土窑。金文很像土室或岩洞。小篆与金文差别不大。隶变后楷书写作"穴"。

《说文·穴部》："穴，土室也。从宀，八声。凡穴之属皆从穴。"（穴，土室。从宀，八声。大凡穴的部属都从穴。）

"穴"的本义即是洞穴。如"虎穴""蚁穴"。引申为墓穴，即埋棺材的坑。如《诗经·王风·大车》："縠则异室，死则同穴。"

动物的洞。如汉代王粲《七哀诗》："狐狸驰赴穴，飞鸟翔故林。"

挖洞。如《墨子·备穴》："穴土而入。"

穴

小篆

穿

楷书

穿
（ chuān ）

"穿"是会意字。小篆从牙在穴中，会穿通之意。隶变后楷书写作"穿"。

《说文·穴部》："穿，通也。从牙在穴中。"（穿，穿透。由"牙"在"穴"中会意。）

"穿"的本义为穿破、穿通。如"水滴石穿""百步穿杨"。又引申指挖掘、开凿。如"穿井"也就是指凿井。

还可以表示通过、插入（空隙、空间等）。如宋代苏轼在《念奴娇·赤壁怀古》中说"乱石穿空"，就是陡峭不平的石壁插入天空的意思。由此引申指把衣服、鞋袜等套在身上。

突
（tū）

　　"突"是会意字。甲骨文从犬，从穴，会狗从洞中一下子猛地蹿出之意。小篆整齐化。隶变后楷书写作"突"。

　　《说文·穴部》："突，犬从穴中暂出也。从犬在穴中。一曰：滑也。"（突，狗在洞中突然而出。由"犬"在"穴"中会意。另一义说：突是挑抉。）

　　"突"的本义是急速地外冲。如古书中常常出现的"突骑"一词，即冲锋陷阵的精锐骑兵。

痒
（yǎng）

　　"痒"是形声字。小篆从疒（表示与疾病有关），養声。隶变后楷书写作"痒"和"癢"。如今规范化，以"痒"为正体。

　　《说文·疒部》："痒，疡也。从疒，羊声。"（痒，痈疮。从疒，羊声。）

　　"痒"的本义是指一种皮肤不适而令人想抓挠的感觉。如成语"隔靴搔痒"，意思是隔着靴子挠痒痒。比喻说话、作文不中肯、不贴切，没有抓住要害。亦比喻做事不切实际，徒劳无功。

突

金文

小篆

突
楷书

痒

小篆

痒
楷书

冠

小篆

楷书 冠

（guān）

　　"冠"是会意字。小篆从冖（帽子），从元（人头），从寸（手），会用手将帽子戴在头上之意。隶变后楷书写作"冠"。

　　《说文·冖部》："冠，絭也。所以絭发，弁冕之总名也。从冖从元，元亦声。冠有法制，从寸。"（冠，卷整。是用来卷束头发的东西，是帽子的统名。由冖、元会意，元也表声。戴帽子有尊卑法制，所以从寸。）

　　"冠"的本义为帽子，读作 guān。如成语"弹冠相庆"，这里的"弹冠"就是指弹去帽子上的灰尘。引申指像帽子的东西。如"树冠""鸡冠"。

冕

金文

小篆

楷书 冕

（miǎn）

　　"冕"是会意字。金文下部是面朝左侧立的人，上部是一顶帽子。小篆复杂化，又在其上增加了一顶大帽子。隶变后楷书写作"冕"。

　　《说文·冃部》："冕，大夫以上冠也。邃延、垂瑬、纨紞。从冃，免声。"（冕，大夫以上官员的礼帽。覆版长长，垂下玉瑬，又悬着充塞两耳的瑱玉。从冃，免声。）

　　"冕"本义是大夫以上的贵族所戴的礼帽。如《左传·哀公十五年》："服冕乘轩。"

　　后来特指帝王的皇冠。如"加冕"，意思就是把皇冠加在君主头上，是君主即位时所举行的仪式。

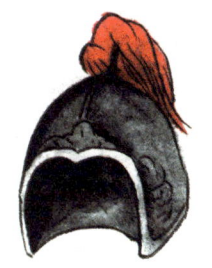  

（ zhòu ）

"胄"是形声字。金文下部为目，目之上是一顶帽子（古代武士所戴的头盔），上端还有装饰品。小篆则变为从肉（月）、由声的形声字。隶变后楷书写作"胄"。

《说文·肉部》："胄，胤也。从肉，由声。"（胄，后代子孙。从肉，由声。）

"胄"的本义是头盔。如《左传·僖公三十三年》："三十三年春，秦师过周北门，左右免胄而下。"还指有血缘关系的帝王或贵族的后代。如《三国志·蜀书·诸葛亮传》："将军既帝室之胄，信义著于四海，总揽英雄，思贤如渴。"其中的"帝室之胄"就是指帝王的后代。

（ wǎng ）

"网"是象形字。在甲骨文字形中，左右两边是插在地上的木棍，中央是交错的网。隶变后楷书写作"网"。

《说文·网部》："网，庖牺所结绳以渔。从冂，下象网交文。凡网之属皆从网。"（网，庖牺氏结绳编织的工具，用以捕鱼。从冂，表示蒙覆；下面的⺲，像绳网交织的花纹。大凡网的部属都从网。）

"网"的本义为用绳线编织的渔猎工具。如"渔网"。引申泛指多孔而状如网的东西。如"蛛网""网兜"。还引申比喻纵横交错，像网一样的组织或系统。

罩

罩
小篆

罩
楷书

（zhào）

"罩"是会意兼形声字。小篆从网（罒）从卓（表示网鸟）会意，卓兼表声。隶变后楷书写作"罩"。

《说文·皿部》："罩，捕鱼器也。从网，卓声。"（罩，捕鱼的竹笼。从网，卓声。）

"罩"的本义为捕鱼的竹笼。引申指捕鸟的竹笼或掩网。又指养家禽的竹笼。如"鸡罩"。

超过。如晋代皇甫谧《三都赋序》："其文博诞空类，大者罩天地之表，细者入毫纤之内。"

置

置
小篆

置
楷书

（zhì）

"置"是形声兼会意字。小篆从网（罒，法网），直声，直兼表搁放之意，用放弃刑罚会释放之意。隶变后楷书写作"置"。

《说文·网部》："置，赦也。从网、直。"（置，赦免。由网、直会意。）

"置"的本义为释放、赦免。如《三国志·吴书·吴主传》："若罪在难除，必不见置。"

引申指放弃、废弃。如《史记·项羽本纪》："沛公乃置车骑，脱身独骑。"

（ jīn ）

"巾"是象形字。甲骨文像古人腰间的佩巾下垂的样子。金文和小篆的形体直接从甲骨文演化而来。隶变后楷书写作"巾"。

《说文·巾部》："巾，佩巾也。从冂，丨象系也。凡巾之属皆从巾。"〔巾，佩带的巾帛。从冂，（像系佩的绳索。）大凡巾的部属都从巾。〕

"巾"的本义为佩巾、手巾。如唐代王勃《送杜少府之任蜀州》："无为在歧路，儿女共沾巾。"

头巾。如宋代苏轼《赤壁怀古》："羽扇纶巾。"宋代陆游《秋晚登城北门》："幅巾藜杖北城头，卷地西风满眼愁。"

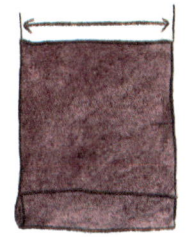

（ fú ）

"幅"是形声字。小篆从巾，畐声。隶变后楷书写作"幅"。

《说文·巾部》："幅，布帛广也。从巾，畐声。"（幅，布帛的宽度。从巾，畐声。）

"幅"的本义为布帛的宽度。泛指地面或书画面的广狭。如"幅员辽阔"。《诗经·商颂·长发》："幅陨既长。"《列女传·母仪》："幅者，所以正曲枉也。"明代高启《书博鸡者事》："即连楮为巨幅，广二丈，大书一'屈'字。"

作量词，用于字画、布帛以及布帛制品。如"两幅锦缎"。

带

甲骨文

小篆

带
楷书

带
（dài）

带，大的衣带。男子佩皮革的衣带，妇人以 i 为衣带。（㠯）像系佩的样子。佩一定有巾，所以从巾。

"带"的本义是大的衣带。如《说文》："带，绅也。上象系佩之形。佩必有巾，从重巾。"《诗经·卫风·有狐》："之子无带。"

佩带。如《楚辞·屈原·涉江》："带长铗之陆离兮。"

携带。如《世说新语·德行》："遗已聚敛得数斗焦饭，未展归家，遂带以从军。"

带领。如"带路"。

饰

小篆

飾
楷书

饰
（shì）

饰，刷拭。由巾、由人会意，食表声。音读像"式"字。另一义说，是首饰。

"饰"的本义是刷拭。如《说文》："饰，刷也。"《周礼·地官·封人》："凡祭祀，饰其牛牲。"

装饰、修饰。如宋代陆游《过小孤山大孤山》："若稍饰以楼观亭榭，与江山相发挥，自当高出金山之上矣。"

表扬、奖赏。如《荀子·王制》："上以饰贤良，下以养百姓而安乐之。"

饰品、装饰品。如《墨子·辞过》："青黄刻镂之饰。"明代宋濂《送东阳马生序》："同舍生皆披绮绣，戴朱缨宝饰之帽。"

（zhǒu）

"帚"是象形字。甲骨文形体像一把扫帚。金文与甲骨文大致相同，并形象化。小篆下部手可握持的部分变成了"巾"。隶变后楷书写作"帚"。

《说文·巾部》："帚，粪也。从又持巾埽冂内。古者少康初作箕、帚、秫酒。少康，杜康也，葬长垣。"（帚，扫除。由"又"（手）持握"巾"扫除"冂"界之内会意。古时候，少康最开始制作筬箕、扫帚和秫酒。少康，就是杜康，葬在长垣。）

"帚"的本义为扫帚。如《隋书·五行志上》："金作扫帚玉作把，净扫殿屋迎西家。"

（bù）

"布"是形声字。金文从巾，父声。小篆整齐化，声符"父"变得不明显了。隶变后楷书写作"布"。

《说文·巾部》："布，枲织也。从巾，父声。"（布，麻织品。从巾，父声。）

"布"的本义为麻、葛织物。如"土布"。

用作动词，指铺开、展开。如唐代柳宗元《至小丘西小石潭记》："日光下澈，影布石上。"引申指安排、设置。如"布防"。又指散布、流传。如战国时宋玉《九辩》："尚欲布名乎天下。"意思是，想要四海之内声名显扬。还引申指当众宣告。如"开诚布公"。进而引申指施与。如《乐府诗集·长歌行》："阳春布德泽，万物生光辉。"

帚

甲骨文

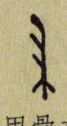

金文

小篆

楷书

布

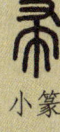

金文

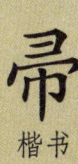

小篆

楷书

白

甲骨文

金文

白
小篆

白
楷书

（bái）

"白"是象形字。关于其字形，有人解释为像火苗燃烧的样子，也有人认为像太阳初升的样子。不过，解释为像一粒白色谷米是最形象的。《周礼》中干脆称"稻谷"为"白"。

《说文·白部》："白，西方色也。阴用事，物色白。从入合二；二，阴数。凡白之属皆从白。"（白，西方的颜色。在阴暗处用事，物体的颜色容易剥落为白色。由"入"字包合着"二"字会意；二，表示阴数。大凡白的部属都从白。）

"白"的本义是白米粒。泛指白色。如"白头偕老"。还引申为使清楚、弄明白。如"真相大白"。进而引申为陈述、表明。如"表白"。

敝

甲骨文

小篆

敝
楷书

（bì）

"敝"是会意字。甲骨文字形像用木棍将布打破的形象。小篆的形体与甲骨文基本相同。隶变后楷书写作"敝"。

敝，一幅巾。另一义说：敝是破败的衣服。由攴、由㡀会意，㡀也表声。

"敝"的本义是破旧。如《史记·魏公子列传》："侯生摄敝衣冠。"可以引申为疲惫、衰败。如《资治通鉴》："曹操之众远来疲敝。"

因为"敝"有破旧义，所以古人对自己或自己一方也常用"敝"字表示谦称。如"敝人"。

（ rén ）

"人"是象形字。甲骨文象侧面站立的人之形。金文、小篆字形基本上与甲骨文相同。隶变后楷书写作"人"。

《说文·人部》："人，天地之性最贵者也。象臂胫之形。凡人之属皆从人。"（人，天地间的生物中最宝贵的。字形像手臂腿胫的样子。）

"人"的本义为能制造并使用工具进行劳动，又能用语言进行思维和交际的生命。如《列子·黄帝》："有七尺之骸，手足之异，戴发含齿，倚而趣者谓之人。"

保

（ bǎo ）

"保"是会意字。甲骨文的字形像面朝左的一个大人，手臂向后背抱一小儿。金文同于甲骨文。隶变后楷书写作"保"。

《说文·人部》："保，养也。从人，从孚省。孚，古文孚。"（保，养序。由人，由孚省会意。孚，古文"孚"字。）

"保"的本义为负子于背，即把孩子背在背上。如《尚书·召诰》："夫知保抱携持厥妇子，以哀于天。"引申指养育、抚育、抚养。如《尚书·康诰》有"保赤子"的话，就是"抚养好初生的婴儿"。

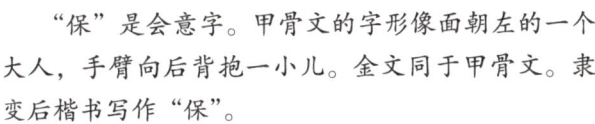

仕

（shì）

仕，学习（仕宦的事）。由人、由士会意。指代做官。

"仕"的本义是学习。如《论语·子张》："常经典籍为业，未遑仕进之事。"《后汉书·崔骃传》："学而优则仕。"

通"事"。从事，做事。如《诗经·小雅·四月》："滔滔江、汉，南国之纪；尽瘁以仕，宁莫我有。"

检查。如《诗经·小雅·节南山》："弗躬弗亲，庶民弗信；弗问弗仕，勿罔君子。"

官宦、官员。如宋代孟元老《东京梦华录》："仕女往往夜游。"

佩

（pèi）

"佩"是会意字。金文从人，从凡（表示盘形玉饰），从巾（表佩带），会人所佩带的盘形玉饰之意。小篆整齐化。隶变后楷书写作"佩"。

《说文·人部》："佩，大带佩也。从人，从凡，从巾。佩必有巾，巾谓之饰。"（佩，系在大衣带上的佩玉之类的装饰品。由人、由凡、由巾会意。佩物一定有巾，巾叫作饰。）

"佩"的本义为人系在衣带上的装饰品。如《诗经·郑风·有女同车》："将翱将翔，佩玉将将。"

左侧栏：
仕
仕 小篆
仕 楷书

佩
佩 金文
佩 小篆
佩 楷书

位

（ wèi ）

"位"是指事字。甲骨文、金文写作"立"，从大（正面人形），从一（表示地）。隶变后楷书写作"位"。

《说文·人部》："位，列中庭之左右谓之位。从人、立。"（位，排列在朝廷中的左右位置叫作位。由人、立会意。）

"位"的本义是朝廷中群臣排班所处的序列、地方。引申指所处的官职、级别。还特指封建君主的统治地位。"即位"就是指登上帝位，"在位"就是居于君主之位。

作

（ zuò ）

"作"是会意字。甲骨文和金文原作"乍"。小篆从人，从乍，会人突然起身之意。隶变后楷书写作"作"。

《说文·人部》："作，起也。从人，从乍。"（作，起立。由人、由乍会意。）

"作"的本义是指人起身，读作 zuò。引申指起来、开始劳作。如《击壤歌》："日出而作，日入而息。"这句话的意思是，太阳升起就起来劳动，太阳下山就休息。进而引申指产生、兴起、振作。如《易经·乾卦》："云从龙，风从虎。圣人作而万物睹。"

位

甲骨文

金文

小篆

楷书

作

甲骨文

金文

小篆

楷书

351

伏
（ fú ）

　　"伏"是会意字。金文左侧是一个面朝左的人，右边是一只犬（狗），会犬趴伏伺机袭击人之意。隶变后楷书写作"伏"。

　　《说文·人部》："伏，司也。从人，从犬。"（伏，伺候。由人、由犬会意。）

　　"伏"的本义是趴下。无论是人还是动物，想隐藏自己的时候，一般都会趴下不动，所以又引申指潜藏、埋伏。如"潜伏"。

　　《广雅》："伏，藏也。"《老子》："福兮祸所伏。"《左传·庄公十年》："夫大国，难测也，惧有伏焉。"《史记·屈原贾生列传》："入武关，秦伏兵绝其后。"

左侧栏：
伏
甲骨文
金文
小篆
楷书

化
（ huà ）

　　"化"是会意字。在甲骨文中，左边是一个面朝左侧立的人，右边是一个头朝下、脚朝上倒着的人，会颠倒变化之意。金文、小篆的写法变化不大。隶变后楷书写作"化"。

　　"化"的本义为变化。如《庄子·逍遥游》："化而为鸟，其名为鹏。"引申指教化。如王充《论衡·佚文》："无益于国，无补于化。"

　　《周礼·大宗伯》："以礼乐合天地之化。"《荀子·七法篇》："渐也，顺也，靡也，久也，服也，羽也，谓之化。"汉代杨恽《报孙会宗书》："明明求仁义，常恐不能化民者，卿大夫意也。"

左侧栏：
化
甲骨文
金文
小篆
楷书

匕
(bǐ)

甲骨文 金文 小篆 楷书 匕

"匕"是象形字。指古代用来在煮肉的鼎内取肉的长柄汤匙。金文、小篆的写法与甲骨文大致相同。隶变后楷书写作"匕"。

《说文·匕部》："匕，相与比叙也。从反人。匕，亦所以用比取饭，一名柶。凡匕之属皆从匕。"（匕，一起比较而排列次序。由反向的"人"字表示。匕，也是用来舀取饭食的勺匙，又叫柶。大凡匕的部属都从匕。）

"匕"是"妣"的初文。但后世本义消亡，而借指汤匙。如《三国志·蜀书·先主传》："先主方食，失匕箸。"

从
(cóng)

甲骨文 金文 小篆 楷书 从

"从"是会意字。甲骨文像两个面朝左站立的人，一个跟随一个，会前后相随之意。金文大体相同，小篆整齐化。隶变后楷书写作"从"。

《说文·从部》："从，相听也。从二人。凡从之属皆从从。"（从，相听从。由两个"人"字相随会意。大凡从的部属都从从。）

"从"的本义是跟随。如《聊斋志异·狼》："一狼得骨止，一狼仍从。"

引申表示顺从、依从。如《荀子·子道》："从道不从君，从义不从父。"又引申指自、由。如唐代贺知章《回乡偶书》："笑问客从何处来。"

并

（bìng）

甲骨文

金文

小篆

并 楷书

"并"是会意字。甲骨文上部是正面站立的两个人，脚下有一条横线表示地面，会二人并排站在同一地面上之意。隶变后楷书写作"並"和"竝"。汉字简化后写作"并"。

《说文·从部》："竝，相从也。从从（二人），开声。一曰：从持二为并。"（竝，相跟随。从从，开声。另一义说："从"持握着"二"为并。）

"并"的本义为相合并。如"归并""兼并"。还引申为并列。如"并肩作战""并驾齐驱"。由此又引申表示一起、同时。如"并举"，指同时举办，一齐进行。

比

（bǐ）

甲骨文

小篆

比 楷书

比，密也。二人为从，反从为比。凡比之属皆从比。毗至切。

"比"的本义是并列，并排。如《说文》："二人为从，反从为比。"《诗经·小雅·六月》："比物四骊。"《尔雅·释鸟》："南方有比翼鸟焉，不比不飞，其名谓之鹣鹣。"《孟子·滕文公上》："子比而同之，是乱天下也。"《聊斋志异·促织》："纳比笼中。"

接近。如《史记·汲黯列传》："家人失火，屋比延烧。"

及、等到。如《史记·项羽本纪》："比至定陶，再破秦军。"

勾结、拉帮结派。如《论语·为政》："君子周而不比，小人比而不周。"

（běi）

"北"是会意字。甲骨文像两个人背靠背的样子。金文和小篆的形体与甲骨文一致。隶变后楷书写作"北"。

《说文·北部》："北，乖也。从二人相背。凡北之属皆从北。"（北，违背。由两个"人"字背靠背表示。大凡北的部属都从北。）

"北"的本义是指背或相背，是"背"的本字。如《战国策·齐策六》："食人炊骨，士无反北之心。"

打了败仗逃跑时总是以背对敌，"北"由此引申指败、败逃。如"败北"就是战败之意。

（qiū）

"丘"是象形字。甲骨文像有两个山峰的山丘。金文像两山之间有一条大沟的形状。小篆承接金文，并整齐化、线条化。隶变后楷书写作"丘"。

《说文·丘部》："丘，土之高也，非人所为也。从北，从一。一，地也，人居在丘南，故从北。中邦之居，在昆仑东南。一曰：四方高，中央下为丘。象形。凡丘之属皆从丘。"（丘，高高的土堆，不是人力堆造的。由北、由一会意。一，表示地。人们住在丘的南面，所以由"北"字会意。中国的集居之处，在昆仑山的东南。另一义说：四方高而中央低叫丘。象形。大凡丘的部属都从丘。）

北

甲骨文

金文

小篆

楷书

丘

甲骨文

金文

小篆

楷书

重

金文

小篆

楷书

（ zhòng ）

　　"重"是会意字。金文像一个人背负了一个沉重的囊袋站着。小篆的写法变得复杂了。隶变后楷书写作"重"。

　　《说文·重部》："重，厚也。从壬，东声。凡重之属皆从重。"（重，厚重。从壬，东声。大凡重的部属都从重。）

　　"重"的本义表示东西重，与"轻"相对，读作 zhòng。引申指重要、紧要。如"重任"。还引申指庄重、沉稳。如"稳重"。

　　还读作 chóng，表示重复。如宋代陆游《游山西村》："山重水复疑无路，柳暗花明又一村。"又引申指层层、重叠。

监

甲骨文

小篆

楷书

（ jiān ）

　　监，居上视下。会意字。从卧，鲕省声。

　　"监"的本义是居上视下，监督察看。如《说文》："监，临下也。"《诗经·小雅·节南山》："何用不监。"

　　监禁、关押。如"斩监候"。

　　统领、带领。如《尚书·洛诰》："迪将其后，监我士师工。"

　　监狱。如清代方苞《狱中杂记》："监五室。"

　　进行监督的人。如《礼记·月令》："命四监大合百县之秩刍。"

　　指诸侯。如《周礼·太宰》："乃施典于邦国，而建其牧，立其监。"

临
（ lín ）

临，临下监视。会意字。从卧，品声。

"临"的本义是临下监视，从高处往低处看。如《说文》："临，监临也。从卧，品声。"《荀子·劝学》："不临深谿，不知地之厚也。"宋代欧阳修《醉翁亭记》："有亭翼然临于泉上。"

面对。如宋代范仲淹《岳阳楼记》："把酒临风。"三国时诸葛亮《出师表》："临表涕零。"

到，到达。如《诗经·秦风·黄鸟》："临其穴。"三国时曹操《观沧海》："东临碣石，以观沧海。"

靠近、接近。如三国时诸葛亮《出师表》："临崩寄臣以大事。"

身
（ shēn ）

"身"是象形字。甲骨文、金文、小篆都像一个大肚子的侧面人形，是一个怀孕的女子的样子。隶变后楷书写作"身"。

《说文·身部》："身，躬也。象人之身。从人，厂声。凡身之属皆从身。"（身，全身躯。像人的身躯。从人，厂声。大凡身的部属都从身。）

"身"的本义为身孕。引申指人的躯干。如"身高"。后引申指物体的主体或主干部分。如"船身""车身"。由身体又引申为自己、自身。如"身临其境""身经百战"。

临
小篆
临
楷书

身
甲骨文
金文
小篆
身
楷书

袍
(páo)

"袍"是形声字。小篆从衣，包声。隶变后楷书写作"袍"。

《说文·衣部》："袍，襺也。从衣，包声。《论语》曰：'衣弊缊袍。'"（袍，有夹层、中装丝绵的长衣。从衣，包声。《论语》说："穿着破烂的旧丝绵袍子。"）

"袍"的本义是有夹层、中间絮有丝绵的长衣。泛指衣服。

又特指战袍。如《木兰诗》："脱我战时袍，着我旧时裳。"

"黄袍"，是古代帝王的袍服，被视为帝王的象征。"黄袍"作为帝王专用衣着源于唐朝。

衷
(zhōng)

衷，里面贴身穿的私居之衣。形声字。从衣，中声。《春秋左传》说："（陈灵公与孔宁、仪行父）都贴肉穿着夏姬天天穿的汗衣。"

"衷"的本义是贴身的内衣。如《说文》："衷，里亵衣。"

内心。如清代林觉民《与妻书》："汝不察吾衷。"

中心、中央。如《左传·闵公二年》："佩，衷之旗也。"《左传·昭公十六年》："发命之不衷。"《左传·僖公二十四年》："服之不衷。"

正派。如《左传·昭公六年》："楚辟我衷。"《左传·昭公十六年》："发命之不衷。"

忠诚。如《荀子·成相》："欲对衷言不从。"《荀子·子道》："不从命乃衷。"

袍

小篆

袍

楷书

衷

小篆

衷

楷书

（ zá ）

杂，各种彩色，相互配合（来制作衣服）。从衣，集声。

"杂"的本义是各种彩色相互配合。如《周礼·考工记》："画绘之事，杂五色。"

混合、掺杂。如《国语·郑语》："故先王以土与金木水火杂，以成百物。"清代徐珂《清稗类钞·战事类》："彼此错杂。"

聚集、汇集。如《广雅》："杂，聚也。"《吕氏春秋》："四方来杂，远乡皆至。"

杂乱、不纯粹。如晋代陶渊明《桃花源记》："夹岸数百步，中无杂树。"

（ yù ）

"裕"是形声兼会意字。金文从衣，谷声，谷（山谷）兼表容纳多之意。小篆整齐化。隶变后楷书写作"裕"。

《说文·衣部》："裕，衣物饶也。从衣，谷声。《易》曰：'有（罔）孚，裕无咎。'"（裕，衣物富余。从衣，谷声。《易经》说："没有见信于人，暂且宽裕待时，就没有祸害。"）

"裕"的本义是富饶、富足。如"富裕"。又引申为宽宏。如贾谊《新书·道术》："包众容物谓之裕。"意思是能包含众多的东西就叫作宽宏。大度之人行事从容，所以"裕"还表示从容。如成语"措置裕如"就是形容处理事情从容不迫。

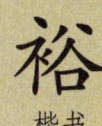

裎

（chéng）

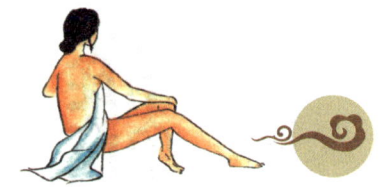

裎，裸体。形声字。从衣，呈声。

"裎"的本义是裸体，没有穿衣服或脱去了衣服。如《说文》："裎，袒也。从衣，呈声。"《广雅》："裎，袒也。"《后汉书·马融传》注："裎，裸也。"《孟子》："虽袒裼裸裎于我侧。"《战国策》："秦人捐甲徒裎以趋敌，左挈人头，右挟生虏。"

指系玉佩的带子。如《方言》："佩纫谓之裎。"郭璞注："所以系玉佩带也。"

也指古代的一种对襟单衣，此时读作 chěng。

褐

（hè）

"褐"是形声字。小篆从衣，曷声。隶变后楷书写作"褐"。

《说文·衣部》："褐，编枲袜。一曰：粗衣。从衣，曷声。"（褐，编织粗麻而成的袜子。一说：褐是用兽毛或粗麻织成的衣服。从衣，曷声。）

"褐"的本义为粗麻编的袜子。泛指粗麻或粗毛编织成的粗布或粗布衣服。如"褐衫"就是指粗布衣。

古代穷人多穿褐衣，故引申指贫贱的人。如《老子》第七十章："知我者希，则我者贵，是以圣人被褐怀玉。""被褐怀玉"即指身穿粗布衣服而怀抱美玉。比喻虽然出身贫寒，但有真才实学。

衰
（shuāi）

　　"衰"是象形字。小篆外面象"衣"之形，中间象编织雨衣的蓑（suō）草下垂之形。隶变后楷书写作"衰"。

　　"衰"的本义为用草编织的雨衣。引申为衰弱。又引申为减少。如《战国策·赵策四》："日食饮得无衰乎？"意思是每天的饮食没有减少吧。

　　也可以表示懈怠。还可表示枯萎、凋谢。如《长歌行》："常恐秋节至，焜黄华叶衰。"意思是，常常担心秋天来到之后，树叶儿黄落百草也凋零了。

老
（lǎo）

　　"老"是会意字。甲骨文像长发伛腰手拄拐杖的老人的形象。金文、小篆改为从人、毛、匕的会意字。隶变后楷书写作"老"。

　　《说文·老部》："老，考也。七十曰老。从人、毛、匕，言须发变白也。凡老之属皆从老。"（老，老年人。七十岁叫老。由人、毛、匕会意。是说髭须毛发变白。大凡老的部属都从老。）

　　"老"的本义为年老、衰老。引申为老练。如唐代杜甫《奉汉中王手札》："枚乘文章老。"意思是枚乘写文章很老练。

　　用作动词，指衰老、变老。如唐代李贺《金铜仙人辞汉歌》："天若有情天亦老。"

寿

小篆

壽

楷书

寿（shòu）

寿，长久。形声字。从老省，𠷡声。

"寿"的本义是长久。如《说文》："寿，久也。"《老子》："死而不忘者寿。"《诗经·小雅·天保》："如南山之寿。"

年寿。《文选诗》："上寿百二十，中寿百年，下寿八十。"《楚辞·涉江》："登昆仑兮食玉英，与天地兮比寿，与日月兮争光。"元代关汉卿《窦娥冤》："造恶的享富贵又寿延。"

祝寿、祝福。《史记·项羽本纪》："若入前为寿，寿毕，请以剑舞。"《明史·海瑞传》："昨闻海令为母寿，市肉二斤矣。"

孝

甲骨文

金文

小篆

楷书

孝（xiào）

"孝"是会意字。甲骨文像长着长头发的老人。金文像孩子背着老人的样子。小篆形体与金文大致相同，并整齐化。隶变后楷书写作"孝"。

《说文·老部》："孝，善事父母者。从老省，从子；子承老也。"（孝，善于侍奉父母的人。由老省、由子会意，表示子女承奉父老。）

"孝"的本义为善于侍奉父母，即尊敬和顺从父母，尽心奉养。如《论语·为政》："孝弟者也，其为仁之本与？"引申指祭祀。如《论语·泰伯》："菲饮食而致孝乎鬼神。"意思是（大禹自己的）饮食很简单，却把祭祀鬼神的祭品办得很丰盛。

毛
（ máo ）

金文

小篆

毛
楷书

　　"毛"是象形字。金文就像一撮兽毛。小篆线条化、整齐化。隶变后楷书写作"毛"。

　　《说文·毛部》："毛，眉发之属及兽毛也。象形。凡毛之属皆从毛。"（毛，眉毛须发之类以及禽兽的毛。象毛之形。大凡毛的部属都从毛。）

　　"毛"的本义是毛发。如《左传·僖公十四年》："皮之不存，毛将焉附？""毛"又通"芼"，指草木、五谷。如《列子·汤问》："以残年余力，曾不能毁山之一毛，其如土石何？"

尸
（ shī ）

甲骨文

ㄗ
金文

尸
小篆

尸
楷书

　　"尸"是象形字。甲骨文形体像一个面朝左、屈身弯腿而卧的人。金文大致相同，小篆整齐化。隶变后楷书写作"尸"。

　　《说文·尸部》："尸，陈也。象卧之形。凡尸之属皆从尸。"（尸，陈列。像人躺卧的样子。大凡尸的部属都从尸。）

　　"尸"的本义为代替死者接受祭祀的人。如《仪礼·特性馈食礼》："主人再拜，尸答拜。"由尸代祖先受祭引申比喻不做事而坐享禄位。如成语"尸位素餐"指空占着职位而不做事，白吃饭。

　　"尸"代表已经死去的祖先，故又引申为尸体、死尸。此义后另加义符"死"写作"屍"来表示，汉字简化后仍写作"尸"。

（wū）

屋
金文

屋
小篆

屋
楷书

"屋"是会意字。甲骨文从尸（房屋），从厂（山崖），从至，会在屋内止息之意。小篆从尸，从至，会人来这居住之意。隶变后楷书写作"屋"。

屋，人们居处的地方。从尸；尸，表示人为屋主。另一说，尸像屋子的样子。从至；至，表示到了应该休止的地方。"室""屋"都从至。

"屋"的本义为古代半地穴式住室建筑的顶部覆盖物。如《淮南子·主术训》："是故十围之木，持千钧之屋。"泛指房顶。如成语"高屋建瓴"，意思是把瓶子里的水从高层顶上往下倾倒。比喻居高临下，不可阻遏。

尾

（wěi）

尾
金文

尾
小篆

尾
楷书

"尾"是会意字。甲骨文像一个有尾巴的人面朝左而立。小篆的形体大致相同，并整齐化。隶变后楷书写作"尾"。

《说文·尾部》："尾，微也。从倒毛在尸后。古人或饰系尾，西南夷亦然。凡尾之属皆从尾。"（尾，微细的尾巴。由倒着的"毛"字在"尸"字之后会意。古人有的装饰着尾巴。大凡尾的部属都从尾。）

"尾"的本义为人或动物的尾巴。引申指末尾、末端。如《列子·汤问》："叩石垦壤，箕畚运于渤海之尾。"又引申指在后面。如"尾随"。

舟
（zhōu）

舟

甲骨文

金文

小篆

楷书

"舟"是象形字。甲骨文、金文都象一只带有隔板的小船之形。小篆发生了一些变化，上端的曲线很像船尾的舵。隶变后楷书写作"舟"。

《说文·舟部》："舟，船也。古者，共鼓、货狄刳木为舟，剡木为楫，以济不通。象形。凡舟之属皆从舟。"（舟，船。古时候，共鼓、货狄两人，把木挖空来做船，把木削作桨，以渡过不能通过的水流。（舟）像船的形状。大凡舟的部属都从舟。）

"舟"的本义就是船。舟是被水托起来的，所以搁茶碗的小托盘被古人叫作"茶舟"，今天也叫"茶船"。

服
（fú）

服

甲骨文

金文

小篆

楷书

"服"是会意字。甲骨文从人，从手，从凡（盘），会人持盘操办事务之意。小篆承接金文并整齐化。隶变后楷书写作"服"，俗作"服"。如今规范化，以"服"为正体。

"服"的本义是从事。

引申为做、担任。如"服务"。

又指降服、制服，屈从，敬佩。如《论语·季氏》："远人不服而不能来也。"

"服"还指饮用或吞服药物。如"口服""服药"等。

用作名词，特指衣裳。如《楚辞·屈原·涉江》："余幼好此奇服兮，年既老而不衰。"

儿

甲骨文

小篆

兒 楷书

儿
（ér）

儿，婴儿。从儿，（白）像小孩脑盖顶门没有合拢来。

"儿"的本义是婴儿。如《说文》："儿，孺子也。"《仓颉篇》："男曰儿，女曰婴。"《列子·汤问》："见两小儿辩斗。"

儿女。如《广雅·释亲》："儿，子也。"《汉书·张汤传》："汤为儿守舍。"宋代辛弃疾《清平乐·村居》："大儿锄豆溪东，中儿正织鸡笼。"《乐府诗集·木兰辞》："阿爷无大儿。"

儿女对父母的自称。如《玉台新咏·古诗为焦仲卿妻作》："兰芝惭阿母：'儿实无罪过。'"

见

金文

小篆

見 楷书

见
（jiàn）

见，看见，由儿、由目会意。大凡见的部属都从见。

"见"的本义是看见。如《说文》："见，视也。"《诗经·周南·汝坟》："未见君子。"《乐府诗集·木兰辞》："昨夜见军帖，可汗大点兵。"唐代贺知章《回乡偶书》："儿童相见不相识。"

遇到、碰见。如《左传·桓公元年》："宋华父督见孔父之妻于路。"

听闻。如唐代李白《梁甫吟》："君不见高阳酒徒起草中，东揖山东隆准公。"

欠
（ qiàn ）

"欠"是象形字，甲骨文一个人正欠着身、张着大嘴巴打呵欠。小篆将"口"讹为三缕气，表现张口呵出的气体。隶变后楷书写作"欠"。

《说文·欠部》："欠，张口气悟也。象气从人上出之形。凡欠之属皆从欠。"（欠，张开口，壅塞、阻滞的气伸散而出。像气从人上部出去的样子。大凡欠的部属都从欠。）

"欠"的本义就是张口打哈欠。如"志倦则欠，体倦则伸"。打哈欠时总会展臂伸腰，故而又引申为身体的一部分稍微上移。如"欠了欠身子"。又引申表示不足、缺乏。如"欠佳""欠火候"。又引申指借别人的钱物没还或应当给别人的东西没有给。如"欠债还钱"。

页
（ yè ）

页，头。由百、由儿会意。大凡页的部属都从页。

"页"的本义是头，引申义为书页。如《说文》："枼，楙也。"段玉裁注："小儿所书写，每一页谓之一枼，今书一纸谓之一页。或作枼，其实当作枼。"

量词，印刷品的一张纸的一面。

指书籍、杂志、报纸、信件或类似物件的一张纸。如"翻过来一页"。

欠 甲骨文 小篆 楷书

页 甲骨文 小篆 楷书

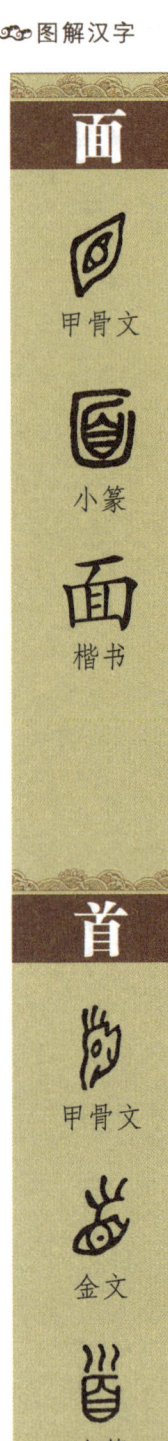

甲骨文

小篆

楷书

（ miàn ）

"面"是象形字。甲骨文象人脸之形，中间是一只大眼睛（目）。小篆发生了讹变。隶变后楷书写作"面"。

《说文·面部》："面，颜前也。从百，象人面形。凡面之属皆从面。"（面，颜额前的部分。从百，（口）像人的面孔与后脑分界。大凡面的部属都从面。）

"面"的本义就是指人的脸部。

作动词，表示朝向、面对、面向。如"面山而居"即指朝向山居住。又如"面面相觑"。又用作量词。如"一面镜子""一面旗子"。

（ shǒu ）

"首"是象形字。甲骨文看起来像兽头的侧面。金文用眉头和眼睛表示整个人头。小篆的形体承接金文并整齐化。隶变后楷书写作"首"。

首，与"百"字同。是古文"百"字。巛像头发，发又叫作"鬑"，鬑就是"巛"。大凡首的部属都从首。

"首"的本义为头。如《诗经·邶风·静女》："搔首踟蹰。"头是全身最重要的部位，故引申为首领。进而引申为最高、最重要。如"首相""首都"。

又引申为第一。如"首届""首屈一指"。又表示开始、开头。如"名列榜首""首倡"。

（xuán）

小篆

縣

楷书

悬，悬挂。由"系"持挂着"県"会意。

"悬"的本义是悬挂。如《徐霞客游记·游黄山记》："悬者植梯接之。"

公布。如"悬赏捉拿"。

关系、关联。如《管子》："吏者，民之所悬命也。"《史记·平原君虞卿列传》："王之命悬于遂手。"

久延不决。如"悬而未决"。

形容高耸、陡峭。如"悬崖峭壁"。

差距太大。如"实力悬殊"。

（wén）

甲骨文

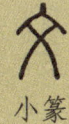

金文

小篆

文

楷书

"文"是象形字。甲骨文像一个正立的人，胸前刻有美观的花纹。金文的形体基本上同于甲骨文。小篆则把胸前的花纹省略了。隶变后楷书写作"文"。

文，交错刻画（以成花纹）。像交错的花纹的样子。大凡文的部属都从文。

"文"的本义为文身。如《礼记·王制》："东方曰夷，被发文身，有不火食者矣。"

文字最初是照事物的形象画出来的，是线条交错组合的图，所以又引申指文字。如《说文解字》："仓颉之初作书，盖依类象形，故谓之文。"

令

甲骨文

金文

小篆

楷书

令

（ lìng ）

"令"是会意字。甲骨文从亼（口朝下的木铎之形，即铃），从卩（跪坐着的人之形），古代镇铎以发布号令，会向人发布命令之意。金文与甲骨文大致相同。小篆承接金文而来。隶变后楷书写作"令"。

《说文·卩部》："令，发号也。从亼、卩。"（令，发出命令。由亼、卩会意。）

"令"的本义是发出命令。从命令之义，又引申指使。如《史记·孙子吴起列传》："臣能令君胜。"进而引申指政府某部门或机构的长官。如"尚书令""郎中令"。

印

甲骨文

金文

小篆

楷书

印

（ yìn ）

"印"是会意字。甲骨文像一只手按压着一个人。金文整齐，小篆的书写就更加规范了。隶变后楷书写作"印"。

"印"的本义是按。引申指被按的图章。后来泛指一切图章、戳记。印章印在物体上，会留下痕迹，故引申指痕迹。如"脚印儿"。

用作动词，引申指把文字或图画等印在纸或器物上。如"油印""铅印"。

由印上印迹引申指彼此符合。如"印证""心心相印"。

辟（bì）

甲骨文

小篆

楷书

"辟"本为会意字。金文上部是关闭的两扇门，下为手，会用手把门推开之意。小篆发生讹变。隶变后楷书写作"闢"。汉字简化后写作"辟"。

《说文·辟部》："辟，法也。从卩，从辛，节制其罪也；从口，用法者也。凡辟之属皆从辟。"（辟，法度。由卩、由辛会意，表示节制人们犯罪的意思；由口表示执法的人。大凡辟的部属都从辟。）

"辟"的本义为打开。如"辟门"，就表示广罗贤才。引申为开辟、开拓。如"开天辟地"中的"辟"就是这种用法。又引申为驳斥。如"辟谣"。

匏（páo）

小篆

楷书

匏，葫芦。由包、由瓠省会意。之所以从包，是取它可用来包藏物体的意思。

"匏"的本义是葫芦。如《说文》："瓠也。从包从瓠省。包，取其可包藏物也。"按："瓠"（hù）葫芦。《诗经·邶风·匏有苦叶》："匏有苦叶。"《论语·阳货》："吾岂匏瓜也哉？"《汉书·郊祀志下》："其器陶匏。"

指中国古代八音之一。

鬼

甲骨文

金文

鬼
小篆

鬼
楷书

（ guǐ ）

"鬼"是象形字。甲骨文像个大头人。金文的"人"站起来了。小篆在"人"背后加一个"厶"。隶变后楷书写作"鬼"。

《说文·鬼部》："鬼，人所归为鬼。从人，象鬼头。鬼阴气贼害，从厶。凡鬼之属皆从鬼。"（鬼，人归向天地，就变成了鬼。从人，（甶）像鬼的脑袋。鬼的阴滞之气伤害人们，所以又从厶。大凡鬼的部属都从鬼。）

"鬼"的本义为人死后的精灵。引申泛指万物的精怪。

山

甲骨文

金文

小篆

山
楷书

（ shān ）

"山"是象形字。甲骨文像三座山峰的样子。金文、小篆线条化，将实心的山变为单线的了。隶变后楷书写作"山"。

《说文·山部》："山，宣也。宣气散，生万物，有石而高。象形。凡山之属皆从山。"（山，宣畅。使地气宣通，散布各方，产生万物，有石构成而又高峻。象形。大凡山的部属都从山。）

"山"的本义是指大山。如唐代王之涣《凉州词》："黄河远上白云间，一片孤城万仞山。"

"山"是个部首字。凡由"山"组成的字大都与山石、高大等义有关。如"嵩""峻""巍"等。

庶
（ shù ）

庶
甲骨文
金文
小篆
楷书

　　"庶"是会意字。甲骨文字形像在山崖避风处，用锅灶烧火蒸煮，应该是初民生活的写照。隶变后楷书写作"庶"。

　　《说文·广部》："庶，屋下众也。从广、炗；炗，古文光字。"（庶，屋下光彩众多。由广、炗会意。炗，是古文"光"字。）

　　"庶"的本义为烧火做饭。烧火做饭是奴隶干的活儿，所以引申指奴仆。后泛指百姓、平民。如"庶民""黎庶"。

　　还引申为宗族的旁支。如"庶出"，指的就是由妾室所生的孩子。

　　还引申为差不多、也许。如"庶乎可行"。

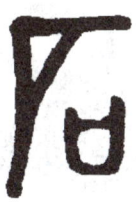

石
（ shí ）

石
甲骨文
金文
小篆
楷书

　　"石"是象形字。甲骨文左边像岩角，右下角的"口"形表示石块。金文中，岩角之形省为"厂"。小篆同于金文。隶变后楷书写作"石"。

　　《说文·石部》："石，山石也。在厂之下；口，象形。凡石之属皆从石。"（石，山上的石头。在"厂"之下；口，像石头的形状。大凡石的部属都从石。）

　　"石"的本义就是石头。比喻坚固、坚硬。如"石心"，指坚定的心志。又引申为碑石。

　　"石"还可以作重量单位，十斗为一石，此时应读 dàn。

长

甲骨文

小篆

長

楷书

（ cháng ）

长，长久；长远。由兀、由匕（huà）含意。兀是高而又远的意思。（匕）表示长久就变化。亡声。长字上部的尸，是倒写着的亡字。

"长"的本义是长远。如《诗经·鲁颂·泮水》："顺彼长道。"《诗经·秦风·蒹葭》："溯洄从之，道阻且长。"唐代李白《秋浦歌》："白发三千丈，缘愁似个长。"宋代苏轼《浣溪沙》："酒困路长惟欲睡。"

时间长久。如《战国策·齐策》："未尝闻社稷之长利。"

长度。如明代魏学洢《核舟记》："舟首尾长约八分有奇。"

长处、优势。如明代李渔《闲情偶寄·种植部》："兼百花之长而各去其短。"

而

甲骨文

金文

小篆

而

楷书

而

（ ér ）

"而"为象形字。金文向下垂的四条线，就像下垂的颊毛。小篆的形体基本上与金文相同。隶变后楷书写作"而"。

"而"的本义为颔下胡须。由于胡须的样子都差不多，所以引申指好像。如刘向《说苑》中的"白头而新"就是这个用法。

作连词用，可表示并列关系、递进关系、承接关系、转折关系、假设关系，以及修饰关系。

豕
（ shǐ ）

豕
甲骨文

金文

小篆

楷书

"豕"是象形字。甲骨文像直立的大肚子的猪。金文线条化，但猪的长嘴和大耳朵非常突出。隶变后楷书写作"豕"。

《说文·豕部》："豕，彘也。竭其尾，故谓之豕。象毛足而后有尾。读与豨同。凡豕之属皆从豕。"（豕，猪。猪发怒时直竖着它的尾巴，所以叫作豕。像头、四只脚，而身后有尾巴的样子。音读与"豨"字相同。大凡豕的部属都从豕。）

"豕"的本义为人所豢养的猪。如《左传·庄公八年》："齐侯游于姑棼，遂田于贝丘，见大豕。"在古代，猪有大小之分："豕"和"彘"属大猪，"猪"和"豚"属小猪。

象
（ xiàng ）

象
甲骨文

金文

小篆

楷书

象，长鼻长牙，南越一带的大野兽，每三年产子一次，像耳朵、牙齿、四只脚的样子。大凡象的部属都从象。

"象"的本义是大象。如《说文》："象，南越大兽，长鼻牙，三年一乳。"《山海经·南山经》："祷过之山多象。"《诗经·鲁颂·泮水》："元龟象齿，大赂南金。"

象牙的简称。如《诗经·魏风·葛屦》："佩其象揥。"

人的外貌。如《尚书·尧典》："象恭滔天。"

象征。如唐代韩愈《为宰相贺白龟状》："白者西方之色。刑戮之象也。"

（ mǎ ）

马，是昂首怒目的动物，是勇武的动物。像马的头部、鬃毛、尾巴、四只脚的样子。大凡马的部属都从马。

"马"的本义是一种家畜名。如唐代韩愈《马说》："千里马常有，而伯乐不常有。"

同"码"，是一种古代计算用的筹码。如《礼记·投壶》："为胜者立马。"

骑着马。如《聊斋志异·促织》："裘马过世家。"

大的。如"马道"、"马船"。

（ jū ）

驹，马两岁叫作驹，三岁叫作駣。从马，句声。

"驹"的本义是指两岁以下的马。如《说文》："驹，马二岁曰驹。"《诗经·小雅·角弓》："老马反为驹。"《汉书·刘德传》："武帝谓之千里驹。"

泛指年轻力壮的马。如《诗经·周南·汉广》："言秣其驹。"《诗经·陈风·株林》："乘我乘驹。"《诗经·小雅·皇皇者华》："我马维驹。"

骑

骑

(qí)

骑，（两腿分张）跨在马上。从馬，奇声。

“骑”的本义是骑马。如《说文》：“骑，跨马也。”《楚辞·招魂》：“步骑罗些。”《史记·项羽本纪》：“脱身独骑。”

跨坐。如《史记·袁盎传》：“不骑衡。”

马。如《礼记·曲礼》：“前有车骑。”《乐府诗集·木兰辞》：“不闻爷娘唤女声，但闻燕山胡骑鸣啾啾。”

骑兵，骑马的人。如《史记·项羽本纪》：“沛公旦日从百余骑来见项王。”

甲骨文

小篆

騎

楷书

惊

惊

(jīng)

惊，马（受突然刺激而）惊骇（以致行走失常）。从馬，敬声。

“惊”的本义是马受惊。如《说文》：“惊，马骇也。”《战国策·赵策》：“襄子至桥而马惊。”《乐府诗集·木兰辞》：“出门看伙伴，伙伴皆惊忙。”唐代王维《鸟鸣涧》：“月出惊山鸟。”

波动。如宋代范仲淹《岳阳楼记》：“波澜不惊。”

惊慌、恐惧。如《战国策·燕策》：“秦王惊，自引而起。”宋代苏轼《石钟山记》：“闻人声亦惊起。”

小篆

驚

楷书

鹿

甲骨文

金文

小篆

楷书

兔

甲骨文

小篆

楷书

鹿 (lù)

"鹿"是象形字。甲骨文像一只鹿,头上还长着很漂亮的鹿角。金文大致相同。小篆的形体变化较大,已经不太像鹿的形象了。隶变后楷书写作"鹿"。

《说文·鹿部》:"鹿,兽也。象头角四足之形。鸟鹿足相似,从匕。凡鹿之属皆从鹿。"(鹿,兽名。像头、角和四只脚的样子。鸟、鹿的脚相像,所以都从匕。大凡鹿的部属都从鹿。)

"鹿"现在在中国的野外并不常见,但是在远古的时候,人类都过着"与木石居,与鹿豕游"的生活,鹿是他们重要的食物来源。人们认为鹿象征吉祥,这大概是因"鹿"与"禄"同音。

兔 (tù)

"兔"是象形字。甲骨文像一只蹲坐着的兔子。小篆整齐化。隶变后楷书写作"兔"。

《说文·兔部》:"兔,兽名。象踞,后其尾形。兔头与㲋头同。凡兔之属皆从兔。"(兔,兽名。像蹲坐的样子,后面的是它尾巴的形状。"兔"字的头部"⺈"与㲋字的头部相同。大凡兔的部属都从兔。)

"兔"的本义为兔子。如《史记·越王勾践世家》:"狡兔死,走狗烹。"意思是兔子都没有了,猎狗就(没有用)被煮了。现在多用"兔死狗烹"来比喻为统治者效劳的人事成后被抛弃或杀掉。

犬
（quǎn）

"犬"是象形字。甲骨文和金文都是一条竖立的狗的形状。小篆线条化，但已经看不出狗的样子了。隶变后楷书写作"犬"。

《说文·犬部》："犬，狗之有县蹄者也。象形。孔子曰：'视犬之字如画狗也。'凡犬之属皆从犬。"（犬，狗中有悬空而不着地的蹄趾的一种。象形。孔子说："看犬字像画狗的样子。"大凡犬的部属都从犬。）

"犬"的本义为狗。如陶渊明《桃花源记》："阡陌交通，鸡犬相闻。"引申为对自己儿子的谦称。如古人常对人称自己的儿子为"犬子"。

又用作对人的蔑称。如《三国演义》第七十三回："吾虎女安肯嫁犬子乎！"

独
（dú）

独，狗相遇就争斗。从犬，蜀声。另一义说，北嚣山上有名叫独狢的野兽，样子像虎，白色的身子，像猪一样的鬃毛，尾巴像马一样。

"独"的本义是单独。如《说文》："独，犬相得而斗也。羊为群，犬为独也。"《诗经·邶风·击鼓》："我独南行。"

独特。如《吕氏春秋·制乐》："圣人所独见，众人焉知其极？"

唯独、只有。如《史记·老子韩非列传》："子所言者，其人与骨皆已朽矣，独其言在耳。"

专断、独裁。如《庄子·人间世》："回闻君，其年壮，其行独。"

犬

甲骨文

金文

小篆

楷书

独

小篆

楷书

臭

（xiù）

臭，禽兽跑了，嗅其气味而知道其逃跑的踪迹的，是狗。由犬、由自会意。

"臭"的本义是气味。如《尚书·盘庚》："无起秽以自臭。"《红楼梦》："贾蔷炉其臭，茝芷兰竟被芟。"《诗经·大雅·文王》："上天之载，无声无臭。"《孟子》："口之于味也，目之于色也，耳之于声也，鼻之于臭也，四肢之于安佚也，性也。"

用鼻子辨别气味。如《荀子·荣辱》："彼臭之而无嗛于鼻。"

狂

（kuáng）

"狂"是会意兼形声字。甲骨文从犬，从㞷（前往），会疯狗跑之意，㞷兼表声。小篆变化不大。隶变后楷书写作"狂"。

《说文·犬部》："狂，狾犬也。从犬，㞷声。"（狂，疯狗。从犬，㞷声。）

"狂"的本义为疯狗。也指狗发疯。引申指人精神失常、疯癫。如张溥《五人墓碑记》："而又有剪发杜门，佯狂不知所之者。"又引申指轻狂、放纵、放荡。如"猖狂""狂妄"。

（ hóu ）

小篆

猴
楷书

"猴"是形声字。小篆从犬，矦声。隶变后楷书写作"猴"。

《说文·犬部》："猴，夒也。从犬，侯声。"（猴，一种长臂猿。从犬，侯声。）

"猴"的本义为猴子，即猕猴，与猿同类。如成语"沐猴而冠"。猴子机灵多变，也可用于比喻人。如"猴精"。

用作动词，指像猴子似地蹲坐。如"猴下身去"。又指像猴子一样攀援纠缠。如《红楼梦》第十四回："宝玉听话，便猴向凤姐身上立刻要牌。"

（ láng ）

金文

小篆

狼
楷书

"狼"是形声字。甲骨文左边的"良"是声符，右边是一个头朝上的"狼"之形。隶变后楷书写作"狼"。

"狼"的本义为一种似狗的野兽。如《诗经·齐风·还》："并驱从两狼兮。"

狼性残忍，故比喻凶狠。如《战国策·燕策》："夫赵王之狼戾无亲，大王之所明见知也。"

星星也有用"狼"来命名的。如"天狼星"，象征着凶残的敌人。如宋代苏轼《江城子·密州出猎》："会挽雕弓如满月，西北望，射天狼。"

鼠

甲骨文

小篆

楷书

鼠

（shǔ）

"鼠"是象形字。小篆字形像一只蹲踞的鼠。隶变后楷书写作"鼠"。

《说文·鼠部》："鼠，穴虫之总名也。象形。"（鼠，住在洞穴里的虫兽的统名。象形。）

"鼠"的本义指老鼠。

猥琐之人的形象与老鼠相似，故而引申指小人、奸臣。如"鼠辈"。

引申用作鼠类动物的泛称。如"鼹鼠"。

还指十二生肖之一的"子鼠"。

熊

甲骨文

小篆

楷书

熊

（xióng）

"熊"是会意兼形声字。小篆从火，从能（狗熊，表凶猛），会火势凶猛之意，能兼表声。后因本当狗熊讲的"能"专用为能力等义，狗熊之义便借"熊"来表示。

《说文·熊部》："熊，兽，似豕，山居，冬蛰。从能，炎省声。"（熊，兽名。像猪，生活在山中，冬天不吃不动。从能，炎省声。）

"熊"的本义为火势凶猛。如"熊熊烈火"。借用作"能"，是熊科动物的统称。熊比较笨拙，故引申指软弱、无能。如"熊包"。用作动词，指斥骂。如"我把他狠狠地熊了一顿"。

（huǒ）

"火"是象形字。甲骨文的字形像一团燃烧的火焰。金文将甲骨文填实了。小篆线条化，还保留了一点向上的火苗之形。隶变后楷书写作"火"。

《说文·火部》："火，毁也。南方之行，炎而上。象形。凡火之属皆从火。"［火，（齐人叫）毁。表示南方的一种物质，火光旺盛而向上。象形。大凡火的部属都从火。］

"火"的本义是物体燃烧所发的光、焰、热。火焰是红色的，故用来形容红色的事物。如"火烧云"。火热烈、冲腾，故又用来形容兴旺、热烈。如"场面非常火暴"。

火

 甲骨文

金文

小篆

楷书

（rán）

"然"是会意字。金文左上部为肉，右上部为犬，下部为火，会以火烧犬肉之意。小篆整齐化。隶变后楷书写作"然"。

《说文·火部》："然，烧也。从火，肰声。"（然，燃烧。从火，肰声。）

"然"的本义是燃烧。如《孟子·公孙丑》："若火之始然。"可见"然"是"燃"的本字。后被借为指示代词，意为如此、这样、那样。如"知其然，不知其所以然"。

也可表示对、不错。如《论语·阳货》："然，有是言也。"又表示然而、但是。如："此事虽小，然亦不可忽视。"用在形容词或副词的词尾，表示状态。如"欣然""飘飘然"。

然

 金文

小篆

楷书

炭

炭 小篆

炭 楷书

（tàn）

"炭"是形声字。小篆从火，户声。隶变后楷书写作"炭"。

《说文·火部》："炭，烧木余也。从火，岸省声。"（炭，烧木不尽之余。从火，岸省声。）

"炭"的本义为木炭。如唐代白居易《卖炭翁》："卖炭翁，伐薪烧炭南山中。"引申为像炭的东西。如"山楂炭""煤炭"。

指煤炭，即石炭。如《史记》："为其主人入山作炭。"

灰

灰 小篆

灰 楷书

（huī）

"灰"是会意字。小篆从火，从又（手），会火已经熄灭，可以用手去拿之意。隶变后楷书写作"灰"。

"灰"的本义为燃烧后剩下的粉末状的东西，即灰烬。如李商隐《无题》："春蚕到死丝方尽，蜡炬成灰泪始干。"死灰不能复燃，故又引申指消沉、沮丧。如"万念俱灰""心灰意冷"。

又引申指尘土、某些粉末状的东西。如"灰尘"。又引申指像木柴灰的颜色，介于黑白之间。如"面如死灰"。又特指石灰。如"抹灰"。

照
（zhào）

　　"照"是形声兼会意字。金文左边像手持火把，右边"召"表声。小篆改为从火，昭声，昭兼表明亮之意。隶变后楷书写作"照"。

　　"照"的本义为明亮、光明。如《诗经·陈风·月出》："月出照兮，佼人燎兮。"引申指照射、照耀。如文天祥《过零丁洋》："人生自古谁无死，留取丹心照汗青。"又引申指映照、反射影像。如五代温庭筠《菩萨蛮》："照花前后镜，花面交相映。"特指拍摄影像。如"照相"。进而引申指拍摄后洗印出来的图像、相片。如"剧照"。

光
（guāng）

　　"光"是会意字。甲骨文的下部是面朝右跪着的一个人，人头上有一把大火在照耀。金文的形象与甲骨文大致相同，只是人形朝左。小篆线条化，但下部的人已经不像了。隶变后楷书写作"光"。

　　《说文·火部》："光，明也。从火在人上，光明意也。"（光，光明。由"火"字在"人"字上，会光明之意。）

　　"光"的本义就是光明、光亮。如《孟子·尽心上》："日月有明，春光必照焉。"引申指光彩、色泽。如"容光焕发"。《玉台新咏·古诗为焦仲卿妻作》："妾有绣腰襦，葳蕤自生光。"唐代李朝威《柳毅传》："蛾脸不舒，中袖无光。"

炝

炝
小篆

炝
楷书

炝
（ kàng ）

"炝"是形声字。小篆从火，亢声。隶变后楷书写作"炝"。

《说文·火部》："炝，干也。从火，亢声。"（炝，用火烘烤干。从火，亢声。）

"炝"的本义为烘干、干。如"炝麦子""炝豆子"。引申指干涸。如《汉书·五行志》："君炝阳而暴虐。"颜师古曰："凡言炝阳者，枯涸之意，谓无惠泽于下也。"又可指火炕。如明代魏禧《大铁椎传》："子灿寐而醒，客则鼾睡炝上矣。"

炎

炎
甲骨文

炎
金文

炎
小篆

炎
楷书

炎
（ yán ）

"炎"是会意字。甲骨文上下是两把大火，表示火光冲天，会火焰冲腾之意。金文、小篆的形体与甲骨文基本相同。隶变后楷书写作"炎"。

《说文·炎部》："炎，火光上也。从重火。凡炎之属皆从炎。"（炎，火光向上升腾。由重叠的两个"火"字构成。大凡炎的部属都从炎。）

"炎"的本义是指火苗升腾。如《尚书·洪范》："水曰润下，火曰炎上。"后引申为烧。如《尚书·胤征》："火炎昆冈，玉石俱焚。"进而引申表示灼热。如"烈日炎炎。"还可引申比喻权势。如"趋炎附势"。

中华民族自称"炎黄子孙"，其中的"炎"指炎帝。

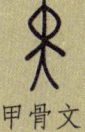

黑
（ hēi ）

甲骨文

金文

小篆

楷书

　　"黑"是会意字。甲骨文像人头上有饰物的样子。金文从囱，从炎，会烟火熏黑之意。小篆与金文的形体相似。隶变后楷书写作"黑"。

　　《说文·黑部》："黑，火所熏之色也。从炎上出囱；囱，古窗字。凡黑之属皆从黑。"（黑，被火熏成的颜色。由"炎"向上从"囱"中冒出会意；囱，是古"窗"字。大凡黑的部属都从黑。）

　　"黑"的本义为黑色，引申指昏暗无光。如"黑夜"。后来比喻恶势力一时嚣张造成的紧张局面，所以引申指狠毒，象征反动、坏。如"黑店""黑道"。黑恶势力的行为是违法的，所以引申指秘密的、非法的。如"黑话"。

炙
（ zhì ）

小篆

楷书

　　"炙"是会意字。小篆从肉，从火，会肉在火上烤之意。隶变后楷书写作"炙"。

　　《说文·炙部》："炙，炮肉也。从肉在火上。凡炙之属皆从炙。"（炙，把肉放在火上烧烤。由"肉"在"火"上会意。大凡炙的部属都从炙。）

　　"炙"的本义为把肉串起来在火上熏烤、烧烤。如《诗经·小雅·瓠叶》："有兔斯首，燔之炙之。"引申指烧烤、灼热。如唐代杜甫《丽人行》："炙手可热势绝伦，慎莫近前丞相嗔！"由烧烤、灼热还引申为曝晒。如魏晋时稽康《与山巨源绝交书》："野人有快炙背而美芹子者，欲献之至尊。"

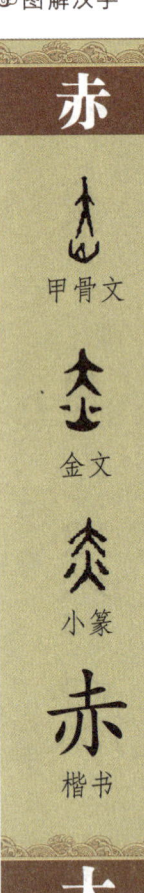

赤

甲骨文

金文

小篆

楷书

大

甲骨文

金文

小篆

楷书

赤 (chì)

"赤"是会意字。甲骨文从人，从火，会火映红了人之意。金文、小篆与甲骨文形体相似。隶变后楷书写作"赤"。

"赤"的本义为比朱红稍浅的颜色。如《辞源》中说："朱深而赤浅。"泛指红色。如"赤红脸"。

婴儿刚生下来身体呈赤色，所以称之为"赤子"。赤子纯正无邪，故而引申指空，一无所有。如"赤手"。又引申指裸露、光着。如"赤膊"。进而引申表示纯净不杂、专诚不二。如"赤诚""赤胆"。

大 (dà)

"大"是象形字。甲骨文、金文、小篆的形体都像一个正面站立、张开双手双脚的人的形象。隶变后楷书写作"大"。

《说文·大部》："大，天大，地大，人亦大。故大象人形。古文大也。凡大之属皆从大。"［大，天大，地大，人也大。所以"大"字像人的形状。（大）是古文"大"字。大凡大的部属都从大。］

"大"的本义是人。人为"万物之灵"，上古以人为大，故引申为"大小"之"大"。由大。又引申表示重要、重大。如"天下大事"进而引申表示尊敬。如"大王""大作"。

夹
（jiā）

甲骨文

小篆

夾
楷书

　　夹，（左右）相扶持。由"大"字被左右两个"人"字挟持着会意。

　　"夹"的本义是左右两方相挟持。如《说文》："夹，持也。从大挟二人。"《尚书·多方》："尔曷不夹介乂我周王。"

　　掺杂、混杂。如《虞初新志·秋声诗自序》："又夹百千求救声。"

　　位于两旁的。如晋代陶渊明《桃花源记》："夹岸数百步。"

　　两面同时过来。如"夹击"。

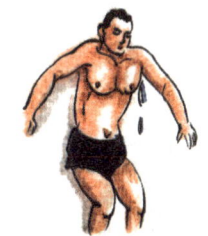

亦
（yì）

甲骨文

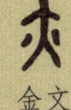
金文

小篆

亦
楷书

　　"亦"是指事字。甲骨文像一个正面站立的人，两臂之下的两个点儿是指事符号，表示这里是腋下。金文大体相同。小篆与甲骨文、金文字一脉相承。隶变后楷书写作"亦"。

　　《说文·亦部》："亦，人之臂亦也。从大，象两亦之形。凡亦之属皆从亦。"（亦，人的腋窝。从大，像两个腋窝位于臂下的形状。大凡亦的部属都从亦。）

　　"亦"的本义为人的腋窝。后世常被假借为虚词，表示类同或相似关系，相当于"也""也是"。还相当于"又"。如唐代杜牧《阿房宫赋》："后人哀之而不鉴之，亦使后人复哀后人也。"

吴

（wú）

小篆

楷书

吴，姓，也是郡名。另一义说，吴是大声喧哗。由矢、口会意。

"吴"的本义是大声喧哗。如《诗经·周颂·丝衣》："不吴不敖，胡考之休。"

三国时孙权建立的吴国。如"东吴"。

春秋时国名。如"吴国"。

姓氏的一种。

交

甲骨文

金文

小篆

楷书

（jiāo）

"交"是象形字。甲骨文像一个正面站立的人，两腿交叉着。金文和小篆的形体大致相同。隶变后楷书写作"交"。

《说文·交部》："交，交胫也。从大，象交形。凡交之属皆从交。"（交，交叉着小腿。从大，又像两腿相交的样子。大凡交的部属都从交。）

"交"的本义为交叉、交错。如战国时屈原《九歌·国殇》："矢交坠兮士争先。"意思是箭交错坠落，战士们都争先恐后地冲锋陷阵。

引申指结交、交往、交流。如《盐铁论·本议》："交庶物而便百姓。"大意是交换各种各样的物品，以方便老百姓。

（hú）

壶

甲骨文

壺

小篆

壺

楷书

　　壶，又叫昆吾，一种圆形器皿。像壶的形状。上部从大，像壶的盖。大凡壶的部属都从壶。

　　"壶"的本义是一种圆形器皿。如《说文》："壶，昆吾圆器也。"《公羊传·昭公二十五年》："国子执壶浆。"《仪礼·聘礼》："八壶设于西序。"唐代王昌龄《芙蓉楼送辛渐二首》："一片冰心在玉壶。"明代魏学洢《核舟记》："炉上有壶。"

　　古代宴饮时用来投壶的器具。如《大戴礼记》："投壶。壶脰脩七寸，口径二寸半，壶高尺二寸，受豆斗五升，壶腹脩五寸。"

（bào）

报

報

小篆

報

楷书

　　报，判决罪人。由卒、由𠬝会意。𠬝，适合其罪来定刑。

　　"报"的本义是判决罪人。如《汉书·胡建传》："辟报故不穷审。"《韩非子·五蠹》："报而罪之。"

　　报答。如三国时诸葛亮《出师表》："欲报之于陛下也。"

　　报告。如《淮南子·精神》："列子行泣报壶子。"《战国策·秦策》："请为张唐先报赵。"《史记·廉颇蔺相如列传》："求人可使报秦者。"《史记·项羽本纪》："具以沛公言报项王。"

　　报复。如《史记·范雎蔡泽列传》："睚眦之怨必报。"

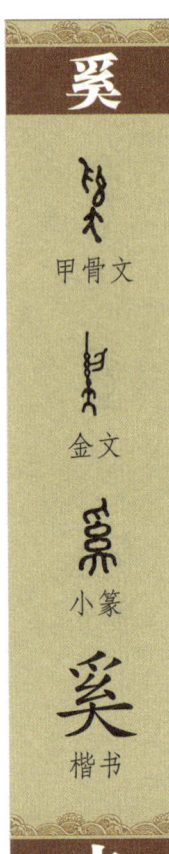

奚

甲骨文

金文

小篆

奚

楷书

夫

甲骨文

夫

金文

小篆

夫

楷书

奚
（ xī ）

　　"奚"是会意字。甲骨文左上方是手，抓着绳索，绳索下系着一个人，会捉来一个奴隶之意。金文基本没变化。小篆已经不太像捉住一个人的样子了。隶变后楷书写作"奚"。

　　《说文·大部》："奚，大腹也。从大，繇（系）省声。"（奚，大肚子。从大，繇（系）省声。）

　　"奚"的本义为奴隶。如《周礼·天官·冢宰》中的"奚三百人"，就是有奴隶三百人的意思。泛指奴仆。如《新唐书·李贺传》中提到的"小奚奴"就是指奴仆。

夫
（ fū ）

　　"夫"是象形字。甲骨文形体的下部是"大"，即一个正面站立的人；"大"的上部有一小横，表示头簪之形。金文与甲骨文类似。隶变后楷书写作"夫"。

　　《说文·夫部》："夫，丈夫也。从大，一以象簪也。周制以八寸为尺，十尺为丈。人长八尺，故曰丈夫。凡夫之属皆从夫。"（夫，成年男子。从大，一用以象成年男子头发上的簪子之形。周朝的制度用八寸作一尺，十尺作一丈。今成人身长八尺，合周制为一丈，所以叫丈夫。大凡夫的部属都从夫。）

（lì）

　　"立"是指事字。甲骨文像一个人站在地面上。金文与甲骨文大致相同。小篆线条化。隶变后楷书写作"立"。

　　《说文·立部》："立，住也。从大立一之上。凡立之属皆从立。"（立，站住。由"大"站立在"一"的上面会意。大凡立的部属都从立。）

　　"立"的本义为站立。如宋代欧阳修《归田录》："卖油翁释担而立。"由站立引申为建立、竖立。如《商君书·更法》："各当时而立法。"

甲骨文

金文

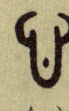
小篆

立
楷书

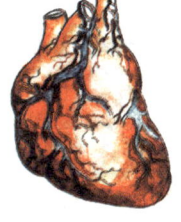  

（xīn）

　　"心"是象形字。甲骨文像人或动物的心脏。金文多了中央一点，可看作血液。小篆多了一条向右撇的曲线，可看作连着心脏的血管。隶变后楷书写作"心"。

　　心，人的心脏。属土的脏器，在身躯的中部。象形。依博士的学说，则把心当作属火的脏器。大凡心的部属都从心。

　　"心"的本义为人的心脏。古人认为心是人的感情与思维器官，故引申指头脑、思想。如"心思缜密"。还引申指内心。如《诗经·豳风·七月》："女心伤悲，殆及公子同归。"

甲骨文

金文

小篆

心
楷书

意
小篆

意
楷书

（ yì ）

"意"是会意兼形声字。小篆从心，从音，用心音会心思之意，音兼表声。隶变后楷书写作"意"。

《说文·心部》："意，志也。从心察言而知意也。从心，从音。"（意，意向。用心去考察别人的言语就知道他的意向。由心、由音会意。）

"意"的本义为心思、心志。如成语"项庄舞剑，意在沛公"，比喻说话和行动的真实意图别有所指。引申指愿望、心愿。如"满意""中意"。又引申指料想、猜疑。如"出其不意""意外"。又引申指感情、情意。如刘禹锡《竹枝词》："花红易衰似郎意，水流无限似侬愁。"

憖
小篆

憖
楷书

（ yìn ）

憖，甘愿。《春秋左传》说："广大的天不愿意。"又说："两个围君的将士都不愿。"

"憖"的本义是愿意，情愿。如《国语·楚语》："吾憖寘之于耳。"南朝时沈约《齐故安陆昭王碑文》："曾不憖留。"

损伤，残缺。如《春秋左传》："两君之士皆未憖也。"

戒慎。如唐代柳宗元《三戒》："稍出近之，憖憖然，莫相知。"

（wǔ）

忬，爱抚。韩地、郑地叫爱抚作忬。另一义说，怅然失意的样子。从心，無声。

"忬"的本义是爱抚。如《说文》："忬，爱也。"《尔雅》："忬，抚也。"

失意。如唐代柳宗元《柳河东集》："应之者咸忬然。"唐代李朝威《柳毅传》："君忬然曰。"

惊愕的样子。如《后汉书》："表忬然为骇。"

通"妩"。妩媚。如《汉书·张敞传》："又为妇画眉，长安中传张京兆眉忬。"

（màn）

慢，怠惰。从心，曼声。另一义说，慢，（骄而）不惧。

"慢"的本义是怠惰，不惧。如《说文》："慢，一曰不畏也。"《礼记·缁衣》："可敬不可慢。"

怠慢。如三国时诸葛亮《出师表》："责攸之、伟、允等之慢。"

懒惰。如《说文》："慢，惰也。"《礼记·乐记》："啴谐慢易。"

缓慢。如《诗经·郑风·大叔于田》："叔马慢忌，叔发罕异。"唐代白居易《琵琶行》："轻拢慢捻抹复挑。"

395

忘

（ wàng ）

忘 金文

忘 小篆

忘 楷书

"忘"是会意兼形声字。金文从亡（失去），从心，会心有所失而不记得之意，亡兼表声。小篆与金文相似。隶变后楷书写作"忘"。

《说文·心部》："忘，不识也。从心，从亡，亡亦声。"（忘，不记得。由心、亡会意，亡也表声。）

"忘"的本义为忘记、不记得。如《论语·述而》："发愤忘食，乐以忘忧。"泛指遗漏、遗失。如《汉书·武五子传》："臣闻子胥尽忠而忘其号。"又引申指舍弃。如《汉书·贾谊传》："则为人臣者主而忘身，国而忘家，公而忘私。"

悴

（ cuì ）

悴 小篆

悴 楷书

悴，忧愁。从心，卒声。音读与《易经》的萃卦的"萃"字相同。

"悴"的本义是忧愁，悲伤。如《晋书·凉武昭王李玄盛传》："人力雕残，百姓愁悴。"《文子·上德》："有荣华者，必有愁悴。"

憔悴、枯槁。如《史记·屈原贾生列传》："屈原……颜色憔悴，形容枯槁。"宋代李清照《声声慢》："满地黄花堆积，憔悴损，如今有谁堪摘！"

患
（huàn）

"患"是会意兼形声字。小篆从心，从串（贯穿），会忧心如穿之意，串兼表声。隶变后楷书写作"患"。

《说文·心部》："患，忧也。从心上贯叩，叩亦声。"（患，忧虑。由"心"字向上贯穿"叩"字会意，叩也表声。）

"患"的本义为担忧、忧虑。如《论语·阳货》："既得之，患失之。"引申指祸害、灾祸。如"内忧外患""有备无患"。又引申指害（病）。如"患病""患者"。进而引申指生病的人。如"医患纠纷"。

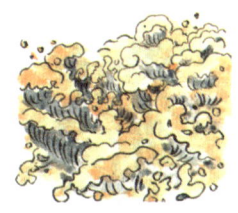

水
（shuǐ）

"水"是象形字。甲骨文、金文和小篆都象弯弯曲曲的流水之形，其中几点表示激流中溅起的水花。隶变后楷书写作"水"。

《说文·水部》："水，准也。北方之行。像众水并流，中有微阳之气也。凡水之属皆从水。"（水，平。代表北方的一种物质。像许多水一同流去；中间的，表示有深隐在内的阳气。大凡水的部属都从水。）

"水"的本义是河流。后泛指江、河、湖、海、洋等一切水域。

又泛指汁、液。如"汗水"。

也可作形容词。如"水酒"，即淡酒。

海
金文

小篆

海
楷书

洪

小篆

洪
楷书

（hǎi）

"海"是形声字。金文从水，每声。小篆整齐化。隶变后楷书写作"海"。

《说文·水部》："海，天池也。以纳百川者。从水，每声。"（海，天然的大池泽。用以接纳百川的水流。从水，每声。）

"海"的本义为大海。如秦代李斯《谏逐客书》："河海不择细流。"也指大的湖泊、水池。如《汉书·苏武传》："乃徙武北海上无人处。"又指大的器皿。如《红楼梦》第四十一回："你吃这一海便成什么？"由海的面积大、水多引申比喻某些聚得数量多而范围广的人或事物。如"宦海"。

（hóng）

"洪"是会意兼形声字。小篆从水，从共，会共聚的大水之意，共兼表声。隶变后楷书写作"洪"。

《说文·水部》："洪，洚水也。从水共声。"（洪，大水。从水，共声。）

"洪"的本义为大水。泛指大。如"洪福齐天"是称颂福气跟天一样大。又引申指湍急的水。如"洪水"。

指河道陡窄水流急的地方。如宋代苏轼《百步洪》："定国既去逾月，复与参寥师放舟洪下，追怀曩游，已为陈迹，喟然而叹。"明代陆容《菽园杂记》："徐州百步洪，吕梁上下二洪。"

（yǎn）

衍
甲骨文

金文

小篆

衍
楷书

滔
小篆

滔
楷书

    "衍"是会意字。甲骨文从水，从行，会百川漫流之意。金文承之，稍有简化。小篆整齐化。隶变后楷书写作"衍"。

    《说文·水部》："衍，水朝宗于海也。从水，从行。"（衍，水流像诸侯朝见天子一样奔向大海。由水、由行会意。）

    "衍"的本义为百川归海。引申指水漫而出、溢出。又引申指延展、漫延。如金代王若虚《滹南诗话》："东坡酷爱《归去来辞》，既次其韵，又衍为长短句。"

    还引申指动植物滋生繁殖。如"繁衍"。

滔
（tāo）

    "滔"是形声兼会意字。小篆从水，舀声，舀兼表上出之意，用水漫出会水大之意。隶变后楷书写作"滔"。

    《说文·水部》："滔，水漫漫大皃。从水，舀声。"（滔，水弥漫盛大的样子。从水，舀声。）

    "滔"的本义为水势盛大的样子。如《论语·微子》："滔滔者天下皆是也，而谁以易之？"

    形容连续不断（多指话多）。如唐代王仁裕《开元天宝遗事·走丸之辩》："张九龄善谈论，每与宾客议论经旨，滔滔不竭，如下阪走丸也。"

滥

（làn）

滥，大水延漫。从水，监声。另一义说，沾湿上面一直湿到下面。《诗经》说："那喷涌而上出、从上湿到下的泉水翻腾着。"另一义说，滥是清的意思。

"滥"的本义是大水延漫。如《说文》："滥，泛也。"《尔雅·释水》："滥泉正出。"《水经注·湿水》："其水阳焊不耗，阴霖不滥。"

波及。如唐代魏徵《谏太宗十思疏》："因怒而滥刑。"

过度、无限制。如《周书·程典》："生穑省用，不滥其度。"《论语·卫灵公》："小人究斯滥矣。"

任意地、肆意地。如《资治通鉴》："不许滥诛骨肉。"

激

（jī）

"激"是形声字。小篆从水，敫声。隶变后楷书写作"激"。

《说文·水部》："激，水碍衺疾波也。从水，敫声。一曰半遮也。"（激，水受阻碍而斜行，扬起迅疾的波涛。从水，敫声。另一义说：激是半遮拦的意思。）

"激"的本义为水势受阻后腾涌或飞溅。如宋代苏轼《中隐堂诗》："凿石清泉激，开门野鹤飞。"引申指冲刷、冲击。如《尸子·君治》："扬清激浊，荡去滓秽，义也。"又引申指鼓动人心，使有所感发。如明代张溥《五人墓碑记》："五人者，盖当蓼洲周公之被逮，激于义而死焉者也。"

（yuān）

渊

小篆

渊

楷书

渊，回旋的水。从水，（凲）象形。左右的川，表示水岸。中间的屰，像水的样子。

"渊"的本义是回旋的水。如《说文》："渊，回水也。"《庄子·应帝王》："鲵桓之审为渊，止水之审为渊，流水之审为渊。"《易经·乾卦》："或跃在渊。"

深潭。如《论语》："如临深渊。"《诗经·小雅·鹤鸣》："鱼潜在渊。"

深、渊博。如《诗经·邶风·燕燕》："其心塞渊。"

（mǎn）

满

小篆

满

楷书

满，水充盈。从水，㒼声。

"满"的本义是水充盈。如《说文》："满，盈溢也。"《庄子·列御寇》："无几何而往，则户外之屦满矣。"唐代杜甫《江畔独步寻花》："黄四娘家花满蹊。"宋代苏轼《惠崇春江晚景》："蒌蒿满地芦芽短，正是河豚欲上时。"唐代杜甫《闻官军收河南河北》："初闻涕泪满衣裳。"

足够，达到。如唐代李白《与韩荆州书》："虽长不满七尺，而心雄万夫。"

溃

（kuì）

溃，漏水。形声字。从水，貴声。

　　"溃"的本义是漏水。如《说文》："溃，漏也。"战国时宋玉《高唐赋》："溃淡淡而并入。"《文选·长笛赋》："淳涔障溃。"《韩非子·喻老》："千丈之堤，以蝼蚁之穴溃。"

　　引申为冲破。如《史记·项羽本纪》："直夜溃围南出，驰走。"

　　大败。如《荀子·议兵》："兑则若莫邪之利锋，当之者溃。"宋代苏轼《教战守》："而民不至于惊溃。"

　　毁坏《墨子·非攻》："燔溃其祖庙。"

　　溃烂。如明代刘基《卖柑者言》："涉寒暑不溃。"

涧

（jiàn）

涧，两山夹着水流。从水，間声。另一义说，涧水，从弘农郡新安县流出，向东南注入洛水。

　　"涧"的本义是夹在两山间的水流。如《说文》："涧，山夹水也。"《诗经·召南·采蘩》："于涧之中。"唐代王维《鸟鸣涧》："时鸣春涧中。"宋代沈括《梦溪笔谈》："陕西大涧。"

　　指山谷。如"涧水"。

　　古时候指数词。如"万万沟为涧"。

　　水的名称。如《说文》："一曰涧水，出宏农西安东南入洛。"

滴
（ dī ）

滴
小篆

滴
楷书

"滴"是形声字。小篆从水，商声。隶变后楷书写作"滴"。

《说文·水部》："滴，水注也。从水，商声。"（滴，水往下滴注。从水，商声。）

"滴"的本义为液体一点一点落下来。如成语"滴水成冰"。引申形容晶莹润美的样子。如唐代张志和《渔父》："秋山入帘翠滴滴，野艇倚槛云依依。"

作象声词，形容雨水下落和钟摆等的声音。如"时钟在滴答地走着"。

作量词，多用于颗粒状滴下的液体。如"几滴水珠"。

沿
（ yán ）

沿
小篆

沿
楷书

"沿"是会意兼形声字。小篆从氵，从㕣，会顺着水流之意，㕣兼表声。隶变后楷书写作"沿"。

《说文·水部》："沿，缘水而下也。从水，㕣声。《春秋传》曰：'王沿夏。'"（沿，顺着水流而下。从水，㕣声。《春秋左氏传》说："王顺着夏水而下。"）

"沿"的本义为顺着水流的方向而行。如《尚书·禹贡》："沿于江海，达于淮泗。"泛指顺着、因袭。如晋代陆机《文赋》："或因枝以振叶，或沿波而讨源。"用作名词，指边缘。如"边沿"。

泳

泳
小篆

泳
楷书

（yǒng）

　　"泳"是会意兼形声字。小篆从水，从永，会人在水中游泳之意，永兼表声。隶变后楷书写作"泳"。

　　《说文·水部》："泳，潜行水中也。从水，永声。"（泳，潜没在水中而前行。从水，永声。）

　　"泳"的本义为潜行水中。如《诗经·周南·汉广》："汉之广矣，不可泳思。"《诗经·邶风·谷风》："泳之游之。"《列子·黄帝》："复从而泳之。"

　　泛指在水里游。如"游泳""蛙泳"。

湛

湛
金文

湛
小篆

湛
楷书

（zhàn）

　　"湛"是形声字。金文从水，甚声。小篆整齐化、文字化。隶变后楷书写作"湛"。

　　《说文·水部》："湛，没也。从水，甚声。一曰：湛水，豫章浸。"（湛，沉没。从水，甚声。另一义说：湛是湛水，是豫州地方的川泽。）

　　"湛"的本义为沉没。又特指清澈透明。如晋代陶渊明《辛丑岁七月赴假还江陵夜行途中》："凉风起将夕，夜景湛虚明。"还特指露厚重。如"湛露"。又泛指学识、技术等深、精。如"精湛"。

凄
（ qī ）

凄，将要下雨的云彩正在兴起。从水，妻声。《诗经》说："（将要下雨的云彩）凄凄凄凄地兴起。"

"凄"的本义是要下雨的云正在兴起。如《说文》："凄，雨云起也。"《诗经·小雅·大田》："有凄凄凄。"

寒冷。如《诗经·邶风·绿衣》："凄其以风。"《吕氏春秋·有始》："西南曰凄风。"唐代柳宗元《小石潭记》："凄神寒骨。"

凄凉。如南朝时钟嵘《诗品》："善为凄戾之词。"

瀑
（ bào ）

瀑，急雨。另一义说，瀑是水沫飞溅的意思。另一义说，瀑是雷。从水，暴声。《诗经》说："既已刮起了风，又下起了暴雨。"

"瀑"的本义是急雨。如《说文》："瀑，疾雨也。《诗》曰：'终风且瀑'。"

水名，指瀑河。在今河北省东北部，发源于平泉县北，南流经宽城入滦河。

水向外四溅。如"瀑泉"。

同"爆"。如《水浒传》："煮瀑得熟，也得充饥。"

浓（nóng）

浓，露水多。从水，農声。《诗经》说："落下的露水真多啊。"

"浓"的本义是露水多。如《说文》："浓，露多也。"《诗经·小雅·蓼萧》："零露浓浓。"

稠。与"淡""薄"相对。如唐代李贺《昌谷读书示巴童》："宵寒药气浓。"

颜色深。如晋代左思《娇女诗》："浓朱衍凡唇。"

程度深。如宋代李清照《如梦令》："浓睡不消残酒。"

汔（qì）

汔，水干涸。另一义说，汔是眼泪流下的意思。从水，气声。《诗经》说："差不多可以过上小康生活了。"

"汔"的本义是水干涸。如《说文》："汔，水涸也。"晋代葛洪《抱朴子》："汔渊剖珠，倾岩刊玉。"

完成。如《广雅》："汔，尽也。"《吕氏春秋·听言》："壮狡汔尽穷屈。"

差不多。如《诗经·大雅·民劳》："民亦劳止，汔可小康。"

（hé）

小篆

涸

楷书

　　"涸"是形声字。小篆从水，固声。隶变后楷书写作"涸"。

　　《说文·水部》："涸，渴也。从水，固声。"（涸，水枯竭。从水，固声。）

　　"涸"的本义为失去水而干枯。如《韩非子·说林上》："子独不闻涸泽之蛇乎？泽涸，蛇将徙。"枯则水竭，故"涸"引申指竭、尽。如《管子·牧民》："错国于不倾之地，积于不涸之仓，藏于不竭之府。"

（kě）

金文

小篆

渴

楷书

　　"渴"是形声字。小篆从水，曷声。隶变后楷书写作"渴"。

　　《说文·水部》："渴，尽也。从水，曷声。"（渴，水干涸。从水，曷声。）

　　"渴"的本义为水干涸、干枯。如唐代白居易《对镜偶吟赠张道士抱元》："眼昏久被书料理，肺渴多因酒损伤"。引申指口渴。如"求贤若渴"，形容罗织人才的迫切。

（ shī ）

湿，因郁幽而潮湿。从水；一，表示用来覆盖的物体，覆盖着而（下面）有土（不见风日），所以潮湿。㬠省声。

"湿"的本义是潮湿。如《说文》："湿，湿水，也东郡东武阳入海。从水，㬠声。桑钦云，出平原高唐。"唐代白居易《琵琶行（并序）》："住近湓江地低湿，黄芦苦竹绕宅生。"唐代杜甫《兵车行》："新鬼烦冤旧鬼哭，天阴雨湿声啾啾。"

沾湿、淋湿。如唐代岑参《白雪歌送武判官归京》："散入珠帘湿罗幕，孤裘不暖锦衾薄。"

（ zǐ ）

"滓"是形声字。小篆从水，宰声。隶变后楷书写作"滓"。

"滓"的本义为沉淀的杂质、渣子。如南朝时刘峻《送橘启》："皮薄而味珍，脉不粘肤，食不留滓。"引申指污垢、污秽。如《史记·屈原贾生列传》："不获世之滋垢，皭然泥而不滓者也。"

用作动词，指（受）污染、玷污。如《世说新语·言语》："卿居心不净，乃复强欲滓秽太清耶？"意思是你自己心地不干净，才硬要让老天也不干净吗？

（xǔ）

滑
小篆

滑
楷书

滑，滤酒去渣。另一义说，滑是舀取的意思。又另一义说，滑是露珠（清明）的样子。从水，胥声。《诗经》说："有酒，就滤酒去渣给我。"

"滑"的本义是将酒去渣。如《说文》："滑，茜酒也。从水，酉声。字亦作醑。"《诗经·大雅·凫鹥》："尔酒既滑。"

清澈。如《仪礼·士冠礼》："旨酒既滑。"

茂盛。如《诗经·小雅·裳裳者华》："裳裳者华，其叶滑兮。"

快乐。如晋代左思《吴都赋》："酣滑半，八音并。"

（yì）

溢
小篆

溢
楷书

"溢"是形声字。小篆从水，益声，像水从器皿中漫出。隶变后楷书写作"溢"。

《说文·水部》："溢，器满也。从水，益声。"（溢，器皿中水满而流出来。从水，益声。）

"溢"的本义为水或其他液体满而流出。如唐代魏徵《谏太宗十思疏》："惧满溢，则思江海下百川。"引申指满，充满。如"溢满"。进而引申指过度、过分。如"溢美之言"。还引申指超出。如"溢于言表"。

洗

小篆

洗 楷书

（ xǐ ）

洗是形声字。从水，先声。

"洗"的本义是用水洗脚。如《说文》："洗，洒足也。"《史记·高祖本纪》："沛公方踞床，使两女子洗足。"

指用水去除脏污。如《仪礼·乡饮酒礼》："水在洗东。"

除去、洗脱。如《易经·系辞》："圣人以此洗心。"又如《洗冤录》。

古代的一种官名。如"太子洗马"。

淋

小篆

淋 楷书

（ lín ）

"淋"是形声兼会意字。小篆从水，林声。林兼表雨线密如林之意。隶变后楷书写作"淋"。

《说文·水部》："淋，以水沃也。从水，林声。一曰：淋淋，山下水皃。"（淋，用水浇淋。从水，林声。另一义说：淋淋，山水奔下的样子。）

"淋"的本义为水或其他液体从上落下。如"日晒雨淋""淋浴"。泛指使水或其他液体落在别的物体上。如"在凉拌菜上淋几滴香油"。

410

（ rǎn ）

"染"是会意字。从九，从木，从水，会反复染几次使布帛着色之意。隶变后楷书写作"染"。

《说文·水部》："染，以缯染为色。从水，杂声。"（染，把布帛浸染着色。从水，杂声。）

"染"的本义为使布帛等物着色。如"染坊""印染"。引申为沾上。如宋代周敦颐《爱莲说》："出淤泥而不染。"又引申指传染、感染。如"染恙""染疾"。人容易受到环境气氛的影响，故又引申为熏染、影响。如"耳濡目染"。

（ cáo ）

漕，水道转运粮谷。另一义说，漕是人们乘坐的船。从水，曹声。

漕的本义是用水道转运粮食。如《说文》："漕，水转谷也。一曰人之所乘及船也。"《史记·萧相国世家》："转漕给军。"《汉书·武帝纪》："穿漕渠通渭。"《汉书·食货志》："岁漕关东谷。"《史记·河渠书》："关东漕粟。"

运输用的河道。《红楼梦》："今日听了这些话，心里方才水落归漕。"

漏
（ lòu ）

"漏"是形声字。小篆从水，屚声。隶变后楷书写作"漏"。

"漏"的本义为漏壶，是古代滴水计时的仪器。如"沙漏""滴漏"。引申指物体由孔缝透过、滴落。如"屋漏偏逢连夜雨"。进而引申指泄露、泄密。如"说漏了嘴"。又引申指破绽、疏漏。如"出了漏子"。又引申指逃脱、遗忘。如"漏网之鱼"就是逃脱渔网的鱼，常比喻侥幸逃脱的罪犯或敌人。

萍
（ píng ）

"萍"是会意兼形声字。小篆从水从苹会意，苹兼表声。隶变后楷书写作"萍"。

《说文·水部》："萍，苹也。水草也。从水苹，苹亦声。"（萍，浮萍。浮生水面的草。由水、苹会意，苹也表声。）

"萍"的本义为浮萍，一年生草本植物，浮生水面，叶子扁平，叶下生须根，开白花，亦称"青萍""紫萍"。如《礼记·月令》："季春之月，桐始华，萍始生。"多用以喻不定的生活或行踪。如成语"萍水相逢"，即比喻向来不认识的人偶然相遇。

川
（ chuān ）

川
甲骨文

川
金文

川
小篆

川
楷书

"川"是象形字。甲骨文像一条河流，中间的五个点表示河流中的漩涡。金文有所简化，但大体相同。小篆的形体和金文相似。隶变后楷书写作"川"。

《说文·川部》："川，贯穿通流水也。如《虞书》曰：'濬く巜，距川。'言深く巜之水会为川也。凡川之属皆从川。"（川，使水贯穿通流。《虞书》说："濬く巜距川。"是说深深地疏通畎浍之类的田间水沟，使它们会合成为大川。大凡川的部属都从川。）

"川"的本义为河流。如《诗经·小雅·天保》："如川之方至。"意思是像河流奔涌而来。

州
（ zhōu ）

州
甲骨文

州
金文

州
小篆

州
楷书

"州"是象形字。甲骨文自上而下的三条曲线表示河流，中间的小圆圈表示水中的一块陆地。金文、小篆与甲骨文大致相同。隶变后楷书写作"州"。

《说文·川部》："州，水中可居曰州，周绕其旁，从重川。昔尧遭洪水，民居水中高土，或曰九州。"（州，水中可以居住的地方叫州，四周的水围绕在它的旁边，由两个"川"字叠起来会意。过去尧那个时代遇上洪水，百姓居住在水中高土上，有人叫这些高土作九州。）

"州"的本义为水中陆地，即"洲"。如《诗经·周南·关雎》："关关雎鸠，在河之洲。"

泉

甲骨文

金文

小篆

泉
楷书

（quán）

"泉"是象形字。甲骨文像水从泉眼里流出的样子。金文也像水从泉眼中流出的样子。小篆承接金文，其外为泉眼之形，其内的"丁"字表示"一线如注"的细流。隶变后楷书写作"泉"。

《说文·泉部》："泉，水原也。象水流出成川形。凡泉之属皆从泉。"（泉，水的源头。像水流出成为川流的样子。大凡泉的部属都从泉。）

"泉"的本义为泉水。泉水在地下，人死后也埋于地下，故又指人死后所埋的地方，即阴间。如唐代白居易《思旧》："零落归下泉。"

上古钱币称为"泉"，取其流通不竭之义。在古代，泉与布并为货币，所以货币统称为"泉布"。

永

甲骨文

金文

永
小篆

永
楷书

（yǒng）

"永"是象形字。甲骨文字形像人在水流中游泳之状。金文字形更像水流。小篆与甲骨文、金文的写法大致相同。隶变后楷书写作"永"。

《说文·永部》："永，长也。像水坐（水脉）理（水纹）之长。"（永，水流长。像水的直流和波纹的漫长。）

"永"的本义是在水流中游泳。由水流长又可以引申指长（不短）。如阮籍《咏怀》十七："独坐空堂上，谁可与欢者。出门临永路，不见行车马。""永路"指的就是遥远的路途。

又可以引申指时间长。如晋代陶渊明《杂诗》八首其二："风来入房户，夜中枕席冷。气变悟时易，不眠知夕永。"

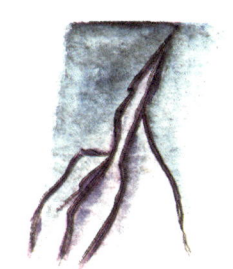

雷
（ léi ）

雷，阴气阳气追击运动而产生雷雨，雷雨是使万物滋生的东西。从雨，畾像雷的回旋转动的形状。

"雷"的本义是打雷下雨。如《说文》："雷，阴阳薄动，雷雨生物者也。"《春秋·玄命苞》："阴阳合为雷。"《礼记·月令》："仲春，雷乃发声，仲秋，雷始收声。"《易经·说卦》："雷以动之，风以散之，雨以润之。"《诗经·大雅·常武》："如雷如霆，徐方震惊。"

打雷。如《吕氏春秋·贵生》："故雷则掩耳。"《管子·七臣七主》："无冬雷，地冬霆。"

电
（ diàn ）

电，阴气和阳气彼此冲击而飞溅出来的光耀。由雨、由申会意。

"电"的本义是闪电。如《说文》："电，阴阳激耀也。"《五经通义》："电，电光也。"《谷梁传·隐公九年》："三月癸酉，大雨震电。震，雷也，电，霆也。"

电报。如近代梁启超《谭嗣同传》："请致电上海领事而救先生焉。"

比喻迅速。如"风驰电掣"。

电击。如"被电了一下"。

雷

甲骨文

金文

小篆

楷书

电

小篆

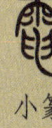

楷书

露

小篆

露

楷书

露
（lù）

　　露，（用来）滋润（万物的东西），露水。从雨，路声。

　　"露"的本义是露水。如《说文》："露，润泽也。"《诗经·秦风·蒹葭》："白露为霜。"《乐府诗集·长歌行》："朝露待日晞。"

　　显露。如《文选·扬雄·长杨赋》："今乐远出以露威灵。"《荀子·富国》："都邑露。"《后汉书·李云传》："乃露布上书。"明代魏学洢《核舟记》："袒胸露乳。"

　　滋润。如《诗经·小雅·白华》："英英白云，露彼菅茅。"

云

金文

雲

小篆

雲

楷书

云
（yún）

　　云，山河升腾之气。从雨，云象云彩回旋转动的形状。大凡云的部属都从云。

　　"云"的本义是山河升腾之气。如《说文》："云，山川气也。"汉代贾谊《过秦论》："云集响应。"宋代欧阳修《醉翁亭记》："云归而岩穴暝。"

　　指云南省的简称。

　　比喻多。如《诗经·齐风·敝笱》："齐子归止，其从如云。"《汉书·司马相如传》："威武纷云。"

　　比喻高。如《庄子·大宗师》："黄帝得之，以登云天。"

　　说。如《诗经·小雅·何人斯》："伊谁云从？"

（yú）

鱼，水中的动物。像鱼的形状。篆文鱼字的尾形与燕字的尾形相像。大凡鱼的部属都从鱼。

"鱼"的本义是一种水生的动物。如《说文》："鱼，水虫也。象形。鱼尾与燕尾相似。"《论衡·指瑞》："鱼木精。"《诗经·邶风·新台》："鱼网之设。"

唐代作为符信用的铜鱼符。如"鱼契""鱼符"。

古代鱼形的装信函的盒子，代指书信。如"鱼素""鱼肠尺素"。

甲骨文

小篆

楷书

鱼

（xiān）

鲜，鱼名。出产在貉国。从鱼，羴省声。

"鲜"的本义是鱼名。如《礼记·内则》："冬宜鲜羽。"《老子》："治大国若烹小鲜。"宋代张元幹《水调歌头》："调鼎他年事，妙手看烹鲜。"

鲜美的食物。如《左传·襄公三十年》："惟君用鲜。"

新鲜。如《诗经·大雅·韩奕》："炰鳖鲜鱼。"晋代陶渊明《桃花源记》："芳草鲜美。"宋代沈括《梦溪笔谈》："根色鲜泽。"

鲜

小篆

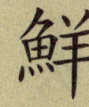

楷书

鳞

麟
小篆

鳞
楷书

鳞
(lín)

鳞，鱼身上像铠甲的表层薄片。从鱼，粦声。

"鳞"的本义是鱼身上的甲片。如《说文》："鳞，鱼甲也。"清代梁启超《饮冰室合集·文集》："鳞爪飞扬。"唐代李朝威《柳毅传》："朱鳞大鬣。"

鳞状的东西。如《周礼·大司徒》："其动物宜鳞物。"

指代鱼。如宋代范仲淹《岳阳楼记》："锦鳞游泳。"

对有鳞动物的称呼。如《孔子家语·执辔》："鳞虫三百有六十，而龙为之长。"

燕

甲骨文

小篆

燕
楷书

燕
(yàn)

"燕"是象形字。甲骨文像一只头朝上展翅奋飞的燕子。小篆的形体与甲骨文相似，下部的燕尾讹变为"火"字。隶变后楷书写作"燕"。

《说文·燕部》："燕，玄鸟也。䂵口，布翅，枝尾。象形。凡燕之属皆从燕。"（燕，赤黑色的鸟。长着小钳子似的嘴，布帛一样的翅膀，枝丫一样的尾巴。象形。大凡燕的部属都从燕。）

"燕"的本义为燕子，读作 yàn。如唐代刘禹锡《乌衣巷》："旧时王谢堂前燕，飞入寻常百姓家。"

读作 yān 时，为古国名。旧时河北省别称为"燕"，或称"幽燕之地"。

（lóng）

龙，有鳞甲的动物的首领。（月）表示肉，（ ）像飞的形状；（辛）是童省去里为声。大凡龙的部属都从龙。

"龙"的本义：古代传说中一种有鳞的动物之首。如《易经·乾卦》："飞龙在天。"《礼记·礼运》："麟、凤、龟、龙，谓之四灵。"《孔子家语·执辔》："鳞虫三百有六十，而龙为之长。"

杰出的人。如唐代李白《化城寺大钟铭序》："丞尉等并衣冠之龟龙，人物之标准。"

指骏马。如《周礼·夏官》："马八尺以上为龙。"

（fēi）

飞，鸟飞举。象形字，象鸟飞之形。大凡飞的部属都从飞。

"飞"的本义是鸟飞。如《说文》："飞，鸟翥也。象张翼之形。"唐代张志和《渔歌子》："西塞山前白鹭飞，桃花流水鳜鱼肥。"晋代陶渊明《归园田居》："鸟倦飞而知还。"

泛指飞翔。如《易经·乾卦》："飞龙在天。"

随风飘游。如唐代岑参《白雪歌送武判官归京》："胡天八月即飞雪。"唐代杜甫《茅屋为秋风所破歌》："茅飞渡江洒江郊。"宋代苏轼《念奴娇·赤壁怀古》："樯橹灰飞烟灭。"

龙

甲骨文

小篆

龍

楷书

飞

小篆

飛

楷书

西

甲骨文

金文

小篆

楷书

户

甲骨文

小篆

楷书

西

（xī）

　　"西"是象形字。甲骨文像鸟巢的形状。金文与甲骨文相似。小篆上方增加了一条像鸟的曲线，表示鸟在巢里栖息。隶变后楷书写作"西"。

　　《说文·西部》："西，鸟在巢上。象形。凡西之属皆从西。"（西，鸟儿歇宿在巢上。象形。大凡西的部属都从西。）

　　"西"的本义就是栖（栖）。"西"又假借代表方向。如"西风"。

　　在古代人们以面朝东为尊，主人将宾客都安排在西面的座位上，面向东坐，故对宾客的尊称也可以称为"西席""西宾"。古时"西宾"也是对家塾教师的敬称。

户

（hù）

　　"户"是象形字。甲骨文像一个单扇门的样子。小篆的形体与甲骨文非常相似。隶变后楷书写作"户"。

　　《说文·户部》："户，护也。半门曰户。象形。凡户之属皆从户。"（户，保护室内的门户。门的一半叫户。象形。大凡户的部属都从户。）

　　"户"的本义为单扇门。如《木兰诗》："唧唧复唧唧，木兰当户织。"引申指人家、住户。如"户籍""千家万户"。

　　"户"又指从事某种职业的人或人家。如"农户""工商户"。

（ mén ）

门，内外相互闻听得到。由两个户字会意。象形。大凡门的部属都从门。

"门"的本义是内外相闻。如晋代陶渊明《归去来辞》："门虽设而常关。"

房屋等的出入口。如《玉篇》："门，人所出入也。"《诗经·邶风·北门》："出自北门。"《左传·昭公二十七年》："王使甲坐于道及其门。"

诀窍、方法。如《楚辞·九章》："事君而不二兮，迷不知宠之门。"

守门。如《左传·僖公二十二年》："宋师败绩，公伤股，门官歼焉。"

（ lǘ ）

闾，里巷的门。从门，吕声。《周礼》说："五家成为一比，五比成为一闾。"闾，伴侣，二十五家相互群居成为伴侣。

"闾"的本义是里巷的门。如《说文》："闾，里门也。"《公羊传》："二大夫出，相与踦闾而语。"汉代张衡《西京赋》："便旋闾阎。"

里巷。如《广雅·释宫》："闾，里也。"《楚辞·刘向·九叹·思古》："违郢都之旧闾兮。"

古代以二十五家为一闾。如《周礼·大司徒》："令五家为比，使之相保，五比为闾，使之相爱。"

(yīn)

闉，保护城门的月城的门。从门，垔声。《诗经》说："走出那月城的门。"

"闉"的本义是保护城门的月城的门。如《说文》："闉，城曲重门也。"《诗经·郑风·出其东门》："出其闉闍。"

特指瓮城或瓮城一带。如南朝时颜延之《登巴陵城楼》："经途延旧轨，登闉访川陆。"

弯曲。如《庄子·德充符》："闉跂支离无脤。"

堵塞。如《墨子》："求闉池者，以火与争鼓闉。"

(kāi)

开，开门。由門、由开会意。

"开"的本义是开门。如《说文》："开，张也。"《老子》："天门开阖。"《老子》："善闭，无关楗而不可开。"《乐府诗集·木兰辞》："开我东阁门，坐我西阁床。"唐代孟浩然《过故人庄》："开轩面场圃。"

打开。如唐代杜牧《阿房宫赋》："明星荧荧，开妆镜也。"

开放。如唐代岑参《白雪歌送武判官归京》："千树万树梨花开。"

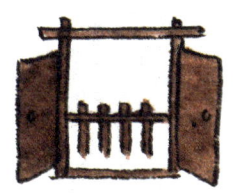   

（ xián ）

闲，木栏。由"門"中有"木"会意。

"闲"的本义是木栏。如《说文》："闲，阑也。"《周礼·虎贲氏》："舍则守王闲。"

养马的地方。如《周礼·夏官》："天子十有二闲，马六种。"《汉书·百官表》："龙与闲驹。"

道德的界限。如《周礼·瘦人》："掌十有二闲之政教。"《论语·子张》："大德不逾闲，小德出入可也。"

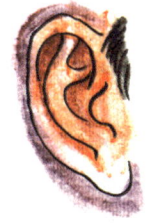   

（ ěr ）

"耳"是象形字。甲骨文和金文都像人的耳朵的形状。小篆线条化。隶变后楷书写作"耳"。

《说文·耳部》："耳，主听也。象形。凡耳之属皆从耳。"［耳，主管听觉（的器官）。象形。大凡耳的部属都从耳。］

"耳"的本义是指耳朵。如"耳闻目睹"。也引申指形状像耳朵的事物。如"木耳"。

因为耳朵是长在头部的左右两侧，所以"耳"又指位置在两旁的。如"耳房"就是指正房两边的小房间。

耽

（dān）

"耽"是会意兼形声字。小篆，从耳，从尤（表示像担子一样下垂），会意耳大而下垂之意，尤兼表声。隶变后楷书写作"耽"。

《说文·耳部》："耽，耳大垂也。从耳，尤声。《诗》曰：'士之耽兮。'"［耽，耳朵大而下垂（至肩）。从耳，尤声。《诗经》说："男人们多快乐啊。"］

"耽"的本义为耳朵大而下垂。如《淮南子·地形》："夸父耽耳，在其北方。"由耳朵下垂引申指拖延、延迟。如"耽搁""耽误"。通"酖"，指沉溺、迷恋。

耿

（gěng）

耿，耳朵贴在脸颊上。从耳，烓省声。

"耿"的本义是耳贴于面颊。

通"炯"。有明亮、光明的意思。如《楚辞·屈原·离骚》："跪敷衽（铺开衣襟）以陈辞兮，耿吾既得此中正（指正道）。"

形容心情悲伤。如《诗经·邶风·柏舟》："耿耿不寐，如有隐忧。"

形容心中牵挂不安。如"耿耿于怀"。

刚直、正直，不同于流俗。如唐代韩愈《南山诗》："参差相叠重重，刚耿陵宇宙。"

指因为生气而使得血管膨胀的样子。如《儒林外史》："余大先生气得两脸紫胀，颈子里的筋都耿出来。"

声（shēng）

声，乐音。从耳，殸声。"殸"是古乐器"磬"的本字，"耳"表示听。

"声"的本义是乐音。如《说文》："声，音也。"《诗经·齐风·鸡鸣》："苍蝇之声。"《诗经·小雅·车攻》："有闻无声。"唐代白居易《琵琶行（并序）》："寻声暗问弹者谁？琵琶声停欲语迟。"

音乐。如《诗经·大雅·皇矣》："不大声以色。"《史记·廉颇蔺相如列传》："赵王窃闻秦王善为秦声。"

名望。如《诗经·大雅·文王有声》："文王有声。"

闻（wén）

闻，知晓其声。从耳，門声。

"闻"的本义是听到。如《说文》："闻，知声也。"《礼记·大学》："心不在焉，视而不见，听而不闻。"《史记·项羽本纪》："夜闻汉军四面皆楚歌。"《后汉书·列女传》："妾闻志士不饮盗泉之水。"

听说、知道。如《孟子·滕文公上》："闻君行仁政。"唐代韩愈《师说》："其闻道也。"清代黄宗羲《柳敬亭传》："不可得闻。"

声

小篆

聲
楷书

闻

甲骨文

聞
小篆

聞
楷书

手

金文

小篆

楷书

（shǒu）

"手"是象形字。金文像五指伸开的手掌的样子。小篆整齐化。隶变后楷书写作"手"。做偏旁在字左时写作"扌"。

《说文·手部》："手，拳也。象形。凡手之属皆从手。"（手，握拳的部分。象形。大凡手的部属都从手。）

"手"的本义是手掌，即人体上肢腕以下能拿东西的部分。如《诗经·邶风·击鼓》："执子之手，与子偕老。"人做事用手，所以"手"也指擅长某种技能或做某种事的人。如"多面手""神枪手""高手"。又引申为技艺、本领、手段。如"眼高手低""心狠手辣"。

扶

金文

小篆

楷书

（fú）

"扶"是会意兼形声字。金文从手，从夫（人），会用手搀扶人之意，夫兼表声。篆左右调换，并整齐化。隶变后楷书写作"扶"。

《说文·手部》："扶，左也。从手，夫声。"（扶，佐助。从手，夫声。）

"扶"的本义是扶持、搀扶。如《论语·季氏》："危而不持，颠而不扶，则将焉用彼相矣？"引申为扶植、扶持。如《荀子·劝学》："蓬生麻中，不扶而直。"人被搀扶或救助，就有了依靠，故又引申为靠着、手按着。如"扶着椅子"。

控
（ kòng ）

控
小篆

控
楷书

　　控，拉开（弓弦）。从手，空声。《诗经》说："像拉开弓弦一样向大国申明心曲。"匈奴人叫拉开弓弦作控弦。

　　"控"的本义是拉开弓弦。如《说文》："控，引也。"三国时曹植《白马篇》："控弦破左的。"唐代岑参《白雪歌送武判官归京》："将军角弓不得控。"

　　勒马。如金代董解元《西厢记》："控骄马，鞭袅芦花。"

　　投。如《庄子·逍遥游》："时则不至，而控于地而已矣。"

　　悬挂。如《西游记》："只见是三间大厅，帘拢高控，静悄悄全无人迹。"

承
（ chéng ）

甲骨文

金文

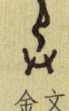
小篆

承
楷书

　　"承"是会意字。甲骨文象一个屈膝的人作授物之形，下有一双手做出接受的样子。金文大体相同。小篆下边又加了一只手。隶变后楷书写作"承"。

　　《说文·手部》："承，奉也，受也。从手，从卪，从𠬪。"（承，捧授；收受。由手、由卪、由𠬪会意。）

　　"承"的本义是捧。又引申为继承、接续。如《后汉书·班彪列传》："汉承秦制。"是说汉代继承了秦朝的典章制度。

　　"承"还可以表示顺从、侍奉。如"承欢膝下""承颜"。

　　用作敬词，表示客气。如"承蒙夸奖"。

招

（zhāo）

"招"是会意兼形声字。小篆从手，从召，会打手势叫人来之意，召兼表声。

《说文·手部》："招，手呼也。从手、召。"（招，用手呼叫人。由手、召会意。）

"招"的本义为打手势叫人来。如《荀子·劝学》："登高而招，臂非加长也，而见者远。"引申为使人前来。如"招贤纳士"。又引申为招致、引来。如《尚书·大禹谟》："满招损，谦受益。"

又特指引起人的爱憎反应，逗引。如"这人真招人嫌！"又引申为使归附。如"招安"。又引申为供认罪行。如"屈打成招""招供"。又引申为策略。如"绝招""妙招""花招"。

挑

（tiǎo）

"挑"是形声字。小篆从手，兆声。隶变后楷书写作"挑"。

《说文·手部》："挑，挠也。从手，兆声。一曰：摷也。《国语》曰：'却至挑天。'"［挑，挑拨。从手，兆声。另一义说：挑是拘留而打击的意思。《国语》说："却至偷天之功（来作为自己的力量）。"］

"挑"的本义是拨动、跳动、挑拨，读作tiǎo。如"挑衅""挑拨是非"。引申为用尖细的东西拨或刺。又引申为用杆子将东西支起。如"挑起帘子"。

摘

（zhāi）

　　"摘"是形声字。小篆从手，啇声。隶变后楷书写作"摘"。

　　《说文·手部》："摘，拓果树实也。从手，啇声。一曰：指近之也。"（摘，采摘果树的果实。从手，啇声。另一义说：摘是指摘的意思。）

　　"摘"的本义为摘取果树的果实。如《新唐书·承天皇帝传》："一摘使瓜好，再摘令瓜稀，三摘犹尚可，四摘抱蔓归。"泛指摘取、摘下。如唐代李白《夜宿山寺》："危楼高百尺，手可摘星辰。"

　　又引申指选取、摘录。如唐代李贺《南国》："寻章摘句老雕虫，晓月当帘挂玉弓。"

搂

（lōu）

　　搂，拖引，聚集。从手，娄声。

　　"搂"的本义是拖引、聚集。如《说文》："搂，曳聚也。"《孟子·告子下》："五霸者，搂诸侯以伐诸侯者也。"

　　搂抱、用手或工具往自己方向归拢。如《孟子·告子下》："逾东家墙而搂其处子，则得妻。"

　　搜刮。如"搂钱"。

　　拨。如《西游记》："拽开步，双手使钯，将荆棘左右搂开。"

揭

揭
小篆

揭
楷书

（jiē）

"揭"是形声字。小篆从手，曷声。隶变楷书后写作"揭"。

《说文·手部》："揭，高举也。从手，曷声。"（揭，高举。从手，曷声。）

"揭"的本义为高举。如汉代贾谊《过秦论》："斩木为兵，揭竿为旗。"引申指掀开、撩开、分开。如"揭开帘子"。

揭开则会显露，故又引申指使显露，公布。如"揭老底""揭晓"。

擩

擩
小篆

擩
楷书

（rǔ）

擩，染渍。从手，需声。《周礼》说："第六叫作染渍的祭祀。"

"擩"的本义是染渍。如《仪礼·公食大夫礼》："擩于醢上豆之间祭。"唐代韩愈《清河郡公房公墓揭铭》："目擩耳染。"

抓。如《隋书》："欲食之时，先取杂肉羹与饼相和，手擩而食。"

方言中塞、给的意思。如郭澄清《大刀记》："永生又擩给尤大哥几颗手榴弹。"

按。如《集韵》："擩，揾也。"

抒
（shū）

"抒"是形声字。小篆从手，予声。隶变后楷书写作"抒"。

《说文·手部》："抒，挹也。从手，予声。"（抒，舀。从手，予声。）

"抒"的本义为舀出、汲出。如《管子·禁藏》："钻燧易火，抒井易水，所以去兹毒也。"

引申指表达、倾吐、发泄。如成语"各抒己见"，就是每个人充分抒发自己的意见。

拾
（shí）

"拾"是形声字。小篆从手，合声。隶变后楷书写作"拾"。

《说文·手部》："拾，掇也。从手，合声。"（拾，捡取。从手，合声。）

"拾"的本义为捡起来，读作shí。如《后汉书·列女传》："廉者不受嗟来之食，况拾遗求利以污其行乎！"引申为收敛、收集。如《论衡·别通》："萧何入秦，收拾文书。"又引申为收拾、整理。如宋代岳飞《满江红》："再回头，收拾旧山河，朝天阙。"用作汉字数目"十"的大写。

读作shè，作动词，蹑足而上。如"拾级"，指沿着台阶一级一级地登上。

抒
小篆

抒
楷书

拾
小篆

拾
楷书

拔

拔（甲骨文）
龙（小篆）
拔（楷书）

（bá）

"拔"是形声字。甲骨文像两只手拔出植物的样子。小篆字形变化较大。隶变后楷书写作"拔"。

《说文·手部》："拔，擢也。从手，犮声。"（拔，抽引。从手，犮声。）

"拔"的本义是拽、连根拉出。如"拔苗助长"。由拔起引申为高出、超出。如"出类拔萃""拔尖儿"。又引申为选取、提拔。如《汉书·李寻传》："闭绝私路，拔进英隽。"又引申为攻克、夺取。如成语"攻城拔寨"。物体拔出有移动，所以又引申为动摇、移动。如"坚忍不拔"。

播

播（金文）
播（小篆）
播（楷书）

（bō）

"播"是形声兼会意字。金文从攴，从采（野兽足迹），会散乱之意。小篆改为从手，番声，番兼表散乱之意。隶变后楷书写作"播"。

《说文·手部》："播，种也。一曰：布也。从手，番声。"（播，下种。另一义说：播是传布的意思。从手，番声。）

"播"的本义是撒种。如"播种"。引申为传扬、传布。如"传播""播放"。还引申为表现。如《国语·晋语》："夫人美于中，必播于外。"意思是人内在美好，就一定会通过外在表现出来。

（ jiāng ）

姜

甲骨文

金文

小篆

楷书

　　"姜"是会意兼形声字。甲骨文像一个面朝左跪坐的女人。金文的形体与甲骨文相似。小篆整齐化。隶变后楷书写作"姜"。

　　《说文·女部》："姜，神农居姜水，以为姓。从女，羊声。"（姜，神农氏居住在姜水边，用姜作为姓氏。从女，羊声。）

　　"姜"的本义为美，但此义现已消失。后来"姜"多用作姓氏。如"姜太公"，即姜子牙。

　　古书中的"姜桂"本指生姜肉桂。因其味道越老越辣，所以常用来比喻人越到老年性格越刚强。

（ qī ）

妻

甲骨文

金文

小篆

楷书

　　"妻"是会意字。甲骨文从女，从又（手），以妇女梳理长发会结发为妻之意。金文上改为结发插笄之形，下部改为从母。小篆整齐化。隶变后楷书写作"妻"。

　　《说文·女部》："妻，妇，与夫齐者也。从女，从屮，从又。又，持事，妻职也。"（妻，又叫妇人。与丈夫一致的人。女、屮、由又会意。又，表示操持事务的意思，是妻子的职责。）

　　"妻"的本义为男子的配偶。如《诗经·齐风·南山》："取妻如之何，匪媒不得。"引申指以女嫁人为妻。如《论语·公冶长》："子谓公冶长：'可妻也。虽在缧绁之中，非其罪也。'"

妇

（fù）

妇，服侍（家事）的人。由"女"持握着扫"帚"，表示洒扫庭除的意思。

"妇"的本义是服侍的人。如《说文》："婦，服也。从女，持帚，洒埽也。会意。谓服事人者。"《礼记·曲礼》："士曰妇人，庶人曰妻。"唐代杜甫《石壕吏》："听妇前致词，三男邺城戍。"

泛指妇女，成年女子。如唐代杜甫《兵车行》："纵有健妇把锄犁，禾生陇亩无东西。"

妻子。如唐代白居易《琵琶行（并序）》："门前冷落鞍马稀，老大嫁作商人妇。"

母

（mǔ）

"母"是象形字。甲骨文是面部朝左曲身跪坐的女子。金文的形体与甲骨文基本上一样。小篆由金文演变而来。隶变后楷书写作"母"。

《说文·女部》："母，牧也。从女，像褱子形。一曰：像乳子也。"（母，像养牛一样哺育子女。从女，像怀抱子女的样子。另一义说：母像给子女喂奶的样子。）

"母"的本义为哺育、抚养孩子长大的母亲。引申指女性中的长辈。如"伯母"。

泛指雌性的。如"母牛""母鸡"。

下篇 画说汉字

（gòu）

媾，重叠互结为婚亲、姻亲。从女，冓声。《易经》说："不是来抢劫，而是来结成婚亲和姻亲。"

"媾"的本义是互为婚姻。如《说文》："媾，重婚也。"《国语·晋语》："今将婚媾以从秦。"

恢复友好的关系、讲和。如《正字通》："媾，和好也。"《史记·平原君虞卿列传》："无益也，不如发重使为媾。"《战国策·赵策》："楼缓言不媾，来年秦复攻，王得无更割其内而媾！"

厚爱、宠爱。如《诗经·曹风·候人》："彼其之子，不遂其媾。"

媾

小篆
媾
楷书

（nú）

"奴"是会意字。金文字形左为"女"，右下为"又"（手）向她抓去，会抓住了人之意。小篆的写法与金文很相似，并整齐化。隶变后楷书写作"奴"。

奴，奴和婢，都是古代的罪人。《周礼》说："那些奴隶，男子交给为官府提供差役的官员，女子交给供应米粮的官员和主管闲散人员饮食的官员。"

"奴"的本义为奴隶。如唐代韩愈《马说》："故虽有名马，只辱于奴隶人之手。"

引申指奴仆。古有"卖身为奴"的说法。到了后世，"奴"常用作古代男女自称的谦词。如"老奴""奴家"。

奴
甲骨文
金文
小篆
奴
楷书

435

娥

甲骨文

小篆

娥
楷书

（é）

娥，帝尧的女儿，舜的妻子娥皇的表字。秦地晋地一带叫美好作姓娥。从女，我声。

"娥"的本义是尧的女儿、舜的妻子娥皇。如《说文》："娥，帝尧之女舜妻娥皇字也。秦晋谓好曰姓娥。"

后指女子容貌美好。如《列子·周穆王》："娥媌靡曼者。"

指美女。如"娥妆"。

借指眉毛。如"娥翠"。

对嫦娥的简称。

媚

甲骨文

金文

小篆

媚
楷书

（mèi）

"媚"是会意兼形声字。甲骨文像一个跪坐的女子，大眼睛、长眉毛，很漂亮。金文与甲骨文大致相同，但更为形象。小篆改为从女从眉会意，眉兼表声。隶变后楷书写作"媚"。

"媚"的本义为喜爱。如宋代辛弃疾《清平乐·村居》中有"醉里吴音相媚好"之句，意思就是吴音醉人，让人喜爱。美好的事物招人喜爱，故又引申指婀娜多姿、姿态美好。"明媚""娇媚"都取此义。只为让对方喜爱而不问是非，就是在讨好对方，故又引申指逢迎、取悦、讨好。如"奴颜媚骨""谄媚"。

好
（ hǎo ）

好
好 甲骨文
博 金文
好 小篆
好 楷书

　　"好"是会意字。甲骨文像一个半跪着的女子，抱着一个婴儿。金文和小篆都是由甲骨文演化而来。隶变后楷书写作"好"。

　　《说文·女部》："好，美也。从女、子。"（好，美。由女、子会意。）

　　"好"的本义为女子貌美，读作 hǎo。如"面容姣好"。由貌美引申泛指美、善。如成语"花好月圆"。又引申为交好、友好。如《史记·廉颇蔺相如列传》："秦王使使者告赵王，欲与王为好。"

　　读作 hào，表示喜欢、爱好。如"上天有好生之德"中的"好"就取此义。

妮
（ guǐ ）

妮 小篆
妮 楷书

　　妮，娴雅的体态，行步安闲。从女，危声。形容女子娴雅，美好。

　　"妮"的本义是女子体态娴静美好。如《说文》："妮，闲体行妮妮也。从女，危声。犹颅之为头，娴习也。"战国时宋玉《神女赋》："既妮嫇于幽静兮，又婆娑乎人间。"

　　美好的容貌。如《广雅》："妮，好也。"

如

（ rú ）

甲骨文

金文

小篆

楷书

如

　　"如"是会意字。甲骨文左边为"口"，右边是一个朝左跪着的女人，会从命之意。金文和小篆都直接由甲骨文演变而来。隶变后楷书写作"如"。

　　《说文·女部》："如，从随也。从女，从口。"（如，依从。由女、由口会意。）

　　"如"的本义为从随、遵从。人们常说"不尽如人意"，就是不随人愿的意思。又引申指去、往。如"如厕"就是指去厕所。又引申为好像、如同。如《史记·留侯世家》："（张良）状貌如妇人女子。"

婴

（ yīng ）

小篆

楷书

婴

　　婴，（妇人）颈脖上的装饰品。由女、賏会意。賏，表示用贝相连。

　　"婴"的本义是妇女的颈饰。如《说文》："婴，颈饰也。"《释名》："喉下称婴。"

　　刚刚出生的女孩。如《吕氏春秋·察今》："见人方引婴儿欲投之江中。"

　　泛指初生的小孩。如《释名》："人始生曰婴。"《老子》："我独泊兮，其未兆，如婴儿之未孩。"唐代杜甫《山寺》："自哂同婴孩。"

嬖
（bì）

嬖，地位低下而获得宠幸的人，宠爱别人。从女，辟声。

"嬖"的本义是宠爱。如《说文》："便嬖，爱也。"《礼记·缁衣》："毋以嬖御人疾庄后。"《左传·隐公三年》："嬖人之子也。"《国语·郑语》："而嬖是女也。"

受宠爱。如《左传·庄公二十八年》："骊姬嬖，欲立其子。"

受宠爱的人。如《左传·僖公十七年》："齐侯好内，多内宠，内嬖如夫人者六人。"

姿
（zī）

"姿"是形声字。小篆从女，次声。隶变后楷书写作"姿"。

《说文·女部》："姿，态也。从女，次声。"（姿，姿态。从女，次声。）

"姿"的本义是姿态。如宋代苏轼《念奴娇·赤壁怀古》中有"雄姿英发"之句，取的就是此义。用作形容词，指美好妩媚。如"姿色"，指的女子有美好的姿态和容貌。引申指资质、气质。如成语"蒲柳之姿"，就是用于形容就气质而言较柔弱的一类女子。

娃

娃 小篆

娃 楷书

（wá）

"娃"是形声兼会意字。小篆从女，圭声，圭兼表如圭玉之意。隶变后楷书写作"娃"。

《说文·女部》："娃，吴楚之间谓好曰娃。从女，圭声。"（娃，吴楚之间把容貌美好的女子叫作娃。从女，圭声。）

"娃"的本义为女子容貌美好。引申泛指美女。古人称美丽的女子为"娇娃"。少女多美好，故又引申指少女、姑娘。如唐代白居易《城上夜宴》："诗听越客吟何苦，酒被吴娃劝不休。"还引申指小孩子。如"娃娃"。后词义扩大，在方言中指某些动物的幼崽。如"猪娃"。

民

民 甲骨文

民 金文

民 小篆

民 楷书

民

（mín）

"民"是象形字。金文象以锐物刺左目之形。小篆整齐化、线条化。隶变后楷书写作"民"。

《说文·民部》："民，众萌也。凡民之属皆从民。"（民，众人懵懵无知的样子。大凡民的部属都从民。）

古时候，俘获敌人则刺瞎其左眼用为奴。所以"民"的本义是奴隶。奴与主相对，百姓与君王、官员相对，因此"民"引申指百姓。如"人民"。

百姓不生活在宫廷中，身份低微、财富微薄，故而"民"用作形容词，指民间的。

戈
（ gē ）

戈
甲骨文
金文
小篆
楷书

"戈"是象形字。甲骨文和金文都象戈之形。小篆字形发生了变化，不大看得出戈的样子了。隶变后楷书写作"戈"。

戈，没有向上尖刃部分的戟类兵器。由弋、由"一"横贯在"弋"上会意。像戈的形状。大凡戈的部属都从戈。

"戈"的本义为古代一种长柄横刃的兵器。如明代戚继光《马上作》："一年三百六十日，多是横戈马上行。"

泛指兵器。如《三国演义》第四十五回："左右军士，皆全装贯带，持戈执戟而立。"

戎
（ róng ）

戎
甲骨文
金文
小篆
楷书

"戎"是象形字。甲骨文中间左边为十，表示盾牌；右边为戈。金文大体相同。小篆将"十"讹变为"甲"。隶变后楷书写作"戎"。

"戎"的本义是兵器。如《诗经·大雅·抑》："修尔车马，弓矢戎兵。"

由兵器引申为军事、军队。如"投笔从戎""戎马"。

战争。如《诗经·小雅·雨无正》："戎成不退。"

兵士。如《国语·晋语》："必有女戎。"

征伐。如《礼记·檀弓》："毋为戎首，不亦善乎？又何反服之礼之有？"

戍

甲骨文

金文

小篆

楷书

我

甲骨文

金文

小篆

楷书

戍

（ shù ）

"戍"是会意字。甲骨文左下部是个人，右上方是戈，用人在戈旁会守卫之意。金文、小篆整齐化、线条化。隶变后楷书写作"戍"。

《说文·戈部》："戍，守边也。从人，持戈。"（戍，防守边疆。由"人"持握着"戈"会意。）

"戍"的本义是保卫。如宋代陆游《十一月四日风雨大作》："僵卧孤村不自哀，尚思为国戍轮台。"

守边的士兵。如《左传·定公元年》："乃归诸侯之戍。"

我

（ wǒ ）

"我"是象形字。甲骨文上部是三锋的戈，有一个长柄。金文线条化了，但仍与甲骨文相似。小篆已经看不出兵器的形象了。隶变后楷书写作"我"。

我，用在自己身上，自己称自己。另一义说：我，倾斜。由戈、由手会意。手，有人说是古"垂"字。另一义说：手是古"杀"字。大凡我的部属都从我。

"我"的本义为兵器。

在先秦时期的古代汉语中，"我"已经假借为第一人称代词，有时也指我方、我国。如《左传·庄公十年》："十年春，齐师伐我。"

直

(zhí)

"直"是会意字。甲骨文下部是一只横着的眼睛，上部有一竖线，会视线直之意。

《说文·乚部》："直，正见也。从乚，从十，从目。"（直，正视。由乚、由十、由目会意。）

"直"的本义为直视。引申为不弯曲，与"曲"相对。

由不弯曲，又可以引申为正直、公正。如"心直口快""理直气壮"。又引申表示一直到底、不经周转。如"直拨电话""直辖市"。

望

(wàng)

"望"是会意字，甲骨文从臣，从壬，会人站在土堆上举目远望之意。

《说文·壬部》："月满与日相望，（以）臣朝君也。从月，从臣，从壬。壬，朝廷也。"（望，月满之时，与日遥遥相望。好比是臣子朝望君王。由月、由臣、由壬会意。壬，表示朝廷。）

"望"的本义是远望。如《诗经·卫风·河广》："谁谓宋远，跂予望之。"引申为盼望、希望。如《史记·项羽本纪》："日夜望将军至，岂敢反乎？"

直

甲骨文

金文

小篆

楷书

望

甲骨文

金文

小篆

楷书

443

曲

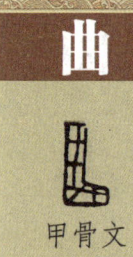
甲骨文

金文

小篆

曲
楷书

瓦

小篆

瓦
楷书

（ qū ）

"曲"是象形字。甲骨文像一个弯曲的东西，中间有纹饰。金文与甲骨文类似。小篆像能装东西的器物。隶变后楷书写作"曲"。

曲，像器物中间圆曲能够盛受物体的样子。有的说：曲，是像筛子一样的蚕箔。大凡曲的部属都从曲。

"曲"的本义是弯曲，与"直"相对，读作 qū。由弯引申为偏邪、不正直。如《韩非子·有度》："故当今之时，能去私曲就公法者，民安而国治。"意思是，所以当今之时，能革除偏私不公而行公正之法的，就能使人民安定，使国家得到治理。

（ wǎ ）

"瓦"是象形字。小篆象屋上屋瓦相扣之形，表示瓦片。隶变后楷书写作"瓦"。

《说文·瓦部》："瓦，土器已烧之总名。象形。凡瓦之属皆从瓦。"（瓦，用泥土制作的、已通过烧制的器皿的总称。象形。大凡瓦的部属都从瓦。）

"瓦"的本义为瓦器。引申为房顶上的"瓦"。如唐代杜牧《阿房宫赋》："瓦缝参差，多于周身之帛缕。"泛指用土烧制而成的陶器。如战国时屈原《楚辞·卜居》："黄钟毁弃，瓦釜雷鸣。"

（ gōng ）

"弓"是象形字。甲骨文左边是弓背，右边是弓弦。金文像一张松了弓弦的弓。小篆的写法由金文而来，并整齐化。隶变后楷书写作"弓"。

弓，从近处射及远方的武器。古时候，名叫挥的人制作了弓。大凡弓的部属都从弓。

"弓"的本义为射箭的工具。如《诗经·小雅·吉日》："既张我弓，既挟我矢。"引申指形状或作用像弓的东西。

用作动词，引申指弯曲。如唐代段成式《酉阳杂俎·诺皋记》："舞袖弓腰浑忘却，蛾眉空带九秋霜。"其中"弓腰"是指向后弯腰及地如弓形。

（ mǐ ）

弭，弓的末端不缠丝缕而用骨角镶嵌。是可用来解开马缰绳纷乱的结巴的东西。从弓，耳声。

"弭"的本义是末端用骨做装饰的弓。如《说文》："弭，弓无缘，可以解辔纷者。"《左传·僖公二十三年》："若不获命，其左执鞭弭，右属櫜鞬，以与君周旋。"

弓梢弯曲的地方。如《诗经·小雅·采薇》："象弭鱼服。"

顺从、听从。如《后汉书》："城邑莫不望风弭从。"

消除。如《周礼·春官·男巫》："春招弭，以除疾病。"

弩

（ nǔ ）

小篆

楷书

弩，弓上有像人的手臂一样的柄。《周礼》四弩：是夹弩、庾弩、唐弩、大弩。从弓，奴声。

"弩"的本义是有像人的手臂一样柄的弓。如《说文》："弩，弓有臂者。"《韩非子·难势》："夫弩弱而矢高者，激于风也。"《荀子·议兵》："魏氏之武卒……操十二石之弩。"汉代贾谊《过秦论》："良将劲弩。"

能射弩的弓箭手。如"弩团"。

系

甲骨文

金文

小篆

楷书

（ xì ）

"系"是象形字。甲骨文像一只手抓着两束丝，会用手把丝线拴绑、系结之意。金文复杂化，但其意未变。小篆承接金文并有所简化。隶变后楷书写作"系"。

《说文·系部》："系，繫也。从糸，丿声。凡系之属皆从系。"（系，相联系。从糸，丿声。大凡系的部属都从系。）

"系"的本义是系结、拴绑。引申为连接。如《晋书·郄诜传》："圣明系踵。"意思是圣明的人才，接踵而来。后来又引申为系统、世系。

又引申指牵涉、关联。如唐代白居易《谕友》："穷通各问命，不系才不才。"

用作动词，表示打结，读作 jì。如"把鞋带系上"。

绵

（ mián ）

绵，将微小的丝连续起来，（绵绵不绝。）由系、由帛会意。

"绵"的本义是将微小的丝相连。如《急就篇》："绛缇绁绅丝絮绵。"《资治通鉴》："身衣布衣，木緜皂帐。"

丝絮状的东西。如宋代陆游《醉中怀眉山旧游》："想见东郊携手日，海棠如雪柳飞绵。"

连续不断。如《诗经·大雅·绵》："绵绵瓜瓞，民之初生。"

薄弱、单薄。如《汉书·严助传》："越人绵力薄材，不能陆战。"

绵

緜 小篆

緜 楷书

织

（ zhī ）

织，制作麻织品和丝织品的总的名称。从系，戠声。

"织"的本义是制作麻织品和丝织品的总称。如《说文》："织，作布帛之总名也。"《尔雅》："治丝曰织。织，绘也。"《韩非子·五蠹》："妇人不织。"《乐府诗集·木兰辞》："木兰当户织。"

组成。如《孔子家语》："下展禽，置六关，妾织蒲，三不仁。"

搜罗、收集。如《红楼梦》："要什么东西？顺便织来孝敬。"

布帛、织布机上的丝。如《后汉书·列女传》："织生自蚕茧。"

织

織 小篆

織 楷书

绝
（jué）

绝，（用刀）断丝（为二）。由糸、由刀、由卩会意。

　　"绝"的本义是断丝。如《说文》："绝，断丝也。"《史记》："冠缨索绝。"

　　引申为断绝。如《广雅》："绝，断也。"《史记·廉颇蔺相如列传》："绝秦赵之欢。"

　　切断。如《战国策·楚策》："今楚国虽小，绝长缩短，犹以数千里。"

　　超过。如"空前绝后"。

绝
小篆

絕
楷书

终
（zhōng）

终，缠紧丝。形声字。从糸，冬声。

　　"终"的本义是把丝缠紧。如《说文》："终，絿丝也。"

　　结束，与"始"相对。如《广雅》："终，极也；终，穷也。"《论语》："天禄永终。"唐代白居易《琵琶行（并序）》："曲终收拨当心画，四弦一声如裂帛。"晋代陶渊明《桃花源记》："未果，寻病终。"

　　完成。如《后汉书·列女传》："羊子感其言，复还终业。"

终
小篆

終
楷书

绘
（huì）

绘，会合五彩的刺绣。《虞书》说："用山、龙、五色的虫类描画。"《论语》说："绘画的事在白色底子之后。"从糸，會声。

"绘"的本义是会合五彩的刺绣。如《说文》："绘，会五采绣也。"《小尔雅·广训》："杂彩曰绘。"《虞书》："山龙华虫作绘。"

绘画。如清代薛福成《观巴黎油画记》："自绘败状。"《聊斋志异·促织》："中绘殿阁。"

用言辞形容、表达。如"描绘"。

绢
（juàn）

绢，丝织品象麦茎的青色。从系，肙声。

"绢"的本义是丝织物。如《说文》："绢，缯如麦绢者。从糸，肙声。谓粗厚之丝为之。"《墨子·辞过》："治丝麻，捆布绢，以为民衣。"

对丝织品的通称。如"绢布"。

手绢。如"天香绢"。

指书画等装饰物。如宋代王安石《阴山画虎图》："堂上绢素开欲裂，一见犹能动毛发。"